普通高等教育管理类系列教材

管理沟通
第 2 版

林蓉蓉　许罗丹　编

机械工业出版社

我们希望写出一本简约版的沟通指南。它能够指引读者方方面面的沟通，从生活到职场、从常识到学理、从身边到跨职业跨文化的沟通。使读者，尤其是本科学生或是有志于走进职场的年轻人能愉快地阅读。如果是在课堂上，借助教师的引导、各种案例和游戏的穿插，同学们能发现自己的进步是在沟通中收获的；还能从自己或同学的错误或失败中体会到有效沟通的更多意义，进而有信心面对困难和挑战，在未来不确定的现实世界中把握住自己和职业人生，体会生命的快乐。

图书在版编目（CIP）数据

管理沟通/林蓉蓉，许罗丹编. —2 版. —北京：机械工业出版社，2024.2

普通高等教育管理类系列教材

ISBN 978-7-111-75149-6

Ⅰ.①管⋯ Ⅱ.①林⋯ ②许⋯ Ⅲ.①管理学-高等学校-教材 Ⅳ.①C93

中国国家版本馆 CIP 数据核字（2024）第 036296 号

机械工业出版社（北京市百万庄大街22号 邮政编码100037）

策划编辑：常爱艳　　　　　　　　责任编辑：常爱艳　韩效杰
责任校对：王荣庆　薄萌钰　韩雪清　封面设计：鞠　杨
责任印制：李　昂
河北泓景印刷有限公司印刷
2024 年 4 月第 2 版第 1 次印刷
184mm×260mm・18.25 印张・353 千字
标准书号：ISBN 978-7-111-75149-6
定价：59.80 元

电话服务　　　　　　　　　　　　网络服务
客服电话：010-88361066　　　　　机　工　官　网：www.cmpbook.com
　　　　　010-88379833　　　　　机　工　官　博：weibo.com/cmp1952
　　　　　010-68326294　　　　　金　书　网：www.golden-book.com
封底无防伪标均为盗版　　　　　　机工教育服务网：www.cmpedu.com

前　言

日月如梭，光阴似箭。《管理沟通》一书初版交稿至今已 13 年。2009 年，我与许罗丹老师相遇于中山大学南方学院（今广州南方学院）。经许老师力荐，我有幸与之一同教授"管理沟通"课程。课程很受学生欢迎，课上和课后皆反响热烈，收到学生的来信和反馈不计其数，这使我们受到极大的鼓舞。学生们向我们提出日常生活和学习过程中碰到的各类沟通困惑，他们对沟通问题的关注和对相应解决方案的渴求，将我们思考的焦点从具体的沟通实践拉回管理沟通的教程设计和教材写作中，使我们致力于写出一本"从实际情景出发""强调年轻人特征和理性决策"的书，提供源于实践又高于实践的有效管理沟通策略。

《管理沟通》第 1 版付梓面世的 2011 年前后是沟通类课程的快速成长期。国内越来越多高校的商学院或管理学院引入"管理沟通"课程，系统编写和翻译的教材纷至沓来。承蒙机械工业出版社的鼎力支持和读者们的厚爱，我们的书一出版便融入管理沟通教学和科研蓬勃发展的洪流中。此后，我负笈英伦，2015 年年底回国。这四年的海外求学生涯为我的跨文化交流和人际沟通提供了崭新的体验和持续的积累与反思。

回国工作后，我发现管理沟通在学术与生活中的关注度不减反增。在课程开发上，"管理沟通"课程在高校中覆盖面更广，吸引了学生们的广泛关注和浓厚兴趣。这一现实本身不仅充分反映了沟通作为普遍性的议题，人们对其的关注度能够跨越不同学科背景、不同职业经历、不同人生阶段，而且体现了管理沟通作为一门学问，需要学生刻意练习，具有教与学的深刻价值。在同行多年的努力下，越来越多的精品课程相继涌现。在教材出版上，近年来出版的同类教材在内容上更加多元化，沟通策略和技能开发的总体框架与听、说、读、写等具体环节的精细分析并存，理论探讨和案例分析并重，既有对各国优秀教材与指南的翻译与推介，又有对我国情境下管理沟通的及时总结与提炼。不少管理沟通著作几经修订，与时俱进。

与此同时，在偶然的际遇下，我再次承担了论文写作指导等相关课程的讲授工作。恰巧此时，机械工业出版社的编辑联系了我，为延续此书的生命力提出修订的建议。我猛然意识到这 13 年来，有关管理沟通的研究确实有不小的进展，而我们也从现实中挖掘和积累了许多更加生动有趣的沟通案例，对原先稍显稚嫩的一些看法产生了新的感悟和认识，于是欣然同意。

时至今日，本书第1版有关管理沟通的策略框架和对听、说、读、写的论述仍合理有效，因此，此次修订在结构和论证逻辑上未做大的修改，也坚持了原有的写作风格。然而，在管理沟通知识体系的细节上，我们结合管理沟通新情境、新发展和新感悟做了较多修改和补充，以下为修改内容的简单说明。

第一，补充了13年来新的研究成果，完善了已有的沟通分析框架。一方面，参考和引用了新的研究成果；另一方面，深化和完善了已有的管理沟通知识框架。具体而言，在第一章"管理沟通策略"中，补充了学习沟通的新视角，拓展了对沟通内涵、四要素、功能和策略的理解；在第二章"有效地写"中，补充并完善了修改与校对文稿以及电子邮件写作的具体建议；第三章在"写的规则"中，新增了对细节描写方法的分析并以朱自清的《背影》一文加以佐证，以山水诗与山水画为例，新增了对写作"空白法"的阐述，提出了"学术腔"的表达将简单问题复杂化的写作困境；在第四章"写得专业些"中，从对正式语体和非正式语体的分析入手，补充了对"正式性指数"的说明；在第五章"写出成效"中，增加了简历撰写技巧、修改和校订正式报告的建议；在第六章"有效地说"中，对"说话时常见的心态"进行了补充，新增了"乔哈里视窗"理论。

第二，更新了部分案例和数据，提高了本书的时效性和实用性。党的二十大报告提出，要"加快构建中国话语和中国叙事体系，讲好中国故事、传播好中国声音，展现可信、可爱、可敬的中国形象"。我国在政治、经济、社会、科技和文化等诸多领域的实践探索和具体成果为本书的修订提供了生动丰富的素材。第2版深入挖掘这一沟通素材资源库，及时积累案例，更新数据，结合国内外关于管理沟通的理论研究和调查报告，对缺乏时效性的内容进行了更新修订。

第三，新增参考文献目录，强化本书的规范性。为了符合学术规范要求，我们对全书的参考文献进行了及时更新，并在文后新增参考文献目录，以便读者核查、进一步深入研读与探讨。

最后，感谢本书责任编辑常爱艳女士积极推动和督促此次修订再版，感谢许罗丹老师领我入门，也感谢为本书写作提供启发、关心本书的读者朋友们！本书遗漏与不妥之处在所难免，恳请诸位读者专家批评指正。

林蓉蓉
2024年1月

目 录

前 言

第一章 管理沟通策略 001

第一节　什么是沟通 / 002
第二节　管理与沟通 / 006
第三节　管理沟通策略概述 / 008
第四节　管理沟通中的重要错误 / 020
本章小结 / 024
案例分析 / 025
自我诊断 / 026
管理沟通游戏：互动交流 / 027

第二章 有效地写 029

第一节　管理写作 / 030
第二节　一般情况下的写作 / 033
第三节　特殊情况下的写作 / 042
本章小结 / 048
案例分析 / 048
管理沟通游戏：服从？/ 052

第三章 写的规则 054

第一节　写作原则 / 055
第二节　写作的宏观问题 / 065
第三节　写作的微观问题 / 069
本章小结 / 070
案例分析 / 070
自我诊断 / 072
管理沟通游戏：词语选择 / 073

第四章 写得专业些 074

第一节 基本策略分析 / 075
第二节 直接策略 / 088
第三节 间接策略 / 091
本章小结 / 095
案例分析 / 095
自我诊断 / 096
管理沟通游戏：请点头示意 / 099

第五章 写出成效 101

第一节 个人简历 / 102
第二节 求职信 / 108
第三节 备忘录 / 112
第四节 正式报告 / 114
本章小结 / 124

第六章 有效地说 125

第一节 说话时常见的心态 / 126
第二节 如何有效地说 / 133
第三节 五种说话技巧 / 141
本章小结 / 146
情绪小测试 / 147

第七章 开会的规则 149

第一节 开会前 / 152
第二节 开会时 / 157
第三节 开会后 / 160
本章小结 / 162

第八章 学会用信息技术 163

第一节 信息时代的沟通 / 165
第二节 如何运用信息沟通技术 / 170
第三节 如何运用演示文稿 / 174
本章小结 / 178

第九章 说出效果 179

第一节 面谈的心理效应 / 180
第二节 如何有效进行面谈 / 183
第三节 招聘面试 / 187
第四节 绩效面谈 / 190
本章小结 / 193

第十章 尝试谈判 194

第一节 提高谈判筹码的方式 / 195
第二节 常用的谈判策略 / 199
第三节 谈判风格的类型 / 204
本章小结 / 206
多方谈判练习：河岸罢工 / 206

第十一章 有效地听 210

第一节 倾听的意义 / 212
第二节 倾听的障碍 / 215
第三节 如何有效地听 / 218
本章小结 / 224
自我诊断 / 224

第十二章 安静的艺术 226

第一节 非语言沟通的重要性 / 227
第二节 非语言沟通的功能 / 231
第三节 非语言信号分析 / 232
本章小结 / 237

第十三章 职场上的人际沟通 238

第一节 职场的沟通环境 / 238
第二节 职场上的人际关系与沟通 / 241
第三节 沟通中的冲突 / 244
第四节 管理人际沟通中的冲突 / 246
第五节 没有简历的职场沟通 / 251
本章小结 / 254
提问与讨论 / 255

第十四章 跨文化沟通的体验 256

第一节 跨文化沟通的原则 / 256
第二节 从差异认清需求,克服沟通障碍 / 260
第三节 认识文化倾向 / 263
第四节 在不同文化环境中工作 / 267
本章小结 / 269

第十五章 是的魅力 270

第一节 闲谈的力量 / 270
第二节 劝说的技术 / 272
第三节 八个永远需要面对的难题 / 274
本章小结 / 280

参考文献 281

第一章 管理沟通策略

Chapter One

《吕氏春秋》中记载了一段孔子与弟子颜回的小故事。原文如下:

"孔子穷乎陈、蔡之间,藜羹不斟,七日不尝粒。昼寝。颜回索米,得而爨之,几熟,孔子望见颜回攫其甑中而食之。选间,食熟,谒孔子而进食。孔子佯为不见之。孔子起曰:'今者梦见先君,食洁而后馈。'颜回对曰:'不可。向者煤炱入甑中,弃食不祥,回攫而饭之。'孔子叹曰:'所信者目也,而目犹不可信;所恃者心也,而心犹不足恃。弟子记之,知人固不易矣。'故知非难也,孔子之所以知人难也。"

这个故事的大意为:孔子被困在陈、蔡两国之间的地方,只能吃无米的野菜汤,七天没有吃过一粒米,白天也只得睡觉。颜回去向别人索求大米,讨到米后烧火煮饭。饭快煮熟的时候,孔子看见颜回用手抓锅中的饭来吃。一会儿,饭煮熟了,颜回去见孔子并奉上饭食。孔子装作没看见颜回抓饭吃的事。孔子站起来说:"今天我梦见了祖先,要把食物弄干净,然后用来祭祖。"颜回回答说:"不可以。刚才有煤粒掉到了锅中,丢掉这些食物是不吉祥的,所以我用手抓着把它吃掉了。"孔子叹息着说:"人们相信自己眼睛看见的东西,但是眼睛还是不可信;人们靠用心去了解事物,但是心也不可靠。弟子要记住了,要了解一个人不容易啊。"所以了解事物不难,但孔子说的了解人就难了。

(资料来源:吕不韦. 吕氏春秋 [M]. 臧宪柱,译. 北京:北京联合出版公司,2015. 有改动。)

在沟通中,这种了解人的困难体现得淋漓尽致,我们需要在不同的沟通背景下不断确定和调整自我与他人的定位,从而决定该说什么、不该说什么以及如何说等具体问题。我们不仅需要明确"我是谁",还需要理清自己与沟通对象的联系,从而使传达出来的信息符合沟通对象的期望,最终实现沟通目标,得到理想的反馈。

沟通是一种需要持续学习的能力。在进入沟通的学习之前,我们需要明白两个要点。第一,提高沟通能力,把沟通练好是值得特别关注和长期投资的事情。蔡康永在《蔡康永的说话之道》一书的开篇就提到,我们天天去健身房努力练出漂亮的肌肉,可惜课堂报告或公司开会时却未必能够展示健身房的训练成果;我们苦练唱歌,歌声婉转动人，但向别人道歉或提醒老板加薪的时候未必能够通过唱歌来准确表达自己的想法，相反，这样做还会让自己显得古怪或取得适得其反的效果。开会、演讲、道歉、请求、倾诉、化解误会……无一都与沟通相关，它们进行得顺利与否取决于我们如何沟通，如何准确想象和理解对方的心情、兴趣和想法，如何通过有效的双向互动把我们的意思准确传达出去，让对方也能够准确地理解。第二，沟通是一件说难不难、说易不易的事情。沟通之易，易在沟通本身是讲究技术和策略的，技术和策略是可以被剖析和学习的，掌握了技术和策略，沟通便可以随时随地开展，并且从沟通者本身的感受、沟通对象的反馈和沟通目标的达成，可以及时看到沟通的成效。沟通经验的持续积累能够帮助沟通者获得沟通的自信，优化沟通的思路，提高沟通的能力。沟通之难，难在它涉及的不只是沟通的技术，还在于沟通双方关系的经营，包括认识"我是谁""沟通对象是谁""我在想什么""沟通对象在想什么"以及"我们的关系如何"等，这是一个自我认知和换位思考的推演过程，需要充分发挥沟通者的同理心、场景感和共情力。我们可以多多留意、细细斟酌、慢慢体会自己说过的话，多问自己："我为什么说出这句话？""我为什么会用这样的措辞？""我为什么会用这样的态度和语气？""别人有什么反应？""为什么别人会有这样的反应？"通过如此认真的自问自答，我们可以进一步发现，沟通的奇妙之处就在于沟通远远不止于信息的传递，我们说出口的话竟变成了别人对我们的印象和评价我们的依据，进而形成别人对我们为人处世和彼此关系的认知和判断，甚至影响我们在他们心中的位置。

懂得沟通之道，学会沟通之术，先要认识"沟通"。本章第一节探讨沟通的概念和基本要素；第二节分析管理与沟通的关系，探讨沟通在管理中的作用；第三节从沟通者、沟通对象、信息、渠道选择和文化背景五个角度提出管理沟通策略；第四节介绍管理沟通中的重要错误。

第一节　什么是沟通

大量的数据无一不在提醒我们，沟通在现实生活中相当普遍，且影响巨大。例如，有研究表明，人在清醒时有70%~75%的时间处于沟通状态；麦肯锡公司的一项研究指出，管理人员平均每天花费89%的时间在沟通上，其中倾听占45%，说占30%，阅读占16%，写作占9%；美国普林斯顿大学对10000份人事档案进行分析后发现，智慧、专业技术和经验只占成功因素的25%，而良好的人际沟通占75%。然而，正是沟通的这种普遍特性使得人们往往将其作为一种本能，忘记了"听、说、读、写"等沟通技能是需要加强和锤炼的。我们对沟通存在着很多的误解，如："沟通有什么困难的？我们不是每天都在沟通吗？""说得越多不就证明沟通能力越强吗？""为了不冷场，我们不能留下一点沉默的时间。"为了更加有效地进行沟通，我们首先应该了解一下沟通的概念及其基本要素。

"沟通"一词源自拉丁文 Communicare。迈克尔·托马塞洛（Michael Tomasello）在《人类沟通的起源》一书中，立足于语言的演化与利他主义、互利共生等文化社会因素的联系，整合生物学、语言学、心理学和社会学等多领域的研究成果，从动物的沟通开始，研究一般生物的声音沟通和灵长类动物的手势沟通，考察猿类认知和儿童的语言学习，从语言的发展、成形探究沟通的起源，理解人类如何靠语言彼此进行沟通。托马塞洛认为，人类的沟通最初是从共享发展而来的，有了共享的意图之后才发展出以手指物、比画示意等手势沟通模式。托马塞洛在书中写道："人类的沟通行为本质上是一种合作的事业，在①彼此假定的共同概念基础下，②彼此假定的合作沟通动机下，以最自然且平顺的方式进行。"

约翰·阿代尔（John Adair）指出，"沟通"最初的意思是具体事物的给予或赠予，后来慢慢转变成无形或抽象事物的传授或传递，有"传授、参与和分享"的意思。

阿代尔认为，"沟通"的概念隐含着四个基本要素，它们在沟通过程中非常重要：

（1）社会联系。沟通者只有与沟通对象建立联系，才能通过书信、电话、传真、电子邮件和会议等方式进行信息传递和交流。沟通实质上是社会中人与人之间通过信息传递、思想和情感的交流实现互相联系的过程。我们每天都会接触不同的沟通对象，如商场的推销员、打错电话的陌生人或转学进来的新同学，这种在时间和物理空间上的接近使沟通成为可能。另外，随着社会和科技的发展，我们跨越时间和空间的局限进行沟通的能力也在不断提高，不再局限于实际接触中社会联系的建立，而是凭借更多的媒介载体进行更为广泛的沟通，例如，商朝刻在龟甲和兽骨上的甲骨文，春秋时期的竹简木牍，以及后来造纸术和印刷术的发明，都推动了沟通能力的提升。翰威特人力资源咨询公司总裁吉佛德认为："今日的沟通与昔日的沟通的最大差异：由于科技的介入，沟通已经超越时间、空间，甚至于权力与阶级的围墙。"现代的电报、电话、电视、传真和互联网等技术的推广，改变了原先的沟通空间、沟通距离和沟通对象，对我们的生活产生了翻天覆地的影响。

（2）共同媒介。语言的隔阂使人类互相猜疑和防备，缺乏有效的沟通而无法建成通天塔。最普遍的媒介毫无疑问就是语言。语言的运作方式是通过一套抽象的、有象征意义的代码直接传达出意图和意思。尽管我们掌握的语言各不相同,但是我们天生具有学习语言的能力,将不同的语言转换为能够为自己所认知和理解的特定语言,从而达到交流的目的。另外,从信息传送载体的角度看,沟通的共同媒介还可以分为正式沟通渠道和非正式沟通渠道。正式沟通渠道是指在正式组织系统内的沟通,如以文件传达、上下级之间定期的信息交流等方式推动的信息传递与互相理解。非正式沟通渠道是指不受组织约束和监督,能够自由选择沟通方式的信息交流和传递,如在私下朋友之间的聚会上交换看法等。现实中的沟通经常是正式沟通渠道和非正式沟通渠道的结合和相互补充。

（3）发送。许多人总是认为"我讲,对方就一定听得到",但事实却往往并非如此。沟通者必须克服物理障碍将信息清晰地表达出来。为了让对方清楚地听见自己的声音,沟通者通常要满足声音传播所需要的条件。人们有时也通过肢体语言表达特定的信息。然而,要实现信息的清晰表达却往往很困难。例如,在某驻地部队组织的军训过程中,教官大声地发出指令:"报数!"信息接收者却理解为"抱树",而最终闹出笑话。又如,乘客上空调车投一块钱硬币,司机说:"两块。"乘客说:"是的,凉快。"司机说:"空调车两块。"乘客说:"空调车是凉快。"司机又说:"投两块!"乘客笑说:"不光头凉快,浑身都凉快。"司机说:"我告诉你钱投两块。"乘客说:"我觉得后头人少更凉快。"这是令人忍俊不禁的沟通不到位的生活情境,恰到好处地说明了同音词汇的表达容易引起沟通双方在意思理解上的分歧。另外,我们以为自己已经说得再清楚不过的事情在沟通过程中却不然。例如,在一次讲课过程中,我对学生多次提到"TQM"（Total Quality Management）,学生却只知道"全面质量管理",不知道其英文缩写为"TQM"。为了充分清晰地表达自己,我们往往需要考虑信息接收者对该信息的了解程度,并且使用恰当的词语在对方能够听得懂的基础上进行沟通。

（4）理解。许多人总是认为"只要自己说得清楚,别人就一定能够听得明白",却忽略了沟通实质上是双向互动的过程。沟通对象接收到信息后,必须正确理解和解释信息,并且做出符合沟通者期望的反馈。但这通常是理想的状态。沟通中有一个传播扭曲效应,即信息在传播过程中被层层扭曲,以致面目全非。信息传播的链条越长,信息越可能失真。一个人听到信息,在向他人转述时,往往加入了自己主观上对信息用意和含义的理解及具体看法,从而对原始信息可能进行一定程度的修改。这种传播扭曲效应出现的主要原因可能包括:第一,口头传播的语言稍纵即逝,很难以有形的形式准确保存下来,因此口头传播的准确性可能下降;第二,传播者可能基于个人的利益和立场,在信息传播过程中加入或夸大对其有利的信息，带有明显的感情色彩；第三，个别传播者喜欢用夸张的表情和语言达到自我宣泄和自我实现的目的；第四，传播者面对不确定或无从查证的信息喜欢加入个人想象以增强信息的可信度，刻意或不自觉达到"三人成虎"的效果。西方曾流传着一个笑话，名为《一则命令的传达》，告诉我们"想说什么"是一回事，而对方"理解为什么"却是另一回事。

营长对连长：我命令全营官兵，午饭前一小时到操场集合，我要训话，不要管刮风下雨，也不要怕被淋成落汤鸡。

连长对排长：营长命令，午饭前一小时刮风下雨，全体官兵到操场上听营长训练说话，先从落汤鸡说起。

排长对班长：营长命令，全体官兵到操场上学刮风下雨，午饭前一小时，迎接营长训话，每人先捉一只鸡。

班长对士兵：营长命令，因为刮风下雨，所以不需要到操场集合，营长也不再训话，午饭前一小时，全体官兵到营长家吃饭，先喝汤，后吃鸡。

（资料来源：陈大海. 公关口才教程 [M] 2版. 广州：中山大学出版社，2000.）

从以上四个基本要素可以看出，沟通本质上是指同他人发生联系并让他人理解自己的能力。其中，沟通者、沟通对象、沟通渠道和信息都可能影响沟通的最终结果。将"沟通"当作沟通者的单向信息传输过程的看法是错误的，事实上，沟通双方都是沟通过程的积极贡献者。想要成为沟通过程的积极贡献者，其中一个关键是在沟通过程中拥有强烈的"问题意识"，发现问题才是及时做出反应、形成解决问题思路的前提。如何发现沟通中的问题？对于沟通者而言，培养敏锐的观察力，仔细观察沟通对象的反馈，评估沟通渠道和沟通信息的传输效果，在沟通的过程中始终保持注意力的高度集中，学会及时地思考和总结。对于沟通对象而言，保持开放平和的心态和稳定的情绪，有助于做到理性地思考和及时地给予反馈，避免糟糕的心态和情绪影响沟通的顺利开展。对于沟通结果而言，无论沟通者还是沟通对象，都应学会正确归因，分析形成沟通结果的关键因素，权衡好坚持和妥协的尺度，做出一个双方都相对容易接受的结论或决定，并在形成沟通结果后，学会承担责任。一个良好的沟通结果既依靠沟通者清晰、准确的表达能力，也依靠沟通对象对信息做出的正确解码，使双方最终能够准确地把握信息的意义。美国保德信人寿保险公司总裁罗伯特·贝克（Robert Beck）写道，"良好的沟通能力是构成事业基础的一个要项。能简明、有效地交代自己的意思，又能清楚地了解别人的用意，就拥有最好的机会。"

第二节 管理与沟通

加拿大管理学家亨利·明茨伯格（Henry Mintzberg）在《经理工作的性质》一书中通过对五位企业经理五周工作的研究，发现每位经理平均每天需要处理36封邮件、5次电话和8次会晤。在经理的工作时间分配上，经过安排的会晤占59%，未经安排的会晤占10%，文牍工作占22%，打电话占6%，视察占3%，经理处在组织与联络网之间，必须在组织同环境之间建立关键的信息联系。在明茨伯格归纳的10种经理角色中，每一种角色几乎都对管理沟通提出具体的要求。例如，作为"联络者"的经理必须协调各部门的工作，及时在各部门之间提供各种信息，并且与外部关系网络进行沟通，确保公司业务的正常开展。作为"发言人""传播者"或"谈判者"的经理，更需要具备娴熟的沟通技巧。

日本"经营之神"松下幸之助有一句管理名言："企业管理过去是沟通，现在是沟通，未来还是沟通。管理者的真正工作就是沟通。不管到了什么时候，企业管理都离不开沟通。"管理沟通究竟具有什么作用呢？

（1）管理沟通有助于维持组织的正常运作。切斯特·巴纳德（Chester Barnard）认为："管理者最基本的功能是发展与维系一个畅通的沟通管道。"信息是确保组织内部各部门之间正常运作与相互合作的基础。但是信息作为权力的来源之一，各部门往往倾向于独享信息而不进行沟通，或者在沟通时选择性地过滤信息。为了破除"信息孤岛"和"数据壁垒"的障碍，组织内部通过数据层面的集成和业务流程的整合等途径不断加强信息共享。例如，为进一步提升政务信息共享和服务效率，加快推进数字政府建设和政府职能转变，促进市场公平竞争，2021年11月17日国务院常务会议审议通过了《"十四五"推进国家政务信息化规划》，在数字政府建设六大举措中，第一条就是要打破"信息孤岛"，要构建统一的国家电子政务网络体系，打破地方、部门"信息孤岛"，实现应联尽联、信息共享。又如，检察机关将政法单位和行政执法单位数据资源能接尽接，最大程度激发大数据对法律监督工作的放大、叠加、倍增作用，破解监督线索发现难、工作碎片化、质效不突出等瓶颈问题。从这一角度看，管理沟通能够使信息在各部门之间顺畅地传递，达到部门协调和资源优化的作用。

（2）管理沟通有助于形成良好的工作关系。关系主要由认知、情感和行为三个要素构成。认知是关系的前提条件，在人际交往中，通过彼此相互感知、识别、理解而建立良好的关系。情感是关系的主要调节因素，通过彼此满足或不满足、喜爱或厌恶等情感状态和情绪体验为特征标记不同的关系类型。行为则是关系的沟通手段，认知因素和情感因素最终都是通过言语、举止、作风、表情、手势等一系列行为构成要素体现出来。组织成员能够通过管理沟通加深理解，互相尊重对方，形成融洽的工作关系。哈佛商学院对500名被解雇的员工进行调查分析后发现，因人际沟通不良而导致工作不称职者占82%。20世纪20~30年代，哈佛大学心理学专家组成的研究小组进驻生产电话交换机的霍桑工厂，开展一项旨在通过改善工作条件和环境等外在因素提高劳动生产率的实验。实验结束，研究者发现，车间的照明强度与效率的提高没有直接的关系，工资报酬、工作与休息时间比率等不同福利条件下与工作效率的相关性也很弱，但工厂内自由宽容的群体气氛、工人的工作情绪、责任感与工作效率的相关性比较强。在此基础上，研究小组开展了"谈话实验"：专家们找个别工人谈话，并且规定在谈话过程中，专家耐心倾听工人对厂方的意见和不满，做详细记录，不得随意打断、反驳、训斥工人。"谈话实验"历时两年，结果带来了整个工厂产量的大幅度提高。因此，加强组织中的沟通能够促进成员之间紧密协调合作，为了公司的愿景、部门的目标和个人的职业生涯发展而不断努力。

（3）管理沟通有助于激励员工。充分而有效的沟通结果是促进信任的产生。而信任产生的结果是获得安全感、依赖、投入或付出的意愿。管理沟通能够促进组织形成平等开放的工作氛围，使员工具有"主人翁"的责任感和参与度，有效激发员工的士气和潜能，员工会主动发现问题并在沟通中及时找到解决方案。在管理情境中，充分和有效的沟通可能产生下列具体可见的成效：第一，向员工说明组织愿景、使命、经营目标和经营状况，可以使员工感受到尊重和存在感的提高；第二，减少谣言和误会，降低组织人际关系的复杂度，从而减少员工间人际交往的压力；第三，创造平等公平的工作环境，减少等级观念带来的消极情绪体验；第四，增加组织信守承诺的水平，增强管理者与员工之间的互相信赖感；第五，通过透明高效的沟通更好地解决工作中的实际困难，使员工获得切实有力的支持，同时也激励员工积极主动提出更多合理化的建议，提高组织绩效。例如，美国维克多公司总裁每周都和自愿签名的九名员工共进午餐；沃尔玛公司实行门户开放政策，即任何员工都可以通过口头或书面的形式向管理层提出自己的建议和关心的事情；为了听到最基层的声音，地区经理们每周一早晨都要前往自己分管的地区进行视察，广泛接触基层员工，并对提出有价值建议的员工及时进行奖励。

康青在《管理沟通》一书中将管理沟通的主要作用归纳为"润滑剂""黏合剂"和"催化剂"，我们将这些主要作用融合在上述三点中。通用电器公司总裁杰克·韦尔奇（Jack Welch）指出："管理就是沟通、沟通再沟通。"管理与沟通密切相关，良好的沟通能够提高管理的效率和有效性。那么，如何才能更大程度地发挥沟通的积极影响呢？

第三节　管理沟通策略概述

进行沟通之前，多思考下列问题是有意义的：

- 我是谁？为什么要进行沟通？是否有必要进行沟通？何时沟通？
- 沟通对象是谁？他们了解什么？他们希望得到什么？他们是否对我所说的感兴趣？
- 什么信息是需要强调的？我如何组织这些信息？
- 我可以通过什么渠道进行沟通？是否需要沟通对象反馈？
- 我与沟通对象之间是否存在文化差异？有哪些文化差异？

这些问题主要基于策略性沟通的五个主要方面，分别是沟通者策略、沟通对象策略、信息策略、渠道选择策略以及文化背景策略。我们需要结合不同的沟通情境充分考虑这五个策略所包含的具体内容。

一、沟通者策略

"知之始己，自知而后知人也。"沟通的过程不仅是认识沟通对象的过程，还是沟通者自我认知和自我定位的过程。"我是谁""我能够做什么""我希望实现什么目标"等问题是沟通者策略需要重点考虑的方面。在沟通者策略中，认识自我要厘清"我眼中的我"和"别人眼中的我"。我们需要通过回答以下问题来充分认识现实中的自己和理想中的自己：我在沟通中通常表现出哪些特点？我能否把内心的想法精准地传达出来？我能否或如何把握沟通的效果？我希望在沟通中呈现何种外在印象？我希望交流者呈现何种状态？我能否影响沟通的方向和方式？在此基础上，我们可以回答以下问题以进一步提出具体的行动方案：何种情况下我会联想到沟通的目的？何种情况下我会决定调整沟通策略？我是如何调整沟通策略的？除此之外，我们还需要认识：我的可信度如何？我处于什么位置？我的目标是什么？我所选择的沟通形式是什么？

1. 我的可信度如何?

自我认知包括沟通者的价值观、性格、动机、态度和可信度等。其中，可信度是沟通者自我认知的重要内容。玛丽·蒙特（Mary Munter）和林恩·汉密尔顿（Lynn Hamilton）在《管理沟通指南》一书中结合社会影响力理论家弗伦奇（French）、雷文（Raven）和科特（Kotter）的研究结果，从身份地位（Rank）、良好意愿（Good Will）、专业知识（Expertise）、外表形象（Image）和共同价值（Shared Values）五个维度分析影响可信度的因素和技巧，见表1-1。在此基础上，蒙特和汉密尔顿提出强调开始沟通之前的可信度（即初始可信度），增加沟通之后的可信度（即后天可信度）来增强自身的可信度。

表1-1 影响可信度的因素和技巧

因　素	建　立　于	对初始可信度的强调	对后天可信度的加强
身份地位	等级权力	强调你的职位或地位	将你与地位很高的某人联系起来或引用地位高的人物的话（如让他或她写推荐信或介绍信）
良好意愿	个人关系，"长期记录"值得信赖	涉及关系或"长期记录"承认利益上的冲突，做出合理的评估	通过强调听众利益来建立良好意愿
专业知识	知识，能力	1. 分享你的专业知识 2. 说明你获得专业知识的方法和途径	将你自己与听众认为是专家的人联系起来或引用他的话语
外表形象	吸引力，听众具有喜欢你的欲望	强调听众认为有吸引力的特质	通过认同你的听众利益来建立你的形象；运用听众认为活泼的非语言表达方式及语言
共同价值	共同价值观和想法，问题和需要	1. 确立你与听众共享的价值观和想法，建立与听众的相似之处 2. 将信息与共同价值结合起来	

（资料来源：蒙特，汉密尔顿. 管理沟通指南：有效商务写作与演讲：第10版［M］. 钱小军，张洁，译. 北京：清华大学出版社，2014.）

从表1-1可以看出，对初始可信度的强调往往集中在强化不可改变的现有资源或特质，对后天可信度的加强主要侧重于在沟通过程中运用沟通技巧强化或塑造与听众期望一致的特质。例如，在留学申请中，申请者突出自己优秀的求学经历和傲人的成绩，描述丰富的学术研究经历，这些是对初始可信度的强调；与此同时，申请者提交了相关研究领域的著名教授所写的推荐信，在自荐信中分析自己的研究能力和兴趣如何符合对方的期望和利益，这些是对后天可信度的加强。

沟通者在沟通对象心目中所具有的特定形象往往是多个影响因素的共同作用的结果，而这种特定的形象一旦建立，能够提高沟通的效率。例如，张海迪在中国人心目中有着"身残志坚"的形象：首先，她的外表特征是最直接的影响因素；其次，她的自学经历、大量的社会工作、已获的荣誉体现了身份地位、良好意愿和专业知识对其身残志坚形象的影响；最后，张海迪对理想的追求、对人生意义的探讨以及坚持不懈的精神确立了与听众共享的价值观和想法。张海迪的这种特定形象能够打破沟通中常见的猜疑和防备心理，在她与他人沟通时能够有助于迅速地实现双方良好的交流和互动。

2. 我处于什么位置？

回答这个问题通常需要考虑的因素包括沟通者在组织中的地位、可获得的资源、影响力、组织文化和价值观、上下级关系、竞争者的力量对比以及整个组织所面临的外部环境等。例如，同长辈说话，如果我们说"对"，则表示我们是权威的一方，我们在下判断；但如果我们说"是"，则表示我们认同对方，对方是权威的一方。又如，一位曾在外交部任职的主管，当他希望下属到他办公室时，经常说"我在办公室等您"，而不是"请你到我办公室来一趟"。这样的沟通方式扭转了指使和命令的语气，更容易获得下属的好感。

在电视剧《流金岁月》中，董事长叶谨言见销售部新员工朱锁锁，问："以你的感觉和能力，你觉得在我们公司，哪个部门最适合你呢？"朱锁锁答道："销售部挺好的呀，赚钱又多，我喜欢待在销售部……"后来董事长秘书范金刚提醒朱锁锁说道："你在领导的领导面前，你不要说什么赚钱快呀、赚钱多呀这种话，你要说，我热爱工作，我热爱这里的企业文化，你即使说你不想去领导身边工作，那也可以，但是你要说什么呢？你要说我的能力还不够，我还需要再进一步去历练历练，不然我到了领导身边，我给领导添麻烦怎么办呢？！"这一沟通策略充分考虑了沟通双方的相对地位、身份、影响力、关系等因素。

美国加利福尼亚州立大学对企业内部沟通进行研究后发现了沟通的位差效应，即来自领导层的信息只有20%~25%被下级知道并正确理解，从下到上反馈的信息能够被准确理解的不超过10%，而平行交流的效率则可达到90%以上。因此，沟通者要善于分析自己所处的位置，说出恰当且得体的话。

3. 我的目标是什么？

在现实生活中，很多人在沟通中往往缺乏目标意识，因此常常出现下列情况：

- 说了很久，突然才意识到自己究竟想说什么。
- "为什么原先是我想说服对方，沟通之后反而被对方说服了？"
- "呃……哦……我想，我想应该……"突然找不到合适的词语清晰表达自己内心的想法。

明确沟通目标能够使沟通者在沟通过程中始终明确自己希望沟通对象了解什么，做到什么，进而使自己的沟通努力得到沟通对象的响应，达到沟通的效果。沟通者自我背景测试框架有助于沟通者目标的确立和评价，见表1-2。

表1-2 沟通者自我背景测试框架

1. 我的沟通目标是否符合社会伦理、道德伦理？
2. 在现有内外部竞争环境下，这些目标是否具有合理性？
3. 我就这个问题进行指导性或咨询性沟通的可信度如何？
4. 是否有足够的资源（如信息、资料等）来支持我的目标的实现？
5. 我的目标能否得到那些我所希望的合作者的支持？
6. 我的现实目标是否会与其他同等重要的目标或更重要的目标发生冲突？
7. 目标实现的后果如何，能否保证我及组织得到比现在更好的结果？

（资料来源：杜慕群，朱仁宏. 管理沟通 [M]. 2版. 北京：清华大学出版社，2014.）

4. 我所选择的沟通形式是什么？

确定了沟通目标后，接下来可根据已掌握的信息量、沟通者对内容的控制、对沟通对象的及时回应或参与的需求等方面选择不同的沟通形式，即叙述、说服、征询和参与，相关情况见图1-1。

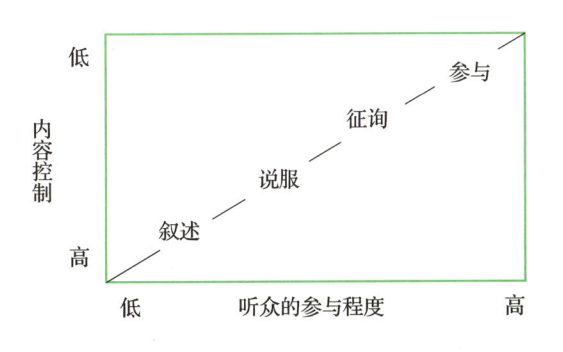

图1-1 选择不同的沟通形式

（资料来源：蒙特，汉密尔顿. 管理沟通指南：有效商务写作与演讲：第10版 [M]. 钱小军，张洁，译. 北京：清华大学出版社，2014.）

在叙述策略中，沟通者掌握了充分的信息，对沟通内容的控制具有完全的主动权，沟通目标仅仅是让沟通对象了解和接受信息，沟通者的出发点是："让我告诉你……"在说服策略中，沟通者在信息上具有主导权，可以通过信息交流建议沟通对象改变他们的看法或做法，沟通对象需要一定程度的参与，沟通者的出发点是："我建议你……"在征询策略中，沟通者希望通过商议的形式得到沟通对象的认可和支持，沟通对象的参与度较高，需要适时做出反馈，沟通者的出发点是："你认为……"在参与策略中，沟通者需要与沟通对象进行共同讨论，具有合作性，如群体会议或头脑风暴法，沟通者的出发点是："我们一起……"

二、沟通对象策略

戴尔·卡耐基（Dale Carnegie）指出，"如果你想让别人喜欢你，如果你希望他人对你产生兴趣，你必须注意的一点是：谈论别人感兴趣的事情。"然而，在现实的沟通过程中，每个人都想聊"自己"，总是更在意自己感兴趣的事情，往往没有从对方的立场和角度出发进行沟通，而这往往会让沟通效果大打折扣。沟通对象策略旨在回答下列问题：①我的沟通对象是谁？②我的沟通对象了解什么？③我的沟通对象感觉如何？④我的建议是否符合沟通对象的利益？

1. 我的沟通对象是谁？

蒙特和汉密尔顿认为，界定沟通对象事实上并不简单，"对沟通对象进行选择划分并且决定以谁为中心进行沟通，是一个微妙而复杂的过程"。例如，百事可乐在产品营销策略中准确界定"新生代"定位，将原来的广告词"Now it's Pepsi for those who think young"（现在，百事可乐献给那些认为自己年轻的朋友）改为"Come alive, you're in the Pepsi generation"（奋起吧！你们是百事年轻的一代），找到一块足够的市场空间。

在很多沟通场合中，我们面对的往往不只是一个沟通对象，界定不同的沟通对象最终决定了我们所运用的沟通方式、提供的信息以及确定的沟通目标。表1-3详细列出六类主要的沟通受众。

表 1-3 六类主要的沟通受众

沟通受众	接收和处理信息的特点
最初对象	最先收到信息，有时信息就是这些最初对象要求我们提供的
守门人	沟通者和最终受众之前的传递途径，他们有权阻止你的信息传递给其他对象，也有权决定你的信息是否能够传递给主要对象

(续)

沟通受众	接收和处理信息的特点
主要受众（直接受众）	那些直接获得口头或者书面信息的人或团体。他们可以决定是否接受你的建议，各种信息只有传递给主要对象才能达到预期的目的
次要受众（间接受众）	或通过道听途说，或受到信息波及的人或团体。他们可能会对你的提议发表意见，或在你的提议得到批准后负责具体实施
意见领袖	受众中有最大影响力、非正式的人或团体；他们可能没有权力阻止信息的传递，但他们可能因为拥有政治、社会地位和经济实力，而对你的信息实时产生巨大的影响
关键决策者	最后的且可能是最重要的、可以影响整个沟通结果的关键决策者。如果存在，则要依据他们的判断标准调整信息内容

（资料来源：杜慕群，朱仁宏. 管理沟通 [M]. 4 版. 北京：清华大学出版社，2023.）

2. 我的沟通对象了解什么？

迈克尔·哈特斯利（Michael Hattersley）写道："没有比读一份充满陈词滥调的信函更令人厌倦的了，也没有比听一次完全陌生的演讲更让人沮丧的了。"说了受众已经了解或熟悉的内容，是重复；说了受众不需要了解的内容，是多余；不说受众希望了解的内容，一般是回避。无论是重复、多余还是回避，都容易使沟通对象兴趣索然。因此，沟通之前需要思考下列问题：

- 哪些内容是受众所熟悉或已了解的？
- 哪些内容是受众所希望了解的？
- 哪些内容是可以与受众共享的？
- 能否用受众能理解并做出反馈的语言表达自己的观点？

3. 我的沟通对象感觉如何？

分析了沟通对象对信息的把握情况后，接下来进一步探讨沟通对象在沟通过程中的情感反应和倾向性。沟通时，我们只有思考下列问题，随时把握沟通对象的感觉，才能及时调整沟通内容的顺序和沟通方式，使沟通对象的观点和感受与我们的一致：

- 沟通对象对我提供的信息产生什么情感反应？
- 沟通对象对我提供的信息感兴趣的程度如何？
- 沟通对象可能持有的意见倾向：支持还是反对？

沟通对象的感受和反应往往是衡量沟通是否成功的标准。无论是在文学创作还是在新闻报道中，人们总是倾向于通过描写受众的反应侧面体现沟通开展的情况。例如，清代著名文学家林嗣环的《口技》一文多处着墨描写听众反应，"满座寂然，无敢哗者""满座宾客无不伸颈、侧目、微笑、默叹，以为妙绝""宾客意少舒，稍稍正坐""宾客无不变色离席，奋袖出臂，两股战战，几欲先走"，这些听众的感觉都可以侧面烘托出口技表演的精彩、逼真，以及口技表演者运用这一媒介与听众沟通的良好效果。

4. 我的建议是否符合沟通对象的利益？

成功的沟通者运用同理心，正确地了解沟通对象的感受和情绪之后，必须从理性的角度考虑自己的建议是否符合沟通对象的利益，进而提出一些关键的问题帮助自己理清沟通的思路：

- 沟通对象关注的兴趣点在哪里？
- 沟通对象关注的主要利益是什么？
- 我的建议中哪些内容符合沟通对象的兴趣和利益？
- 针对不利于沟通对象利益的建议，我能否理解和同情沟通对象的处境？
- 我能否向沟通对象证明我的建议在可选择策略中属于上策？

三、信息策略

德国著名心理学家赫尔曼·艾宾浩斯（Hermann Ebbinghaus）在研究记忆遗忘规律时发现，记住12个无意义的音节平均需要重复16.5次，记住36个有意义的音节平均需要重复54次，记忆六首诗中的480个音节平均需要重复8次。赫尔曼·艾宾浩斯由此得出结论，比较容易记忆的是有意义的材料，无意义的材料记忆起来比较费力，而且以后回忆起来也有难度。因此，为了更好地实现沟通目标，必须学会组织信息和强调信息，使传达的信息更容易被理解和认可。

1. 如何组织信息？

管理大师彼得·德鲁克（Peter Drucker）认为，沟通不是你在说什么，而是别人怎么理解。为了使别人更好地理解，我们必须策略性地考虑如何设计出最可能达到期望结果的信息。

第一，结合不同的沟通对象调整信息结构和内容。例如，基本信息是"我想在忙季休假"。当沟通对象是上司时，这一基本信息可以调整为"我已把工作做了安排，我的同事们会替我去做，我可以在休假前后多投入一些时间使自己的工作继续领先"，这一新的信息表明沟通者不会因为休假而影响工作，并且更为合理地安排工作以确保工作效率和效果。当沟通对象是同事时，这一基本信息可以调整为"我可以重新安排工作日程及最后期限以使休假成为可能，我还会报答同事们的帮忙"，这一说法侧重于提出休假实现的方案，并向同事致谢。

第二，围绕沟通目标和结果策略性地选择和组织信息。什么信息有助于实现沟通目标？需要多少信息？信息的沟通顺序如何？信息是否会产生歧义？信息可能使沟通对象产生什么疑虑或利益？如何使信息具有说服力并被沟通对象所记住？这些问题的解答有助于选择恰当的信息并且合理地组织信息结构。

2. 如何强调信息？

沟通对象的记忆曲线表明，听众的最佳记忆效果分别出现在沟通的开头和结尾，应该将沟通的重要信息放在这两个关键的时点上。例如，采用直接法，在开头时阐述重点，再层层推进，细分论点和论据进行分析；或者采用间接法，在列举了足够的论据后做出总结，引起沟通对象的兴趣，并且形成水到渠成的印象，增强论证的力度。

沟通对象记忆曲线见图 1-2。

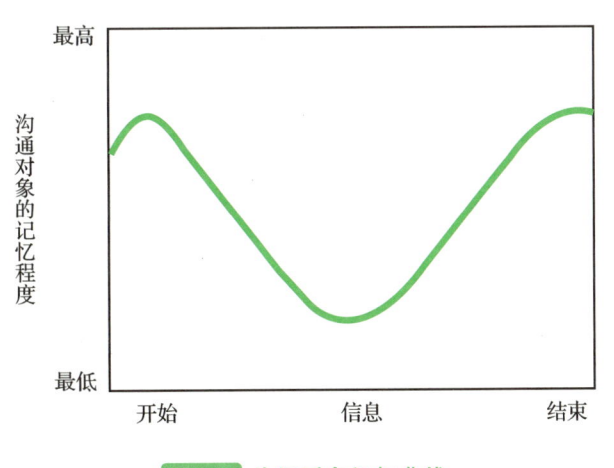

图 1-2 沟通对象记忆曲线

四、渠道选择策略

随着科技的发展，沟通渠道已经突破了原先单纯的纸质媒介，出现了越来越多的电子传播媒介，如电子邮件、电话、语音信箱、电视会议、传真等。这些媒介的快速发展增大了沟通的覆盖面，提高了沟通的效率，极大地影响着沟通的效果。2008年，由于湖南等地出现灾害性冰雪和冻雨天气，致使京广线列车大面积晚点和停开。为了维持正常运输秩序，广州火车站每5分钟广播一次，同时通过广场电子显示屏和手提喇叭发布列车运行信息，确保旅客及时退票和合理候车。新冠疫情防控期间，腾讯会议软件逐渐成为上网课、居家办公、远程会议等场景中常用的工具。近些年，新媒体在构建服务型政府、与民互动、为民办事上发挥了重要的作用。2013年10月，国务院办公厅在《关于进一步加强政府信息公开回应社会关切提升政府公信力的意见》中指出："着力建设基于新媒体的政务信息发布和与公众互动交流新渠道。各地区、各部门应积极探索利用政务微博、微信等新媒体，及时发布各类权威政务信息，尤其是涉及公众重大关切的公共事件和政策法规方面的信息，并充分利用新媒体的互动功能，以及时、便捷的方式与公众进行互动交流。"政务微博和微信成为政务传播的新载体。2022年4月，清华大学新闻与传播学院新媒体研究中心发布的《2021年新媒体发展研究报告》显示，智能化、人性化是信息服务平台变革突围的重要维度。这些沟通渠道的有效利用打破了过去口耳相传的局限性，使沟通更加快速、便捷。

迈克尔·哈特斯利在《管理沟通：原理与实践》一书中指出，在选取合适的沟通渠道时需要考虑各种因素，如获取信息的紧迫性、沟通的正式程度、沟通是否具有永久性、沟通是否需要及时反馈、信息的复杂性、沟通成本、沟通双方的习惯性、沟通的有效性和后续性等。除了分析上述影响因素以外，在选择沟通渠道之前，还需要从控制信息的程度、私密性、参与度和地理位置等多个维度分析各种沟通渠道的优劣。各种沟通渠道的比较见表1-4。

表1-4 各种沟通渠道的比较

沟通渠道类型	优　点	缺　点
文字渠道		
传统的文字渠道	1. 措辞和语法准确，便于编辑 2. 可以获得大量的细节 3. 为沟通对象节省时间 4. 沟通具有私密性 5. 适用于地理上分散的沟通对象 6. 具有永久性且容易获取的特点	1. 延误发送时间 2. 无法控制信息是否被接收 3. 无法得到及时的回应 4. 没有非语言沟通 5. 缺乏灵活性
传真	1. 及时发送 2. 可以同时群发给多个沟通对象	1. 缺乏私密性 2. 可能无法准确再现图片
电子邮件	1. 表达更自然和更具创造性 2. 节省准备的时间 3. 更容易发送给组织各层次的人 4. 可能得到及时的回复 5. 可以同时群发给多个沟通对象	1. 可能缺少逻辑结构，不易阅读 2. 可能误发且无法追回 3. 一旦发送出去，再也不能被随意清除或撕毁，可能被用于法律诉讼
互联网主页	1. 任何时候都能得到文字的文件 2. 可以被未知的读者阅读	1. 不具有私密性 2. 通常是单向的沟通 3. 不针对任何特别的沟通对象

(续)

沟通渠道类型	优　点	缺　点
群体演讲渠道（面对面）		
叙述/说服型演讲	1. 沟通对象可以在同一时间听到完全相同的信息 2. 能够得到直接的回应和反馈 3. 能够得到非言语交流 4. 可以确立群体意识和关系	1. 私密性不强 2. 不能产生永久性、易获取的记录 3. 要求沟通对象在同一地点 4. 无法提供较多详细的细节 5. 含有强迫性和演讲者主导性
征询/参与型会议	1. 可以得到不同的想法和反馈 2. 鼓励群体的参与和讨论 3. 可以达成一致意见和行动方案	1. 无法在不同地点同时参与会议 2. 个别人容易成为主导 3. 沟通成本较高，费时
群体演讲渠道（通过电子设备）		
视频会议	1. 沟通对象可以在不同地点同一时间进行沟通 2. 减少因差旅引起的费用和时间	1. 无法有效建立个人关系或说服他人 2. 缺少丰富的非言语信号 3. 设置时间长，费用较高
声频会议	1. 比较廉价 2. 设备容易获得 3. 不需要太多设置时间 4. 发生技术故障的概率不高	1. 缺乏肢体语言和互动 2. 缺乏文字材料和视觉辅助 3. 不易获得大量详细的信息
广播会议或网络会议	能将信息传送到多个地点的多个沟通对象	单向的视频或双向的声频，缺乏互动
电子会议	1. 允许匿名参与，反馈更公正、更真实 2. 提高与会者的参与度 3. 可以立刻得到会议的文字材料	1. 可能增加群体机能的紊乱 2. 可能更不容易达成一致意见 3. 可能需要会议主持人较长时间的准备和训练
电子邮件会议	1. 提高参与度 2. 信息快速散布，加快活动开展 3. 减少文件的传送时间 4. 降低人们对写作的排斥情绪 5. 促进跨越等级边界的沟通	1. 不利于对沟通对象、社会环境条件和规则的关注 2. 过度放纵情绪或过于随便 3. 可能缺少逻辑结构 4. 造成延误回复或根本没有回复 5. 更不易获得与会人员的投入
个别谈话渠道		
谈话（面对面）	1. 易于建立个人关系 2. 便于传递敏感或负面的信息 3. 有利于获得没有偏见、低风险、迅速的回应	1. 沟通双方必须在同一地点 2. 容易产生误解 3. 缺乏永久性记录 4. 可能使有些人产生被排斥感

(续)

沟通渠道类型	优 点	缺 点
个别谈话渠道		
电话	1. 有利于获得没有偏见、低风险、迅速的回应 2. 沟通双方可以在不同地点 3. 节省时间和差旅费用	1. 不易于建立个人关系 2. 缺乏丰富的非言语信号 3. 不同的沟通对象可能由于沟通不是同时进行而得到不同的信息
语音留言	1. 可以快速处理微小、琐碎的事务 2. 可以比纸张更快地传递信息 3. 具有非言语的声音效果 4. 比电子邮件更容易查找，且不需要计算机 5. 可以"群发"给多个对象 6. 留下永久记录的可能性比较小 7. 可以在别人的留言中加上你的评语，再转发给其他人	1. 缺乏即时的互动性 2. 容易在不知情的情况下被广泛地散布出去 3. 缺少记录 4. 一般只对简短信息有效 5. 可能不如纸制文件那样受到重视，人们可能略过留言的其他部分

五、文化背景策略

上述探讨的每一个沟通策略都受到特定文化背景的影响，如言语信号、非言语信号、情境文化、民族心理等多个因素。不仔细分析文化背景的差异和影响，很容易闹出笑话。著名学者钱歌川先生曾经举过一个有关社交礼仪的例子。李鸿章出使德国时，应俾斯麦之邀参加宴会，他把一碗吃水果后洗手用的水端起来喝了，为了不使李鸿章出丑，俾斯麦也将洗手水一饮而尽，其他官员只得忍笑奉陪。

文化是人类学上一个重要且复杂的概念，人们对文化具体内涵的界定始终很难达成共识。人类学家克罗伯（Kroeber）和克拉克洪（Kluckhohm）发现了多达164种对文化的定义。尽管如此，人类学家认为这些价值观和信念体现了不同国家、部落和村庄中人们的特征，是理解这些社会或群体运作的基础。从跨文化影响因素及其影响结果的角度分析管理沟通策略仍是有益的探索。

爱德华·霍夫曼（Edward Hoffman）在《做人的权利：马斯洛传》一书中描述了马斯洛与印第安人共度田园时光的情境，展现了马斯洛在文化背景理解方面受到的冲击与转变。马斯洛发现，印第安人对"富有"的概念有别于美国文化所赋予的意义，他们把慷慨大方当作一种美德。他不久又发现，自己所设计的调查量表"充满了美国文化所特有的道德行为准则，以至于在印第安人那里毫无价值"。很多测验的问题对于印第安人而言是无法理解的。因此，马斯洛不得不修正了自己关于人类支配情绪的整个理论观念。特定文化背景中的人们对概念和事实的判断、价值观的确立以及具体行为的选择往往存在较大的差异，这种差异直接制约着沟通双方的互相理解，影响着信息策略和沟通渠道的选择。

荷兰学者吉尔特·霍夫斯泰德（Gert Hofstede）写道，"人人都从某个文化居室的窗后观看世界，人人都倾向于视异国人为特殊，而以本国的特征为圭臬。遗憾的是，在文化领域中，没有一个可以奉为正统的立场，这是一个令人不快的事实真相，就像17世纪时伽利略宣布地球不是宇宙的中心。"霍夫斯泰德在《文化与组织：心理软件的力量》（Cultures and Organizations: Software of the Mind）一书中通过对全世界超过60个国家和地区的考察，提出了著名的文化维度理论，探讨了不同国家的文化差异。其中，文化对组织影响的维度主要有：

（1）权力距离（Power Distance），即权力的集中程度以及社会对权力分配不平等的接受程度。例如，美国是权力距离较小的国家，在企业管理中强调组织关系的扁平化，员工与管理者之间比较平等，强调实现个人价值。

（2）个人主义与集体主义（Individualism Versus Collectivism），即社会组织结构的松散程度以及个人与群体的关系。例如，日本是崇尚集体主义的国家，员工对组织有较强的忠诚度和情感依赖。

（3）男性气质与女性气质（Masculine Versus Femininity），即社会上居于统治地位的价值标准。例如，我国是一个女性气质的国家，注重和谐，讲究道德伦理，崇尚积极入世的精神。

（4）不确定性规避（Uncertainty Avoidance Index），即一个社会对不确定性和模糊态势所感到的威胁程度，试图保障职业安全，制定更为正式的规则，拒绝越轨的观点和行为，相信绝对忠诚和专业知识来规避上述态势。例如，日本是不确定性规避较高的国家，很好地推行了终身雇佣制，强调较高的职业安全和严格的控制。

（5）长期取向与短期取向（Long Versus Short Term Orientation），即长期取向注重的是真理、节约和坚定；短期取向注重的是德行，强调对传统的尊重，履行社会责任和奉行"面子主义"。

考虑沟通中的文化背景策略，先要理解跨文化沟通障碍产生的三个主要原因：第一，基于不同文化之间道德观、价值观、外在和内在动机取向的差异带来的观念冲突；第二，基于不同的规章制度对行为的约束方式和程度导致的制度冲突；第三，基于每个人生活成长的环境、接受的教育、待人处世的方式方法的差异而带来的行为方式的冲突。从文化背景策略的角度看，跨文化沟通要识别文化差异，理解对方的文化，弱化文化冲突，坚持开放的心态，求同存异。

1955年4月，周恩来代表我国参加联合国在万隆举行的会议，以其卓越的外交才能，树立了求同存异的"万隆精神"。

在会议中，伊拉克代表贾马利、锡兰（现斯里兰卡）总理科特拉攻击共产主义，会议气氛激烈，周恩来当机立断，掷地有声地说："中国代表团是来求团结，而不是来吵架的。"先前紧张的会议气氛一下子松弛下来，也打破了美国妄图让万隆会议演变成意识形态大战的阴谋。

在随后的台湾问题、结盟问题上，周恩来巧妙地避开争论，重申求同存异的思想。自此以后，亚非会议上再没有出现构成严重威胁的障碍。

（资料来源：唐灏. 周恩来万隆会议之行 [M]. 北京：中国工人出版社，2003. 有改动。）

除了沟通者策略、沟通对象策略、信息策略、渠道选择策略以及文化背景策略，管理沟通还需要重视沟通频率的问题。有的人怕领导或怕老师，一见到领导或老师就躲着走，尽量避免沟通，结果自己不仅丧失了沟通的主动权，也失去了组织中的存在感，很容易就错过了重要的发展机会。因此，在组织中，我们需要适当增加自己的曝光度，加强沟通频率就是其中的关键一环。例如，当领导或老师布置任务给我们的时候，我们每进行到一定阶段就应及时汇报进展。我们可以通过邮件或短信的形式和对方沟通，例如，发送邮件："老师好！之前您布置的任务，目前我们已经完成了资料收集，下周一开始将进入数据分析阶段。您忙，不用回复，我给您同步备忘一下。"不管对方最后是否做出回复，我们掌握了沟通的主动权，也可以在整理沟通信息时强迫自己停下来仔细梳理一下工作的进度和下一步的工作计划。又如，当在学习或工作中体会到老师或领导建议的实际价值时，我们也应该及时做出反馈，让对方感受到自己的建议对于我们来说是有回声和回应的，这可以有效地激励对方在未来更多地帮助我们，提出建议。我们可以在获得收获时就迅速地将自己的体会和感想记录下来，感谢对方："老师好！上次您帮我指出课题报告中存在研究方法的问题，我最近尝试了新的调研方法，重新抽取样本，发现您的建议非常中肯和及时，我获得了以下三点收获……"

第四节　管理沟通中的重要错误

在信息泛滥、时间压力、语义问题、文化差异、地位影响等多种因素的作用下，我们说了，对方不一定听到；对方听到了，也不一定听得懂；对方听得懂，也不一定会认同；对方认同了，也不一定会反馈；对方反馈了，也不一定会付诸实践。沟通问题相当普遍。

杰拉尔丁·E.海因斯（Geraldine E.Hynes）在《管理沟通：策略与应用》一书中介绍了三种重要而常见的沟通错误。本书在此详细地举例分析这三种错误，并在此基础上，进一步阐述选择性过滤这一基本错误。

一、假设—观察型错误：事实是什么？

我们总会依据假设不经证实地做出判断，并且自认为这种判断是准确且合理的。假设专家的看法是客观权威的，假设水量充沛的长江绝对不会断流，假设经过质量认证的饮用水是不会含重金属的，假设从银行自动取款机取出的不会是假币。假设往往取代了客观事实而成为我们判断和行动的依据。

一般地说，忽略具体情境和事实，在错误的假设下进行沟通并不少见。因此有许多的问题从错误的假设开始设计，目的在于通过思维练习打破假设—观察型错误这一障碍，正确区分事实与假设的差别，并且在合理的风险范围内恰当地运用假设。

问题1：上周我关了卧房的灯，可是我能在卧房黑暗之前就上到床上。如果床距离电灯的开关有10尺（1尺≈0.33m）之远，我是怎么办到的？（错误的假设是关灯的时间在晚上。）

问题2：上课铃响了，为什么没有同学在教室里？（错误的假设是同学们上课的地点一定在教室里。）

问题3：有什么字以"IS"起头，"ND"结尾，有"LA"在中间？（错误的假设是在三对字母之间还有其他字母。）

问题4：有一天晚上我叔叔正在读一本有趣的书，突然他太太把灯关掉了，虽然房间里全黑了，他还是继续在读书，他是如何做到的？（错误的假设是人只能用眼睛才能读书。）

问题5：今天早上一只耳环掉到我的咖啡杯里，虽然杯子装满了咖啡，耳环却没湿，为什么？（错误的假设是咖啡一定指的是液体的咖啡。）

问题6：昨天，我父亲碰到下雨，他没带伞也没戴帽子，他没有用任何东西遮雨，他的衣服全湿了，但是他头上没有一根头发是湿的，为什么？（错误的假设是父亲头上有头发。）

二、不能区分型错误：我对这件事有偏见吗？

在社会知觉中，我们总是会不自觉地忽视事物之间的差异性或者过分强调相似性，将信息进行类别化处理，然后逐渐形成对某些群体僵化的刻板印象，例如，上海人精明，广州人务实，成都人悠闲，东北人豪爽，英国人冷静保守，法国人浪漫多情，德国人严谨理性，美国人自由宽容等。当我们认识了一位热情开朗、洒脱浪漫的英国人时，我们会告诉自己，"这只是一个特例"，或者"他不是一个正统的英国人"。

在招聘时人们也可能出现不能区分型错误。例如，我们倾向于认为女性更适合于从事人力资源管理的相关工作，女性比男性更细心谨慎，在逻辑数理能力上男性比女性更占优势，某个大学的本科毕业生的综合素质较高等，由此不太认真地浏览了应聘者的简历，不太专心地提问和观察对方的反应，忽略了个体一些真实的特征。在这些归类中，我们将某些群体或个体的固有特质扩大到全部个体，从而产生偏见或刻板印象。

一家人坐在电视机前看上海电视台新闻综合频道的《案件聚焦》，节目讲述老人状告晚辈关于房屋产权归属的案件。

才刚刚开了个头，吃着晚饭的父亲循声已经按捺不住了："这么大年纪的老头，还有多少日子好活，干吗非要和他争个不停呢，死了还不都是你的？"

一旁的母亲附和："你看你看，这个女人长成这副嘴脸，一看就知道不是个好东西。"

很快，电视里传来案情进展的情况打消了两人激动的情绪，父亲一挥手："哎哟，这么多孩子打着老人名义来抢房子，也是个麻烦事。这种事情太复杂了，说不清谁对谁错。"

（资料来源：难以磨灭的刻板印象，http://tieba.baidu.com/f?kz=595305764.）

有时，我们在尚未弄清楚事情的始末缘由之前就开始形成自己的判断和评价，如我们认为"老人是弱势群体""外貌具有某个具体特征的女性往往居心不良""房屋产权归属的争执一定基于利益分配问题"等，盲目忽略事物之间的差异，错误拒绝承认事物可能存在的变化。著名思想家斯宾塞·约翰逊（Spencer Johnson）写道："唯一不变的是变化本身。"我们应该增强对事物差异的敏感度，敏锐把握事物的变化。

三、无所不知型错误：还有什么是我所不知道的？

犯无所不知型错误的人通常认为自己什么都知道，掌握了事物的全部真相，并且能将所有内容完整地表达出来。面对专家时，我们有时不免将专家当作"无所不知"的万能型人才，假定物理学家同样懂得经济领域的问题，生物学家对政府公共管理肯定也有精辟的见解。基于无所不知型错误，我们常常会凭直觉或经验过早地做出简单的判断和评价，急于表达自己的观点；或者不自觉地草率评论别人或盲目地说教，自认为自己知道得更多，看得更通透，随口就是"你想太多了""你不了解真相"或"你知道得不够"，透露出一股高高在上的优越感，这样做容易招致别人的反感和排斥，破坏沟通的氛围。

1976年诺贝尔物理学奖得主丁肇中给南航师生做报告时，有学生问："您觉得人类在太空能找到暗物质和反物质吗？"他回答："不知道。"又有学生问："您觉得您从事的科学实验有什么价值吗？"他又回答："不知道。"有学生又问："您能不能谈谈物理学未来20年的发展方向？"他仍然回答："不知道。"他说："拿诺贝尔奖，只是对很小的特殊领域有贡献，一个人不可能因为拿了诺贝尔奖，就把自己当成了什么都懂的'万能专家'，对任何事情都可以评价，我可没这么大的能耐。"

（资料来源：丁肇中的"无知"与何祚庥的"无所不知"！sohu.com/a/229282674_475768.）

事实上，没有一个人能够掌握世界的全部奥秘。我们在沟通时要多问自己："还有什么是我所不知道的？"防止简单地将事物抽象化和泛化，制造无所不知的假象。勒奈·笛卡尔（Rene Descartes）说过，"我的努力求学没有得到别的好处，只不过是越来越发觉自己的无知"。我们需要学会坦诚自己的"无知"，善于学习，并且客观、准确地组织信息，防止自己犯无所不知型错误。记住孔子所言："知之为知之，不知为不知，是知也。"

四、选择性过滤：传递的完整信息是什么？

沟通漏斗理论体现了信息在沟通过程中逐渐减少的趋势，对沟通者来说，心里想的是100%，通过口头表达出来的往往只有80%，而突破物理障碍等因素进入他人的耳朵被听到的信息只有60%，经过价值观和知识背景的综合作用而被他人听懂的信息是40%，最后足以引起他人执行的只剩下20%。因此，可以看到，除去自然传播等产生的损耗，真正引起他人行动的信息只有我们期望的1/5，见图1-3。

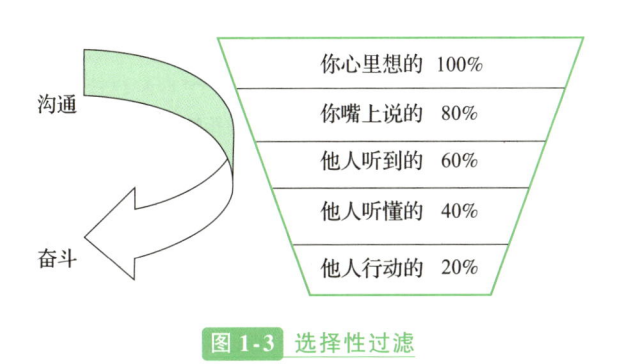

图1-3 选择性过滤

库尔特·卢因（Kurt Lewin）在《群体生活的渠道》一文中提出著名的"守门人"理论，分析了"守门人"在信息流通中是如何选择和过滤部分信息的。事实上，选择性过滤在组织层级间表现得更为明显。当信息自上而下传递时，下级会根据上级的意图丰富已有信息，从而出现信息膨胀；当信息自下而上传递时，为了减轻上级处理信息的压力或者传递有利于下级自身的信息，下级会有意识地整合信息或将不可信的信息删除，从而导致信息失真。组织的层级数目越多，信息被过滤的可能性就越大。美国的一项研究指出，如果基层雇员收到5000项信息，经过层层过滤，假设每经过一个层级删掉一半的信息，那么到第六个层级时剩下的信息不足80项。在信息爆炸和信息超载的现代社会，我们没有充分的时间、精力和条件去获取和处理每天产生的全部信息。2017年《互联网发展趋势报告》提到，全球移动用户平均在手机上安装33个应用软件，每天平均使用12个应用软件，80%的事项通过三个应用软件来处理。为了对"无效信息"进行筛选和剔除，保留和传递"有效信息"，可能会出现因信息过滤失败或过滤过度导致的"信息干扰"和"信息茧房"等问题。

为了避免因为选择性过滤造成信息失真，我们需要学会界定可靠的信息源，运用准确的表述组织信息，控制信息传递的过程，提高信息传递的真实性和清晰度。

本章小结

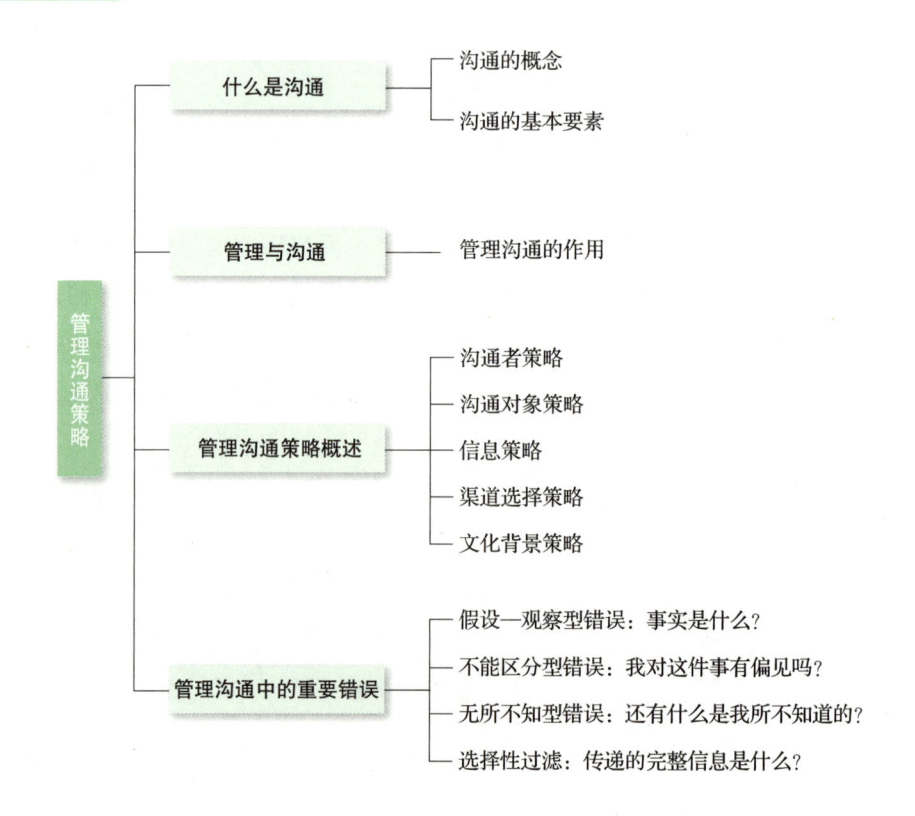

管理沟通策略
- 什么是沟通
  - 沟通的概念
  - 沟通的基本要素
- 管理与沟通
  - 管理沟通的作用
- 管理沟通策略概述
  - 沟通者策略
  - 沟通对象策略
  - 信息策略
  - 渠道选择策略
  - 文化背景策略
- 管理沟通中的重要错误
  - 假设—观察型错误：事实是什么？
  - 不能区分型错误：我对这件事有偏见吗？
  - 无所不知型错误：还有什么是我所不知道的？
  - 选择性过滤：传递的完整信息是什么？

案例分析

2015年3月15日，央视新闻频道报道了一条新闻，核心内容是"呷哺呷哺售卖的鸭血是假的，涉嫌含有猪血的成分"。消息一出，舆论顿时哗然。

楚学友（时任呷哺呷哺中国公关总监）得知消息后立马安排应急预案，指挥所有工作人员就位，成立事件处理小组，负责媒介监测的、负责政府沟通的、负责行业协会沟通的人员进入工作状态，同时监控全网舆情，每15分钟进行一次全网媒体扫描，第一时间监控舆论走向及扩散程度。

很快，处理小组遇到了争议点：公司是否对此事件表态？如何表态？什么时候、以什么方式表态？经过一番讨论之后，处理小组达成共识：先出声明，配合调查，坚持品质即可。

在确认了处理办法后，呷哺呷哺并没有立刻通过微博发声明，而是先打电话与相关利益者沟通信息、达成共识。在一个多小时的时间里，呷哺呷哺相关负责人向董事会的所有成员、投资人、行业协会秘书长、政府相关机构负责人和记者等一共打了27个电话，这些人给了呷哺呷哺不同的建议以及反馈。

鉴于信息量太大，呷哺呷哺设立了一个平台以接听所有电话，在汇总了所有反馈以后，楚学友领导的事件处理小组做出了三个判断：第一，此次事件不是由政府主导，而是由媒体发起的；第二，当天晚上政府一定会有行动；第三，通过询问央视负责食品药品方向的记者确认，这条报道并不是专业报道该领域的记者所为。因此，呷哺呷哺预测公司将有足够的时间进行公关处理。

随后，在事件发生的12小时内，呷哺呷哺发了三条微博，第一条表明态度，告诉消费者、监管机构、媒体和各利益相关者呷哺呷哺对此事的态度；第二条给出处理方案，停售所有鸭血产品并公布公司的媒体联络电话；第三条更新处理进展并致歉。时间线及具体微博内容如下：

第一条微博，3月15日，20：40："各位好，就今晚央视《共同关注》栏目播出的'北京鸭血九成是假的'新闻中提到，取自呷哺呷哺一家门店所售卖的鸭血含有猪源性成分，我公司对此事件高度重视。坚持品质、对消费者负责是呷哺呷哺经营的根本。我们将联合新闻媒体、政府部门和第三方检测机构立刻展开调查。有进一步消息我们会及时发布。谢谢。"

第二条微博，3月15日，21：05："各位好，本着为消费者负责的态度，我们目前已经全部停售所有门店的鸭血产品，留待检验和确认。同时，为了及时沟通，公布我公司的媒体联络方式，138011895××，张先生。谢谢。"

第三条微博，3月16日，04：34："3月15日晚，我公司积极配合政府相关部门的检查和取样，提供产品供应商的资质证明和检测报告，并按照要求把已经下架停售的所有鸭血及时运回总部封存。我们将尽快落实事实，并及时通报。我们就本次事件给消费者带来的担忧和不便致以最诚挚的歉意。"

在15~16日，媒体关注的核心是：鸭血是不是真的？供应商是谁？16日的报道集中于相关单位是否受到查处？责任人是谁？而呷哺呷哺则在事件发生12小时内的凌晨4点以前将这些问题全部解答完。楚学友按照经典的报道套路猜测，大部分媒体的思路是无良的商家为了节约成本用猪血冒充鸭血，媒体揭露了这个事实，而商家百般抵赖、销毁证据、谩骂记者、质疑媒体，最后在铁证面前终于承认自己的错误、幡然悔悟。所以在问题出现之前，呷哺呷哺就针对相关问题做出了回答，使媒体无法再报道自己的猜测，只能跟着呷哺呷哺的公关思路，等待政府检测。由此一来，呷哺呷哺成功将舆论导向转移。

26号，检测结果出来了，鸭血没有问题。对此，呷哺呷哺再次发布声明，恢复鸭血产品的售卖，同时开展"蒙冤"营销活动，顾客到店任意消费即可送一小份鸭血，并且组织公司人员到店吃鸭血以表明态度。

面对此次央视的"误曝"，呷哺呷哺在分析后发布声明回应："食品安全肯定是一个新常态，我们要感谢媒体作为社会公信体现的舆论意识。"

事件对呷哺呷哺的影响是惨痛的，但结果是好的。在3月15日当天，呷哺呷哺股价下跌3%，在整个危机事件过程中一共下跌8%，但是在3月26日公布检测结果当天，股价又上涨了4%，并在之后的一周上涨了33%。

（资料来源：普勒剖析经典公关案例——"呷哺呷哺315鸭血门"，http://www.planpr.cn/html/dianpingpindao/2020/1126/1398.html.）

思考题

运用管理沟通策略，分析呷哺呷哺在沟通方面的表现。

自我诊断

请回忆你在过去的生活、学习或工作中的沟通表现，围绕表1-5中的问题，认识自己现有的沟通能力以及未来的期望。

表 1-5　自我诊断表

	是	否
你认为有效沟通是工作中必不可少的部分吗?你认为它与整个生活息息相关吗?	□	□
你与他人沟通良好吗?(在给选项"是"打"√"前,先询问一下你的配偶、伙伴和至少三个同事)	□	□
对于你沟通中哪些方面做得比较好,哪些方面有待加强,你有清楚的认识吗?如果有,你单独列到其他纸上了吗?	□	□
描述一下你想成为优秀的沟通者的动力:		
1. 非常希望	□	□
2. 比较希望	□	□
3. 比较微弱	□	□
4. 很弱	□	□
5. 根本不希望	□	□

(资料来源:阿代尔. 人际沟通 [M]. 燕清联合,译. 海口:海南出版社,2008.)

管理沟通游戏:互动交流

一、游戏目标

1. 培养语言交流技巧。
2. 意识到反馈的重要性。
3. 促进团队成员之间的沟通。
4. 训练倾听能力。

二、游戏程序

主要参与者:2 人

时间:10 分钟

场地:不限

用具:A4 纸若干张

三、游戏步骤及详解

1. 给每位同学发一张纸。
2. 请同学 A 协助这个游戏,提前观看一张图片,如图 1-4。
3. 同学 A 背向大家站立,避免与他人的眼神和表情交流。
4. 同学 A 口头描述这张图的内容,不能有任何手势或动作。
5. 请其他同学按照同学 A 的描述画图,全程不能提问。

6．请同学 B 观看并上台描述同一张图片，其他同学按照描述画图，全程允许双向交流。

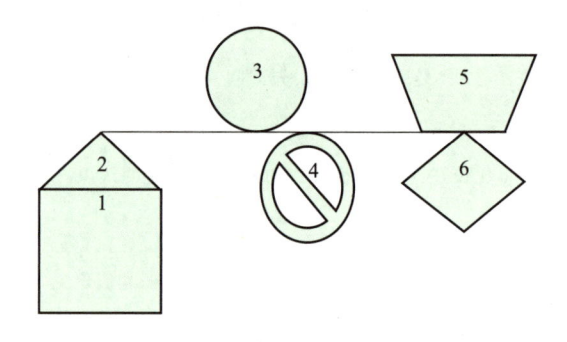

图 1-4 游戏示意图

四、问题讨论

1．第一次游戏完成后，有多少同学能够完整地将原图画出来？如果人数很少或者没有，这是什么原因造成的？

2．台上的同学在描述图的过程中语言表达是否清晰、明确？你知道语言表达的技巧和其影响因素吗？

3．当第二轮游戏完成后，成功画出图形的同学是否增多了？为什么？

4．当你不太理解台上同学的表达时，你是否进行了及时的反馈？这样做对你完成任务有什么好处呢？思考一下反馈的技巧。

（资料来源：胡巍．管理沟通：游戏66［M］．济南：山东人民出版社，2007．）

第二章　有效地写

Chapter Two

我在查阅电子邮件时发现了这样一封学生来信。

老师：

你好！我这学期选修了你的课程，感觉到你在人力资源管理方面好像挺有经验。我正在准备申请一家公司的实习生岗位，请你细心帮我看看简历。如果有什么地方出错或者写得不好，你也可以动手改一改。因为截止日期在这个月底，时间比较仓促，你最好尽快，如果修改好了，及时发邮件给我。谢谢老师！

学生：×××
20××年12月23日

这封来信让我同时联想到另一封信。1952年著名作家巴金先生到朝鲜战场采访中国人民志愿军。与志愿军司令员彭德怀会面后，巴金先生写了一篇文章，描述会见的融洽气氛和彭德怀司令员威严却平和、朴实的形象。彭德怀司令员在阅读完巴金先生的文章后写了这样一封信。

巴金同志：

"像长者对子弟讲话"一句改为"像和睦家庭中亲人谈话似的"，我很希望这样改一下，不知允许否？其次，我是一个很渺小的人，把我写得太大了一些，使我有些害怕！

致以
同志之礼！

彭德怀
3月28日

一封简单的来信，可以轻松实现我们的期望，如可以让档案馆工作人员为我们提供急需的历史数据、使顾客体谅我们的难处并最终放弃索赔，甚至可以令陌生人打开钱包购买我们的产品。然而，同样是一封简单的来信，却也可能造成完全不同的结果。上述案例中第一封来信的措辞和语气都不恰当，"你""好像""细心""可以动手改一改""最好尽快"等选词不符合收信人和发信人之间的关系,以及"以读者为中心"的定位策略。

事实上,写作很重要,写作也并不容易。从写作的重要性看,它是一项重要的社会生存技能。我们获取知识、信息,与他人交流和参与的多数职业活动都有写作的参与。良好的写作能力能够帮助我们梳理琐碎杂乱的社会事实,扩大知识和信息传播的范围,减少我们被人误解的可能性,提高我们沟通表达的逻辑性和条理性,同时增加我们的意见获得认可的概率,促进彼此理解和达成共识。从写作的难度看,写作本身是一门学问和一门手艺,需要持续的刻意练习。我们经常会遇到"不知道写什么""写不下去""有想法却写不出来"等难题,需要下功夫仔细琢磨以下问题:如何下笔?以什么作为写作的最终目标?应该先写什么后写什么?如何谋篇布局和推敲行文用词?哪些应该多写或少写?《纽约时报》的编辑西奥多·伯恩斯坦(Theodore Bernstein)认为:"如果说写作必须是一种精确的沟通形式,那么我们应当像对待精密仪器一样对待写作,要不断地磨砺它,而不是随随便便地使用这种形式。"

本章第一节提出下列问题:管理写作是否重要?管理写作为什么重要?为什么很多管理写作不尽如人意?第二节和第三节主要探讨写作全过程,分别从一般情况和特殊情况两个视角进行分析。

第一节 管理写作

美国的"写作危机"早在20世纪60年代就出现了。在"教育改革运动"浪潮的冲击下,许多美国学校取消了传统的语法课和严格的写作训练。虽然20世纪70年代又推行开设语文补习课程和给予奖励等措施,但提升学生写作能力的效果不明显。根据美国教育界关于全国范围内写作教育进展情况的调查,从20世纪70年代到80年代,美国中小学生正确用词造句等写作能力没有提高,许多学生不会阐述观点或严密论证观点。托马斯·C.惠勒(Thomas C.Wheeler)在《美国写作事业的最大障碍》一书中谴责盛行的"弃笔风"(The Anti-writing Bias)时这样写道:"在一个电话代替私人书信、电视替代读书看报的社会里,人们就会慢慢地觉得,写作已经没有什么必要了。"这场"写作危机"持续多年。

美国大学董事会全国写作委员会于2003年—2005年间发布了三次调查报告。

2003年4月，第一份调查报告《被遗忘的"R"》提倡写作革命；2004年9月，第二份调查报告《写作：通向工作的门票》对全美120家大公司进行详细调查，发现写作成为雇员应聘和晋升的"敲门砖"；2005年7月，第三份调查报告《写作：来自州政府的强烈信息》指出政府部门对雇员的写作能力高度重视。2007年，《美国国家教育报告卡》(Nation's Report Card)指出：在全美所有12年级的学生中，只有1%能写出结构、分析缜密的文章。另外还有研究显示，在4~12年级的学生中，70%~75%写作不过关。2011年的一次全美测试结果显示，仅有24%的8~12年级学生写作合格，3%可以称得上高水平。从业30年的美国职业撰稿人、知名科技分析师约翰·伯尔尼(John Bernoff)发表了一篇文章称，拙劣的写作每年给美国造成了4000亿美元的损失；81%的职业经理人抱怨糟糕的电邮、报告、备忘录、新闻稿、互联网文章浪费了他们的时间；白领要花费22%的时间用于阅读各类资料，越高薪酬的人阅读资料的时间越长。

2001年美国推行《不让一个孩子掉队》(No Child Left Behind)法案，力求让孩子们的阅读和数学达到熟练水平。阅读的重要性得到极大提升，但系统的写作训练却仍然处于被忽略的境地。

2005年11月，"全美写作计划"在《学习写作，为学习而写作：美国人对于学校写作教学的观点》中提到，72%的美国人强烈认为"如今几乎任何职业的发展都需要有很好的写作能力"。同时，这份报告进一步指出，在大的美国公司中，超过2/3的雇员需要承担与写作有关的工作。超过一半的公司认为它们"经常"或"近乎经常"地要求写技术报告（59%）、正式报告（62%）、备忘录和回函（70%），通过电子邮件、演示文稿等形式进行沟通是很普遍的。从2012年开始，美国共有46个州需要在两年的时间里推行州共同核心课程标准，明确要求小学生学习说明文和议论文的写作，高中生必须能够写出成熟而有思想的文章。重视对学生开展语法和文法规则的培训，打破"孩子们会说就会写"这样理所当然的想法，正视写作是一件很复杂的任务，用写作训练推动各学科的学习。

新中国成立以来，从中小学语文教学大纲或课程标准等文件来看，我国的写作课程观念和内容也发生了阶段性变化，大致经历了三个时期：20世纪50~60年代重视基础写作和应用写作，20世纪80~90年代更加注重思维和文体的技能写作，21世纪新课改后比较重视写作主体的兴趣、动机和创意性表达的人文写作。

在我国，《商务周刊》上曾经刊登过这样一段文字："如果现在问一个上班的人，什么事最难，一般是诸如拍好老板啦，搞定客户啦，让前台那个总斜眼看我的小姑娘对我笑一笑啦等。其实要我说，是写作最难。公司的同事们都说，开一天的会挺累,但是如果让我选择开一天会,和写一篇公司新闻发布稿,我还是宁愿开一天会,或者打一天电话,忙一天各种各样但不需要写的事情。至少95%的人是畏惧写作的。那么摆在每个人面前的选择是,你是不是或者想不想成为那剩下的5%?"

为什么管理写作在职场上得到如此的重视?相对于口头沟通而言,写作这种书面沟通方式更加适合传达事实和复杂的信息,并且可以形成永久性记录以便日后回顾和查证。玛丽·蒙特认为,这种传统的文字渠道有助于"采用准确的措辞和语法",读者可以获取较为详细的内容和大量的细节,同时这是一种私密性很好的沟通形式,适用于地理上分散的沟通对象。英国著名的哲学家、思想家、作家和科学家弗兰西斯·培根(Francis Bacon)写道,"阅读使人充实,会谈使人敏捷,写作与笔记使人精确。"管理写作,诸如备忘录、正式报告和商务信函等,有利于清晰、准确地传递信息,指导人们的行动或提供决策依据。

书面沟通和口头沟通的优缺点比较见表2-1。

表2-1 书面沟通和口头沟通的优缺点比较

	书面沟通	口头沟通
优点	1. 适合传达事实和意见 2. 适合传达复杂或困难的信息 3. 可以进行回顾 4. 便于存档保管以便日后查证 5. 在发送信息前可以进行细致的考虑和检查	1. 适合表达感觉和感情 2. 更加个性化 3. 成本较低 4. 可以根据语言和非语言的反馈,及时进行改正和调整
缺点	1. 耗时 2. 反馈有限且缓慢 3. 缺乏有助于理解的非语言暗示 4. 有时人们不愿意阅读书面材料 5. 无法了解你所写的内容是否被人阅读	1. 说话时较难进行快速思考 2. 话一出口就很难收回 3. 有时难以控制时间 4. 容易带有过多的个人色彩而影响信息的可靠性

(资料来源:康青. 管理沟通[M]. 6版. 北京:中国人民大学出版社,2022.)

虽然管理写作的优势和重要性毋庸置疑,但是为什么很多管理写作都不尽如人意呢?是什么原因造成的?可能因为作者缺乏整体规划布局,没有从写作目标和读者感受以及兴趣等方面组织写作的基本框架;可能因为缺乏充分的信息来源,没有有效地提炼出关键信息;可能因为作者用词不当或者不注意拼写规范,如错误地使用标点符号、不分段等。

第二节 一般情况下的写作

在写作之前，我们需要静下心来思考下列问题：

- 我是否已经分析了沟通策略？例如，我的读者是谁？他们的知识水平如何？他们的兴趣点是什么？我与读者的关系是什么？我如何将自己的想法清晰、准确地表达出来？我如何让读者认同我的观点？我是否已经准备了足够的材料？我如何组织这些材料以使其具有较强的逻辑性？
- 我是否应该去写？例如，我是否有重要的理由去写？我是否是写作的合适人选？何时才是写作的合适时机？我是否已经理清了写作的思路？写作是否存在风险？
- 我的写作是否有益？例如，有没有类似的写作？我的写作是否具有重复性？我的写作是否对别人有益？我的写作是否提供了有价值的数据或信息？

写作专家唐纳德·墨瑞（Donald Murray）用收集资料、组织观点、提炼材料、起草文章和修改文稿五个阶段划分写作的过程，见图2-1。

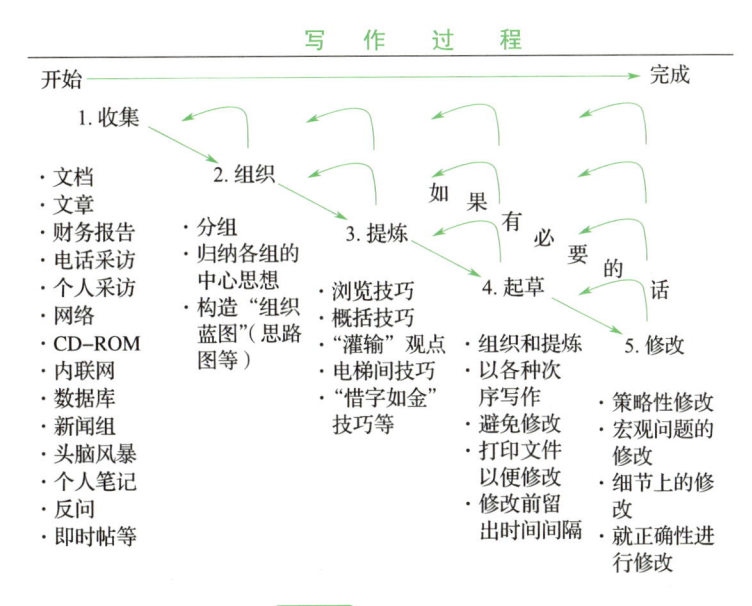

写 作 过 程

开始 ———————————————→ 完成

1. 收集
  - 文档
  - 文章
  - 财务报告
  - 电话采访
  - 个人采访
  - 网络
  - CD-ROM
  - 内联网
  - 数据库
  - 新闻组
  - 头脑风暴
  - 个人笔记
  - 反问
  - 即时帖等

2. 组织
  - 分组
  - 归纳各组的中心思想
  - 构造"组织蓝图"（思路图等）

3. 提炼
  - 浏览技巧
  - 概括技巧
  - "灌输"观点
  - 电梯间技巧
  - "惜字如金"技巧等

如果有必要的话

4. 起草
  - 组织和提炼
  - 以各种次序写作
  - 避免修改
  - 打印文件以便修改
  - 修改前留出时间间隔

5. 修改
  - 策略性修改
  - 宏观问题的修改
  - 细节上的修改
  - 就正确性进行修改

图 2-1 写作的过程

（资料来源：蒙特，汉密尔顿. 管理沟通指南：有效商务写作与演讲：第10版 [M]. 钱小军，张洁，译. 北京：清华大学出版社，2014.）

一、收集资料

收集资料之前,首先要明确"写什么",这是收集资料的基础。鲁迅先生写道:"……只看一个人的著作,结果是不大好的:你就得不到多方面的优点。必须如蜜蜂一样,采过许多花,这才能酿出蜜来,倘若叮在一处,所得就非常有限,枯燥了。"因此,必须由"写什么"进而考虑"需要什么资料"和"从哪些渠道获取这些资料"。

一般可以通过查阅文献资料、网络资源和调查访问等方式收集资料。文献资料包括书籍、报刊、统计年鉴和财务报表等。网络资源包括电子数据库和信息发布的网站等。调查访问需要设计一套调查工具,如调查问卷或访谈提纲,从受访者对调查问题的反馈中收集有用的资料。另外,也可以运用头脑风暴法,召开专家主题会议集思广益;还可以制作笔记或小卡片,随时随地记录想法或者有意思的观点,这是收集资料的另一个重要方式。

几年来,马斯洛一直坚持在卡片上草草记下一天中任何时候出现在头脑中的每一个思想,后来他把这些卡片归类在十几个文件夹中,并附上不同的标题,如优势、男人与女人、价值以及自我实现等,为了表达更为连贯的思想,他用打字机打下简单、粗略的草稿,再为这些小册子编上索引。无论何时,当他开始正式写一篇讲演词、文章或著作时,都要重温这些汇编材料的内容。

(资料来源:霍夫曼. 做人的权利:马斯洛传[M]. 许金声,译. 北京:改革出版社,1998.)

明朝开国皇帝朱元璋关于暴政与仁政,有这样一段话:对官场上的贪官污吏严刑峻法,他们就不会欺压百姓。这样做,虽对官吏有些残忍,但对老百姓来说,我实施的就是仁政。

这段话是对太子朱标说的,不到一百字,写在一张纸条上。

要说像这样的纸条,朱元璋用得特别顺心顺手,天下未定时,他喜欢写,并将它们收藏起来;即使登上皇位,他也将这些纸条贴得满书房都是。纸条涉及的内容广泛,有打仗治军的点子,有治理国家的想法,就连某个将士平时的不当言行也被朱元璋这样记下来。

在大位初定之时,朱元璋要分封天下,这些纸条就帮了他不少忙。自古马背上得天下的君主,攻城拔寨容易,封爵授役困难。朱元璋同样为分封之事烦恼,他必须按照君王驭人之道去做,自然难说公道,也自然是怨声载道。大帅汤和的手下两位大将就因未封侯,闯宫鸣冤。

朱元璋不慌不忙地掏出那些陈年小纸条,对他们当年的言行一一陈述。

"至正十五年,蓝山战役,千总刘大林,滥杀无辜商旅九人,劫其财,并谎称是元军奸细,总误战机两次。"

"至正十七年,张士诚进攻湖州,千总李名卫醉酒迎敌,致使南关失守。被撤职后竟然大发怨言，说上面太不给面子了，老子还不如投到张士诚那儿享福去。"

听完朱元璋的话，两位骄悍将军瞄了一眼他手中的小纸条，羞愧无言。

朱元璋随时随地写这些纸条，哪怕是睡在半夜，脑中灵光一闪，他即披衣起床，马上将脑海中的想法记下来；即使在吃饭时，桌边也放着毛笔与纸条。有一次他与刘伯温一起吃饭，桌子上却放着一篮子的筷子。刘伯温很是纳闷。吃到中途，朱元璋不知想起了什么事，放下筷子拿起笔就写起了纸条。可当他再拿起筷子时，筷子上也已染上了墨汁。原来，因为朱元璋常常没有将毛笔放回笔架上，而随手放在筷子托上，所以侍者为他准备了多双筷子。

（资料来源：张岭铭. 朱元璋擅记小纸条［J］. 社区，2016（32）：40. 有改动。）

假如要写一篇关于"中西方公共部门战略管理"的文章，我们决定从书籍和中外文数据库中收集相关资料。战略管理相关的书籍有 *Strategic Management: Creating Competitive Advantages*（Dess，Lumpkin & Eisner）、*Strategic Management: From Concepts To Implementation*（Bourgeois）、*Strategic Management: Awareness and Change*（Thompson）、*Public Management Strategies: Guidelines for Managerial Effectiveness*（Bozenman & Straussman）和《公共部门战略管理》（陈振明）等。中文文献来自中国期刊全文数据库和维普（中文科技期刊数据库）。我们在 2010 年 7 月分别以"公共部门"和"战略管理"为关键词在这两个数据库中进行检索，分别收集到 85 篇和 27 篇相关论文。外文文献来自社会科学引文索引（Social Sciences Citation Index，SSCI），在 2010 年 7 月发现以 Strategic Management 为关键字的相关文献有 5864 篇。由于我们写作的重点放在公共部门战略管理上，因此进一步对所检索到的文献缩小范围，得到 167 篇关键文章。假如我们准备写"2009 年中西方公共部门战略管理"，以同样的条件进行检索，将会发现，2009 年的相关中文文章只有 11 篇，而外文文章有 36 篇。

又如，我们准备写题为"中国政府绩效考核指标体系研究"的文章，在中国期刊全文数据库搜索中文文献主要有以下三步：第一步，初步检索，在 2022 年 12 月以"中国政府绩效考核指标体系"为主题进行检索，找到 35 篇文献；第二步，通过不同的词语组合进行高级检索，如以"政府"和"绩效考核指标"为主题进行检索可以得到 564 篇文献，以"政府"和"绩效指标"为主题进行检索可以得到 3799 篇文献；第三步，扩大检索范围，替换检索关键词，如在收集资料的过程中发现"绩效考核"在一些文章中表述为"绩效评估""绩效测量"或"绩效管理"，那么可以用这些词语重复上述资料收集步骤，避免遗漏重要的文献。

从上述例子可以看出，写作策略，特别是"写什么"，决定了收集资料的范围与选定的检索条件。但是在实际运用中，有太多的人将时间和精力放在起草初稿上，而不是仔细思考"写什么"。

假如要写一篇关于"大学生公开课"的文章，为了收集相关信息，运用调查问卷收集公开课听众的评价，并且通过访谈提纲的设计对公开课演讲者进行深度访谈。一方面，从内容、演示形式、气氛、对演讲者的评价、公开课的作用、听众的关注点和听众的参与意愿等维度设计调查问卷（见图2-2）；另一方面，从准备工作的开展、参与收获、具体评价和推广意义四个方面设计访谈提纲（见表2-2）。

大学生公开课调查问卷

1. 请问您是通过哪种方式得知此次公开课的？
   A. 宣传海报　　　　　B. 老师、同学的推荐　　　C. 网络　　　　D. 其他_____
2. 请问是什么原因吸引您前来观看此次公开课呢？
   A. 有空就来听听　　　　　　　　　　　　B. 对德鲁克本人及其相关理论感兴趣
   C. 对学生公开课的形式感兴趣　　　　　　D. 其他_____
3. 学生公开课是否吸引您？
   A. 是　　　　　　　　　　　　　　　　　B. 否
4. 请在您认同的评价等级下打"√"。

评价指标	评价标准	完全同意	非常同意	同意	不确定	不同意	非常不同意	完全不同意
	学生公开课很吸引您							
内容	内容丰富，信息量大							
	内容非常贴近生活							
	内容非常有趣							
	内容有逻辑性、有条理							
演示形式	形式新颖、生动							
	演示形式与内容协调							
	深入浅出，便于理解							
气氛	演讲者与听众的互动良好							
	听众的参与热情高涨							
	演讲者的魅力带动整个气氛							
演讲者	肢体语言丰富							
	口才好							
	演讲风格鲜明							

5. 您觉得公开课：（可多选）
   A. 能促进学术氛围的形成　　　　　　　　B. 能够推广相关研究方法
   C. 能够启发自己更深的思考　　　　　　　D. 能够激发自己的学习兴趣和热情
   E. 其他作用（请注明）　　　　　　　　　F. 没有太大作用
6. 对于公开课您的关注点在哪些方面？（可多选）
   A. 公开课的内容　　　　　　　　　　　　B. 公开课的演示形式
   C. 公开课的演讲者　　　　　　　　　　　D. 其他
7. 什么样的教学才是您感兴趣的？（必须单选）
   A. 强调互动与参与　　　　　　　　　　　B. 教学内容和演示材料生动有趣
   C. 能够启发思考　　　　　　　　　　　　D. 能够掌握到学习方法
8. 如果以后再举办类似的公开课，请问您会不会参与？
   A. 如果有时间，一定会　　　B. 如果有时间，可以考虑　　　C. 不会

图 2-2　大学生公开课调查问卷

表 2-2　大学生公开课访谈提纲

1. 这次学生公开课的前期准备工作是如何开展的？有哪些步骤？
2. 在这次学生公开课的参与过程中，您有什么收获？
3. 作为这次学生公开课的参与者，您如何评价这次活动？
4. 您觉得学生公开课是否有推广的意义？假如有，意义是什么？
5. 对于这次学生公开课，您还有什么要与我们分享的？

在收集资料时，要学会保持对问题的敏感度，从中发现新的问题或产生新的想法。例如，当我们在百度网上收集有关"管理写作"的信息时，找不到好的材料就改用"商务写作"进行检索，又发现信息多集中在"商务英语写作"上，与我们的写作目标不一致，最后在阅读材料时，发现一份材料提及"职场写作"，通过"职场写作"这一检索条件终于收集到符合写作目标和写作内容的一批材料。

二、组织观点

收集到充分的信息后，必须整合相似的信息，整理出不同的分析维度。组织观点常见的方式有：①在 Word 文档中运用"自动编码"的功能做出分层；②运用环状观点图或金字塔形观点图，分清主要观点和次要观点；③运用甘特图直观表示时间的安排、工作内容以及资源的使用情况等；④运用 Mindjet MindManager 软件捕捉、组织和联系信息。例如，美国波音公司将所有飞机维修工作手册绘制成 25 英尺[①]的"思维导图"（Mindmap），使原来需要花一年以上的时间才能被消化的数据短短几个星期就能够被掌握。例如，运用甘特图计划课题每一个环节的起始时间、结束时间和工作内容，见图 2-3。甘特图可以直接呈现每一个环节花费的时间以及多线进行的工作内容，更好地管理和组织课题进度，有助于目标的实现。

又例如，我们就"德鲁克管理思想在中国的研究现状"写一篇文章。围绕这一主题绘制"信息组织蓝图"，见图 2-4。

在组织观点时，我们需要学会结合信息策略理清观点的类别，分析观点层级之间的逻辑关系。18 世纪法国的博物学家、作家布冯（Buffon）写道："为了写得好，必须充分地掌握题材，必须对题材有足够的思索，以便清楚地看出思想的层次，把思想构成一个连贯体，一个连续不断的链条。"

[①]　1 英尺 = 0.3048 m。

课题进度																																
活动	具体内容	开始时间	结束时间	周数	1	2	3	4	5	6	7	8	9	10	11	12	13	14	15	16	17	18	19	20	21	22	23	24	25	26	27	28
主要会议	2017/11/09会议	2017/11/09	2017/11/09	自2017/09/18开始计算																											
	2017/11/22会议	2017/11/22	2071/11/22																											
	2017/12/25会议	2017/12/25	2017/12/25																											
	2018/01/02会议	2018/01/02	2018/01/02																											
	2018/03/08会议	2018/03/08	2018/03/08																											
研究计划	研究计划撰写	2017/10/09	2017/10/08																											
A省政策分析	前期阅读与准备	2017/11/06	2017/11/05																											
	政策检索与目录编撰	2017/11/15	2017/11/28																											
	编码	2017/12/19	2017/12/18																											
	统计分析	2017/12/25	2017/12/24																											
	报告撰写	2017/12/25	2017/12/31																											
四省市政策分析	政策检索与目录编撰	2017/12/25	2018/01/08																											
	编码	2018/01/09	2018/01/31																											
	统计分析	2018/02/01	2018/02/13																											
	报告撰写	2018/02/14	2018/02/28																											
A省创业指数报告	指标体系构建	2017/10/08	2017/11/02																											
	数据收集与分析	2017/11/03	2018/01/02																											
	报告撰写	2018/01/03	2018/01/28																											
A省政策需求报告	问卷设计	2017/12/26	2018/01/04																											
	网络问卷制作	2018/01/04	2018/01/10																											
	样本确定与选择	2018/01/08	2018/01/09																											
	问卷发放与跟踪	2018/01/16	2018/02/09																											
	统计分析	2018/02/09	2018/02/23																											
	报告撰写	2018/02/24	2018/03/01																											
境外经验	美国模式	2017/11/12	2018/02/21																											
	英国模式	2017/11/12	2018/02/22																											
	德国模式	2017/11/12	2018/02/23																											
	日本模式	2017/11/12	2018/03/01																											
	法案收集与整理	2017/12/25	2018/01/22																											
总报告	报告汇总整理	2018/03/02	2018/03/22																											

图2-3 课题进度甘特图

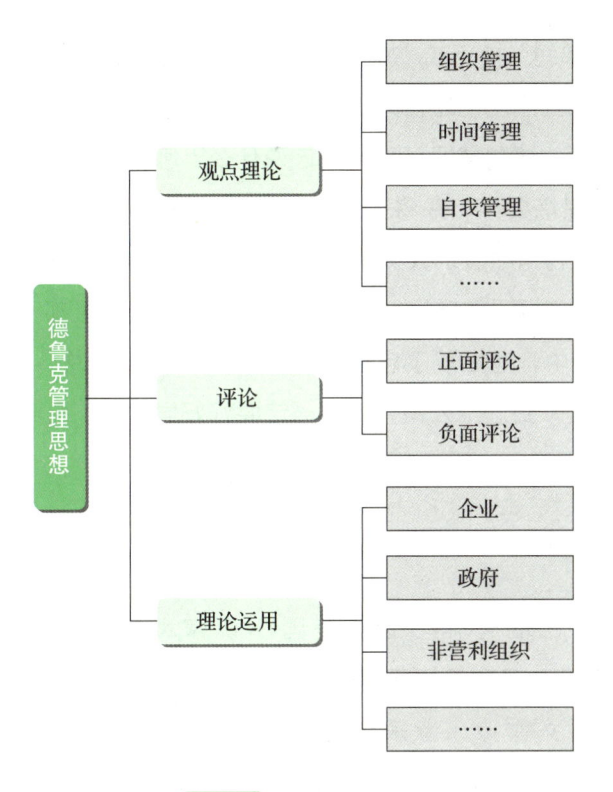

```
                        ┌─ 组织管理
          ┌─ 观点理论 ──┤─ 时间管理
          │             ├─ 自我管理
          │             └─ ……
          │
德鲁克    │             ┌─ 正面评论
管理   ───┼─ 评论    ──┤
思想      │             └─ 负面评论
          │
          │             ┌─ 企业
          │             ├─ 政府
          └─ 理论运用 ──┤─ 非营利组织
                        └─ ……
```

图 2-4　信息组织蓝图

三、提炼材料

组织观点之后，我们通常会问几个问题："读者最需要了解什么？""要点是什么？""支持各个要点的材料有哪些？"蒙特和汉密尔顿在《管理沟通指南》一书中介绍了几种提炼观点的技巧。

（1）设想读者只是浏览，我们至少应该让读者了解什么内容。例如，在管理沟通方面，读者最需要了解"什么是管理沟通""管理沟通策略具体是什么""如何有效地进行写作""如何有效地说""如何有效地倾听""如何巧妙地运用非语言技巧"等内容。

（2）概括观点，区分主要观点和次要观点，考虑主要、次要观点之间的联系。

（3）灌输观点，考虑如何帮助读者在头脑中形成概念，从而抓住要点。19世纪俄国著名的批判现实主义小说家、诗人和剧作家伊凡·谢尔盖耶维奇·屠格涅夫（Ivan Sergeevich Turgenev）提到："谁要是写出全部细节——那就失败了，必须把握一些有代表性的细节。天才即在于此。"在提炼材料时需要先把握那些具有代表性和概括性的观点。

（4）使用"电梯间"技巧或"繁忙老板"技巧。假设我们在电梯里突然遇见了读者，却只有电梯下降至底层的短暂时间来阐述我们的主要观点，或者是老板很忙，只有很短的时间听汇报，这种情况下我们应该说什么？怎么说？这两个技巧都侧重于在较短的时间里快速提炼要点，并将其清晰、准确地表达出来。例如，被誉为华尔街"股市神童"、我国台湾"股坛教父"的胡立阳曾经和老板挤进同一部电梯，想在搭乘电梯的38秒内让老板记住自己。他先递上名片，老板却看都不看，也不接名片，于是在剩下的20秒中，他提取了自己的主要观点，对老板说："这是一家非常好的公司，我们都很幸运来到这个公司，我们一定要好好学习。"由此，他成功地引起了老板的重视，为日后的进一步交流创造了机会。

四、起草文章

每个人都有自己的写作习惯。美国小说家欧内斯特·海明威（Ernest Hemingway）为了让句子和篇幅尽量短些，习惯站着写作；法国著名的文学家、思想家、批判现实主义作家、音乐评论家和社会活动家罗曼·罗兰（Romain Rolland）习惯起草文章时在案头上放一面镜子，或者边走边思考，反复推敲；俄国诗人尼古拉·阿列克塞耶维奇·涅克拉索夫（Nikolai Alekseevich Nekrasov）习惯躺在地板上写作。蒙特和汉密尔顿写道："做到有效率起草文章的关键在于释放你的创造力。"这里我们撇开细节性问题，从策略和技巧的角度探讨起草文章的方法。

起草文章时，把握自己的思维状态和心理状态很重要。有的人喜欢坚持从开头写到结尾，一旦遇到思路不明的时候就卡住了；有的人倾向于一边写作一边修改，发现某个字或标点符号用得不恰当，屡屡停下来斟酌。无论我们的写作习惯是什么，都需要在起草文章过程中树立写作信心，以激发持续的灵感和创造力。同时，要放下那种坚持"边写边改"，把注意力放在标点符号或者错别字等细节上的"完美主义"风格，让自己能够明确观点之间的逻辑关系，保持思维的流畅。因此，在起草文章时，要注意以下要点：

（1）不要在乎写作顺序。根据材料的组织情况，从有把握的部分着笔。这样可以逐渐建立自己的写作信心，还可以从有把握部分的写作中发现新的想法或者问题，有助于后续的写作。

（2）不要边写边改。起草文章初稿时，不要习惯着眼于细节问题，如哪个字写错了，哪个标点不恰当。可以在初稿页面上多留一些空白或者多做记号，以便初稿起草完毕后反复比较和斟酌。19世纪法国的批判现实主义作家居斯塔夫·福楼拜

（Gustave Flaubert）习惯在每页十行的文稿上只写一行，其余九行留作修改之用。

（3）"抽屉原理"，即起草文章与逻辑性修改文章之间留出一段时间。这里参考"起草初稿后，将初稿放在抽屉里一段时间，然后再拿出来重新阅读，重新修改"这样一种写作习惯，称之为"抽屉原理"。留出一段时间间隔有助于自己再次理清思路，发现新问题。例如，我国著名作家叶圣陶先生曾说过，"我觉得，文章写好了，最好是放一放，不要急于发表"，女作家韩素音也认为，"往往写半个小时，修改要三四个小时。我写一篇散文，往往放在那儿，过一些时候再拿出来看一看，加以修改"。

五、修改文稿

文稿的修改是贯穿整个写作过程的工作。文字是一种更加正式、自觉的表述形式，需要我们进行深度、反复打磨。毕竟"想清楚"和"写清楚"往往是两码事，词不达意的情况在写作中经常出现；"自己想的"和"大家想的"也通常是两码事；加上写作还有规范、格式和体例等具体的要求，修改文稿是必不可少的环节。

卞毓方在给季羡林先生的书信中提到："写作如砌楼，一稿是搭架，三稿是毛坯，五稿是初装，七稿是精装，如能写到九稿，就会写出神奇。"修改文稿历来都受到写作人的重视。叶圣陶先生说："修改文章不是雕虫小技，其实就是修改思想，要它想得更正确，更完美。想对了，写好了，才可以一字不易。"那么，应该如何有效地修改文稿呢？一般来说，应从战略问题、宏观问题、微观问题和正确性等角度修改文稿。

（1）战略问题。首先，判断写作是否为合适的表达方式，听众的选择、写作目标、写作风格和语气是否合适；其次，考虑文稿是否有效地激发了听众的兴趣和思考，满足听众的阅读期望；最后，分析作者的可信度是否建立，观点组织是否明确、合理，与文化背景是否相宜。

（2）宏观问题。从结构和排版设计考虑文稿是否有效地分段分节，如标题、开场白、结束语等。设计具有明显的结构化标志有助于读者在阅读时理清文稿章节、段落之间的逻辑关系。

（3）微观问题。避免文稿冗长、重复，注意文体的选择。

（4）正确性。从措辞、语法或标点符号等具体细节方面推敲。这也是很多人在修改文稿时会重视的方面。

蒙特和汉密尔顿从以下四个方面论述了修改文稿的倒金字塔型途径，见图2-5。

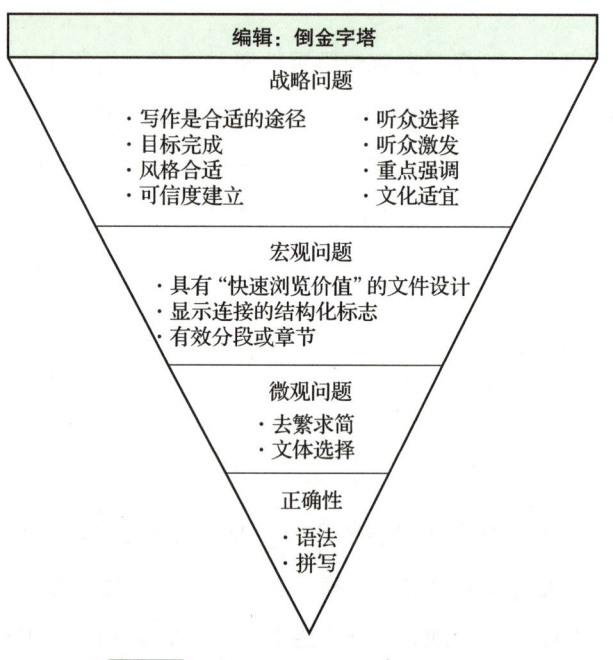

```
编辑：倒金字塔
    战略问题
·写作是合适的途径    ·听众选择
·目标完成            ·听众激发
·风格合适            ·重点强调
·可信度建立          ·文化适宜
        宏观问题
·具有"快速浏览价值"的文件设计
·显示连接的结构化标志
·有效分段或章节
        微观问题
·去繁求简
·文体选择
        正确性
·语法
·拼写
```

图 2-5 修改文稿的倒金字塔型途径

（资料来源：蒙特，汉密尔顿. 管理沟通指南：有效商务写作与演讲：第 10 版 [M]. 钱小军，张洁，译. 北京：清华大学出版社，2014.）

第三节　特殊情况下的写作

- "我写着写着，突然思路中断，写不下去，只能对着计算机屏幕或者文稿发呆。"
- "我不知道应该怎么编写电子邮件的主题，发送出去的电子邮件经常得不到回复。"
- "我还在考虑措辞时，一不小心按到'发送'，邮件就发出去了。"
- "我和别人合作写一篇文章，各自写一部分，结果风格、语气、措辞差别很大，不知道该怎么办？"

在写作过程中很多人可能都有过以上类似的经历，那么应该如何解决这些问题呢？

一、克服思路堵塞

梁实秋先生年轻时也曾有过"无话可说"、思路堵塞的情况,他在《作文的三个阶段》一文中写道:"我们初学为文,一看题目,便觉一片空虚,搔首踟蹰,不知如何落笔。无论是以'人生于世……'来开始,或以'时代的巨轮……'来开始,都感觉文思枯涩难以为继,即或搜索枯肠,敷衍成篇,自己也觉得内容贫乏索然寡味。"后来,胡适之先生告诉他:"有什么话,说什么话;话怎么说,就怎么说。"

蒙特和汉密尔顿在《管理沟通指南》一书中提到克服思路堵塞的技巧,见表2-3。这些技巧都侧重在"改变"上,通过"改变"激发创造力和思维的连贯性。首先,改变写作任务,使自己突破从开头写到结尾的惯性,拓宽思考的广度,避免自己因为写不出来而降低写作的信心,全面把握写作的整体思路;其次,改变自己的活动,通过互动思考产生联想反应,广泛涉猎其他多个领域,拓宽思考的宽度;最后,改变自己的固有观念,打破依循思维,建立写作信心。

表 2-3 克服思路堵塞的技巧

克服思路堵塞	改变写作任务	1. 先写其他部分
		2. 先写出标题
		3. 重温一下观点图
		4. 做一做非文本部分的工作
	改变自己的活动	1. 休息一下
		2. 与读者"交谈"
		3. 与其他人谈谈自己的观点
		4. 谈论一下其他话题
	改变自己的固有观念	1. 放松对自己思想的束缚
		2. 对工作进行细分
		3. 在每页顶部打上"草稿"字样
		4. 降低对自己的期望
		5. 不要沉迷于文笔
		6. 预料到写作的复杂性

(资料来源:蒙特,汉密尔顿. 管理沟通指南:有效商务写作与演讲:第10版 [M]. 钱小军,张洁,译. 北京:清华大学出版社,2014.)

另外，克服思路堵塞的写作瓶颈期还有其他多种方法值得一试。例如，在心理上，对自己要有信心，暂时远离批评的声音；在习惯养成上，每天规定自己写特定的字数，习惯性地进行写作训练；在态度上，不要过分追求完美，降低写作难度，随意记录生活中发生的人事物；在方法上，增加阅读量，确保有足够的积累和输入才进行输出；选择自己喜欢的作者作为自己的榜样；加入写作社群一起写作，互相激励等。

二、电子邮件

自1971年第一封电子邮件被发送出去后，使用电子邮件沟通已经成为一种高效且普及性极高的生活和工作习惯。2022年9月初，Statista的《人口统计和使用》报告显示，2020年全球约有40亿名电子邮件用户，预计到2025年，这一数字将达到46亿。2017年以来，全球收发的电子邮件数量逐年增加。2021年，全球收发的电子邮件数量约为3196亿封/天，到2025年，这一数字预计将增加至3764亿封/天。Hubspot公布的《2022年邮件营销数据统计报告》显示，全球64%的小型企业将邮件营销作为触达客户的主要手段；37%的品牌正在增加他们的电子邮件预算；智能手机用户更喜欢通过电子邮件接收品牌信息。外贸营销管理云平台Snov.io的数据显示，2022年，邮件营销的投资回报率（ROI）为4200%，即每投入1美元，其期望收益可达42美元。目前，我们不但在工作时通过电子邮件与客户建立例行联系，而且经常在节日时通过电子邮件发送贺卡、传递祝福。电子邮件是由美国马萨诸塞州博尔特·贝拉尼克·纽曼研究公司（BBN）的工程师雷·汤姆林森（Ray Tomlinson）发明的，于1971年秋季诞生，但直到20世纪80年代才兴起。1987年9月20日，有"中国互联网第一人"之称的钱天白从北京经意大利向德国原卡尔斯鲁厄大学发出了中国第一封电子邮件，内容是"穿越长城，走向世界"。

从网易邮箱大师发布的《2014年度互联网邮箱使用报告》可知，电子邮件有着广泛的用户基础和使用需求。平均每个网民拥有3.8个电子邮箱，87%的用户每天使用电子邮箱，21%的用户称其平均每小时查收1次个人邮件。电子邮箱用户人均月度登录次数为19.6次，广东省人均月度登录次数居首位，达到21.73次，其次是山东（21.68次）、上海（21.64次）、江苏（21.05次）、北京（17.19次）、浙江（17.01次）、天津（16.21次）。电子邮箱用户人均月度发信封数为11.3封。用户最常使用免费邮箱，有11%的人使用付费邮箱和VIP邮箱，电子邮箱使用的最主要用途是合作接洽与沟通，其次是文件资料的传递与共享以及考勤等行政事务处理。工作邮箱和个人邮箱使用数量占据了总体邮箱类型的80%以上，68%的人每天通过手机查看邮件，61%的移动邮件收发在交通工具上完成。

您每天如何起草电子邮件会对您的事业产生重要的影响。我们在使用电子邮件通信时，往往会像打电话闲谈一样随便，全然忘了这类通信内容会留下最全面的记录。与口头交流不同的是，人们还可能在无意中将电子邮件转发给错误的收件人。同样，如果匆忙起草一封电子邮件，往往会草草结束电子邮件内容，这很可能导致误解并产生不良影响。一定记住，在发送电子邮件前要检查。

现在，通过使用支持电子邮件的 iPAQ 掌上电脑和笔记本电脑等电子设备，我们可以在任意地点发送电子邮件，但有一点很重要，就是要养成在"工作状态"下发送邮件的习惯。下次拿起 iPAQ 处理工作电子邮件时，要记住，无论身处何地以及穿着什么服装，都代表自己和公司。

可能导致失去工作的 10 类电子邮件错误有：

1. 受到影响后发送的电子邮件

下班后喝了几杯酒？那就等到第二天早上再回复邮件，那时候才能确定自己回复的内容没有问题。

2. 冷嘲热讽

电子邮件不适合表达对收件人的讽刺，这类内容往往会被断章取义，并产生灾难性的反应。

3. 私人事务

最好严格区分工作和娱乐。使用公司资源来处理个人问题绝非明智之举。

4. 专业批评

对于不严重的问题，请使用电话提出批评；否则，可能会显得过于正式，导致不必要的焦虑。如果问题确实很严重，就当面讨论。

5. 个人意见和闲谈

您很有可能错将电子邮件等同于茶水间里的闲谈，但要记住，这些电子邮件非常有可能被转发。

6. 生气时回复邮件

一怒之下不假思索地回复电子邮件很容易，但要将它追回就不那么容易了。如果您的情绪确实不稳定，最好是延迟发出电子邮件。

7. 措辞不当

大多数人并不会这样做，但确实有些人会，要记住，绝对不要在工作电子邮件中使用恶意语言和其他极端语言。

8. 公司或行业机密

这类错误可能会导致面临诉讼或被公司解雇。

9. 包含种族主义或性别歧视的语言

最好在日常谈话和工作电子邮件中都避免使用这类言辞。

10. 过于随便的行文

即使您是在海滩上使用 iPAQ 发送电子邮件，也要记住，发送的邮件代表着您的正式形象。

（资料来源：瑞丽女性网，有改动。）

作为应用广泛的沟通形式，电子邮件在使用过程中要注意下列问题：

（1）主题。当用户收到电子邮件时，第一眼看到的就是电子邮件的主题。一个有效而具有吸引力的主题，往往能够引起收信人对该电子邮件的重视和及时的处理。主题编写要具体，体现对收信人的价值或行动内容，在电子邮件主题中设置关键词，如"当当网邀请您发表商品评论""卓越亚马逊支付完成提醒""京东商城：邀您免费参加佳能大篷车活动"，简单清晰地说明发邮件的目的。

（2）附件。假如电子邮件中准备附上文件，在发送之前要注意是否将附件上传，同时在文件内容上做出"查收附件"的说明。

（3）采用"快速浏览"方法。需要运用标题、列表和排版来保证收信人对重要信息的关注。例如，对关键信息加粗或者加下划线的排版形式让收信人关注特定内容，或者将信息分成较短的段落以便于收信人阅读。

（4）发送。在发送之前要仔细确认收信人、抄送对象、附件，并且认真考虑该电子邮件是否适于发送。

电子邮件编写除了需要注意上述的一般性问题，吴军在《吴军阅读与写作讲义》一书中总结了工作邮件的"三写四不写"准则。"三写"的具体内容如下：第一，需要留底的话一定要写。重要的谈话可以以邮件的方式确认并保留。吴军在书中提到两个具体的例子。其一，领导承诺做完这个项目就提拔我们，但做完这个项目可能已经过去大半年，其间存在太多变数，如公司的经营状况或内部职位竞争状况变动等。对于这种情况，我们可以在谈话结束之后以感谢的名义给领导写一封这样的邮件："感谢领导对我的信任，把如此重要的任务交给我，而且承诺在完成任务后提拔我。我一定努力完成任务，不辜负您的期望和栽培。"其二，求职时对方给出的录用岗位低于预期，但对方称若顺利度过三个月见习期则可以给出高一级的职位。这时，我们可以直接给对方负责人写一封邮件："根据我们电话里的沟通，我的理解是，目前给我的部门经理一职只是前三个月见习期的职位，三个月后只要我还在公司，正式的职位就是部门总监，请确认我的理解是正确的。"第二，必须写而大家又懒得写的备忘录一定要写。备忘录通常需要记录清楚大家会议上讨论的内容、结论、待解决问题等，在下次会议时可以有针对性地讨论和确认工作完成进度和问题解决程度。我们主动承担备忘录工作邮件的编写可以为部门的工作留下一份书面材料，也让上级和部门工作人员都关注到我们的工作，还可以站在部门全局考虑问题。第三，重要的通知和安排一定要写，如工作提升、调岗、新的工作安排等。"四不写"的具体内容如下：不想留底的内容不要写；没有经过深思熟虑的内容不要写；负面的内容，特别是气话，不要写；一次讲不清，需要反复讨论才能搞清楚的事情不要写。

三、集体创作

随着团队合作越来越受到重视，当任务量较大、时间有限或者工作要求综合多领域专业知识时，集体创作便成为一种可供选择的重要形式。集体创作能够整合多人的智慧和力量，共同实现写作目标，也使合作者能够更好地理解写作内容，达到交流的目的。与此同时，集体创作也存在一定的弊端。美国经济学家曼瑟尔·奥尔森（Mancur Olson）在《集体行动的逻辑：公共利益和团体理论》一书中提到"搭便车"理论，分析在合作过程中，有的人可能想让他人为实现目标而努力，自己坐享其成。集体创作的典型问题是协调及有效地处理冲突，包括合作者的性格、能力、知识、工作日程以及任务分配等。

如何才能有效地进行集体创作呢？首先，要确定领导者以协调团队的合作，使团队在工作安排、写作目标、会议主持和矛盾解决等问题上达成共识，具有一致性；其次，要明确每位合作者的权限、工作内容和时间安排等，并且就整体工作内容与合作者进行沟通，使其清楚自己的工作对团队目标的贡献在哪里；最后，召开阶段性会议，交流工作成果和遇到的困难，在写作方式、表达方法和风格语气上达成一致。假如有多个文稿起草者，为了实现文稿的连贯性，还需要安排充分的时间进行沟通和修改。

集体创作的成功除了需要领导者在整体上进行协调统筹之外，一定程度上还取决于合作者个人的责任心、沟通能力以及团队合作的能力。丽萨·伊德（Lisa Ede）和安德烈亚·伦斯福德（Andrea Lunsford）总结出有效集体创作者的特征，即"他们具有灵活性且彼此尊重；关注倾听与分析；口头及书面表达能力强；值得信赖并能按时完成任务；能够合理分配并愿意分担责任；能够领导也愿意服从；听得进批评意见，同时对自己的能力也充满信心；乐于接受有创造力的冲突"。

萧子升在读书札记《一切入一》序中写道："今夫百丈之台，其始则一石耳，由是而二石焉，由是而三石四石，以至于万石焉。学问亦然。今日记一事，明日悟一理，积久而成学。"写作更多的是靠日常的积累，把功夫下在平时。

本章小结

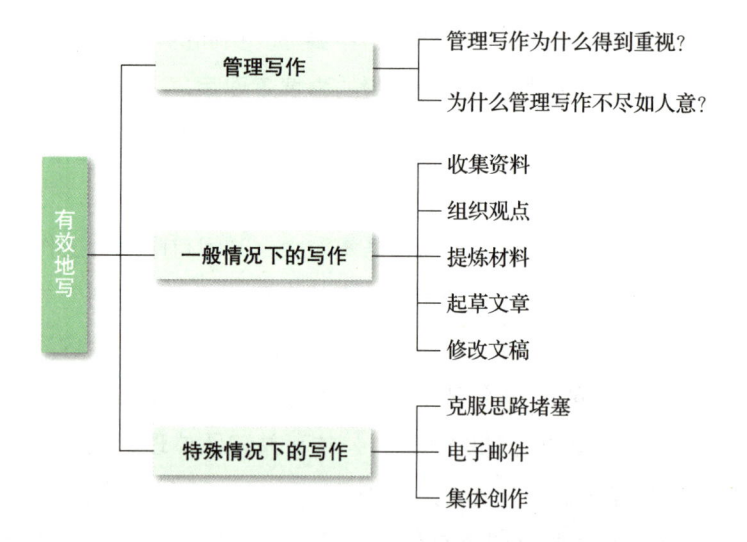

- 有效地写
  - 管理写作
    - 管理写作为什么得到重视？
    - 为什么管理写作不尽如人意？
  - 一般情况下的写作
    - 收集资料
    - 组织观点
    - 提炼材料
    - 起草文章
    - 修改文稿
  - 特殊情况下的写作
    - 克服思路堵塞
    - 电子邮件
    - 集体创作

案例分析

以下是北京大学经济学院董志勇院长在2021年开学典礼上的致辞。

亲爱的老师们、同学们：

大家好！

"自古逢秋悲寂寥，我言秋日胜春朝。"在这个秋意盎然的时节，我们在此相聚，欢迎2021级286名新同学的到来。北大是常为新的。你们是北大经院生生不息、历久弥新的源头活水，也是老师们"得天下英才而育之"的最好印证。在这里，我谨代表北京大学经济学院全体教职工，向在座的诸位同学表示由衷的祝贺和热烈的欢迎！

在这个洋溢着喜悦和兴奋的时刻，我本该带领大家，满怀憧憬地展望你们未来两年、四年甚至更长时间的校园生活，并顺理成章地送给你们完美的祝福——"一帆风顺""无往不胜"，然而今天，我并不打算这样做。

一方面，我不想用"一帆风顺"来定义你们在北大、在经院的生活。因为这样的顺利，往往以更大的损失作为交换条件。它可能是放弃卓越，"今朝有酒今朝醉"；可能是拒绝创新，"一成而不可变"；可能是逃避问题，"躲进小楼成一统"；甚至，可能是违背底线，是漠视规则、忘却初心。哲学家尼采说："如果你低估一个水手的能力，那么就祝他一帆风顺吧！"所以，在这重要的开学第一课上，面对着在同龄人中最出色的你们，我当然不希望用"一帆风顺"来框定你们无限的可能性边界，扼杀你们征服世界、征服未来的壮志豪情。

另一方面，我也不能用"一帆风顺"来描绘你们在北大、在经院的生活。也许在座的许多同学，在十年寒窗苦读、金榜题名之后，期待着似乎可以严进宽出、自由安逸的大学生活。所以现在，我不妨坦诚地告诉大家，你们在北大将面临前所未有的挑战与挫折，迷茫和探索。这不仅源于你身处一个顶尖的集体，势必承受来自同辈的压力；更源于北大思想自由、兼容并包的传统，在这里，似乎没有什么事情必须做，也没有什么事情不能做。在过去的考学生涯中，课程与考试有标准、有答案，老师和家长们也用他们全部的生活阅历和经验，为你们遮挡风雨、安排人生。而从今天开始，你们的人生自定义。你将拥有试错的权利，但试错的权利必定与犯错的责任相对等；你会尝到自由选择的欢愉，而自由选择的欢愉必定与自我约束的考验相对应。作家萧红曾发出这样的感慨："自由从来不容易。它是永恒的克服重力，挣扎向上飞行。"哲学家康德认为"自由即自律"（Freiheit als Autonomie）。而这些，与幸运、安逸、一帆风顺都毫不相干。

习近平总书记指出："青年时期多经历一点摔打、挫折、考验，有利于走好一生的路。"诸位同学，请你们牢记，平静的小池塘只能容得下犹豫者、观望者、懈怠者和软弱者，而梦想的星辰大海只会向坚定者、奋进者、搏击者敞开怀抱。

这个社会，不应该是呵护过度的社会。希望同学们做好准备，迎接真实的世界，淬炼完整的自己。愿你们在未来的征途中，做一位勇敢的海员，直面长风，劈波斩浪，勇立潮头，展现出北大人、经院人应有的风采。

在今年7月的毕业典礼上，我曾用"四心"作为临别礼物，送给你们的师兄师姐；同样地，今天我也要用"四心"作为开学礼物，赠予朝气蓬勃的2021级新同学们。

首先，希望你们拥有一颗雄心，勇担重任，砥砺奋进。

今年，我们党迎来了她的百岁华诞。一个世纪以来，从风雨飘摇的革命年代，到筚路蓝缕的建设时期，再到改革奋进的新时代，中国共产党人牢记使命初心，从胜利走向新的胜利，引领着开启了实现中华民族伟大复兴的崭新历史征程。明年，将是北京大学经济学科建立120周年、经济学院（系）成立110周年。两个甲子轮回间，从沙滩红楼到静园四院，再到今天的未名湖畔，北大经院人始终恪守经世传统，在叩问新命题、书写新时代的进程中高歌猛进，从高峰走向新的高峰。

大家可能会问，这些关乎国家发展、时代变革的宏大叙事，与个体的人生经历是否太过遥远？其实并非如此！当你们戴上校徽、穿上北大经院文化衫的那一刻，北大人、经院人的角色就与你们紧紧连接在了一起，你们的一言一行就是北大经院最鲜活的名片，你们的所思所想将代表北大经院未来的高度与风范。推而广之，作为新时代中国青年中的翘楚，你们如何选择、如何行动，将塑造历史的进程，也将显著影响世界对中国的目光，并构成后人对当代的典型记忆。正如华罗庚先生所说："我们最好把自己的生命看作前人生命的延续，是现在共同生命的一部分，同时也是后人生命的开端。"我在今年7月份的毕业典礼致辞中对毕业生说，"你们身处在'两个一百年'的历史交汇点上，第二个百年的奋斗目标责无旁贷地落在了你们这一代人的肩上。"这句叮嘱同样适合在座的同学们。同学们有幸成长在一个伟大的时代，也不应辜负这个伟大的时代。唯有具备这样的使命感和责任感，你们才不会被眼前的风浪击退，也不会因一时的挫败而鸣金收兵。

其次，希望你们保持一颗恒心，锲而不舍，久久为功。

在这几天的院史教育中，同学们应该已经初步了解了经济学院的历史沿革，也对经院"以史论见长"的特征印象深刻。这不是一句轻飘飘的赞扬，而是一代代北大经院学者用毕生实践来捍卫和诠释的精神。大家知道，原始文献、数据的整理是经济学研究的先决条件，没有原始材料作为支撑，研究难免落入"巧妇难为无米之炊"的困境。1949年新中国成立之初，北大经院的学者就担负起了《清实录》经济史资料的整理和出版工作。这是一座卷册浩繁、年代久远的文献库，加上各种外部条件的变化，老先生们面临的困难可想而知。可正是在这样的背景下，以陈振汉、熊正文、殷汉章、萧国亮等为代表的历代经院学者坚守着愚公移山的科学精神，经过长达60余年的努力，终于迎来了11卷资料汇编的正式出版，为后世经济史学的研究工作准备了充实的理论资源。

钱穆先生有言："古往今来有大成就者，诀窍无他，都是能人肯下笨劲。"我毫不怀疑诸位同学的"聪明劲儿"，相反，我担心的是你们能否愿意下这样的"笨劲儿"，脚踏实地、久久为功。面对人生的长线投资，请同学们尤其警惕两只"拦路虎"：一是害怕失败。黑格尔说："只有永远躺在泥坑里的人，才不会再掉进坑里。"一切失败无非是为未来的成功交付的学费，一切挫折不过是为丰富人生经历提供的佐餐。要将失败、挫折、风浪作为生活的常态，不惧怕失败才是最大的成功。二是患得患失。艰巨的任务往往很难在短期看到成效，然而欲成大事，就万万不能被一时的得失迷住了眼睛。请大家坚信："天下没有白费的努力。成功不必在我，而功力必不唐捐。"敢于挑战困难可能只是一时的勇气，不被困难打倒才是真正的勇敢。真正的英雄主义是在看清了生活的真相之后依然热爱它。

再次，希望你们坚守一颗进取心，孜孜不倦，精益求精。

在座的各位同学能够从竞争如此激烈的选拔考试中脱颖而出，这充分证明了你们的才华和能力，也是对你们过去日复一日辛勤耕耘的最好嘉奖。然而，我必须再次泼一泼理性的冷水——这张金灿灿的录取通知书，并不是一劳永逸、遮风挡雨的保护伞，更不是护佑你们前路一马平川、高枕无忧的通行证。在这个相同的起点上，有人无比珍视在园子里的宝贵时光，自我督促、自我鞭策、踏实积累、勤奋用功，不断拓展着青春的深度、厚度和广度；而有人却在虚拟的世界里肆意畅游，玩垮了意志、玩坏了体质、玩毁了青春。"所有命运馈赠的礼物，早已在暗中标好了价格。"最好的朋友就在你身边，最好的信息和知识就在校园，燕园数载将是你的一生中学习资源最为丰富的时光，未来职业发展的高度，也很大程度受在校期间知识和思想水准厚度的影响，一纸文凭远非人生畅行无阻的通行证，未来能飞多高、走多远，仍取决于你的努力与付出，唯有终生学习、不断超越的人，才有资格说不负韶华、不负人生。

但在这里，我必须强调的是，进取心并不等于过分焦虑、贪功冒进。近年来，我们都明显地感觉到，同学们关于求职和未来发展的焦虑感加深了，一个突出表现是课业与实习之间的碰撞交锋提前了。我欣喜的是，这代表着你们对自身、对未来生活进行了深入思考；而更遗憾的则是，这些思考很大程度上受到了他人经验轨迹的裹挟，使你们陷入了焦虑与盲从的负反馈机制中，却错失了在园子里勤学苦读的宝贵时光。古人常说："博观而约取，厚积而薄发。"如果将你们每个人都比作一件艺术品，那么在燕园的数载求学时光，则是你们集中塑造自己、积蓄内在价值、培育不可替代性的关键时期。请大家务必在正确的时间做正确的事，切勿贪恋一时的抢跑带来的领先，因为那很可能是未来长期低水平均衡的预兆。

最后，希望你们怀揣一颗感恩的心，春晖寸草，枝叶关情。

"大学"一词的拉丁语词源是"共同体"，这首先代表着师生之间的共同体。从下星期开始，同学们就将正式开启学习之旅，并与老师们展开近距离的接触和交流；你们中的一些人，还会逐步参与科研工作，为我们的师生共同体注入活力和新的养分。今天是教师节，习总书记说："一个人遇到好老师是人生的幸运，一个学校拥有好老师是学校的光荣，一个民族源源不断涌现出一批又一批好老师则是民族的希望。"经济学院的老师们虽然风格各异，有的不苟言笑，有的风趣幽默，有的不善言辞，有的侃侃而谈，但是他们的目标是一致的，那就是引导你们学以广才、学以致用、学以成人。因此，这份感恩和敬畏应该送给老师们，特别是那些对你要求严格的老师，因为严厉的教学方式，甚至是惩罚，是为了鞭策你们更好、更快地成长。过度呵护是一种剥夺，过度保护也是一种伤害。挫折教育不是让你刻意吃苦，制造失败；而是让你坚信，自己有能力渡过难关；将每一块玉石雕琢成器，才是作为师者最深沉、最持久的温情。

同时，这份感恩也应该送给你们的父母和家人。同学们可能还没有意识到，当你们背起行囊，同父母家人匆匆告别，满怀欣喜地奔向燕园新生活的时候，你与他们之间"渐行渐远的旅行"就已经按下了加速键。从前，是他们尽可能延展着自己的臂膀，为你们扬帆掌舵；而现在和未来的大多数时候，他们都将目送你驶向广阔、未知的海域，远远守望、默默牵挂。希望你们在此后的求学时光里，多留一些时间陪伴父母家人，向他们传递你的收获和喜悦，甚至仅仅是兴高采烈地分享过往的所见所闻。相信我，这是为人父母收到的最珍贵的礼物、最厚重的感恩。

《了不起的盖茨比》中这样写道："阳光照耀大地，绿叶涌出树枝，犹如电影镜头中万物飞快生长。那熟悉的信念又回到我的心中，新生活开始了。"今天的典礼过后，同学们就真正开启了在燕园的新生活，也开启了人生的新篇章。激荡总有梦想，奋斗就是幸福。虽然前方的征途常有疾风骤雨、惊涛骇浪，但你们直面长风、劈波斩浪的坚定姿态，必定为北大、为经院铸就新的精彩与奇迹！

再次欢迎你们，祝贺你们！

(资料来源：北京大学经济学院. 迎接真实的世界，淬炼完整的自己：董志勇院长在北京大学经济学院 2021 年开学典礼上的致辞. https://econ.pku.edu.cn/xwdt/356340.htm，有改动。)

思考题

1. 请从沟通策略的角度，分析这篇演讲稿的写作。
2. 这篇演讲稿是如何组织观点和提炼材料的？
3. 请学习这篇演讲稿的写法，起草你的毕业典礼讲话。

管理沟通游戏：服从？

一、游戏目标

1. 帮助团队成员打破思维定式。
2. 培养团队成员的自信心。
3. 提高组织的办事效率。
4. 活跃组织的文化氛围。

二、游戏程序

时间：10 分钟

用具：卡片

三、游戏步骤及详解

1. 给每位同学发一张卡片，如图 2-6。

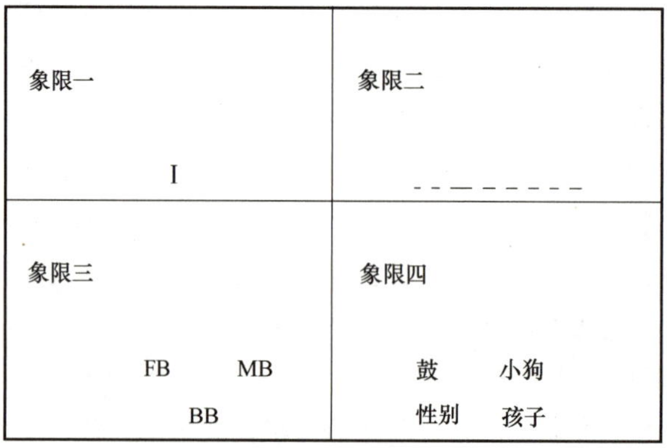

象限一	象限二
I	- - - - - - -
象限三	象限四
FB MB BB	鼓 小狗 性别 孩子

图 2-6 象限图

2. 培训者给出指令，每位同学独立完成。

指令 1：象限一中，在字母 I 上画一个点。

指令 2：象限二中，在空白处写上 1、2、3、4、5。

指令3：象限三中，在牧场里，有一头公牛爸爸（FB），一头公牛妈妈（MB），一头公牛宝宝（BB），谁不在那里呢？请圈出。

指令4：象限四中，请圈出与其他三个不是同类的词。

四、游戏结果详解

1. 象限一：应该在丨字本身上加点，但大多数人会自然而然地在象限丨的上方加一点，使它成为 i。

2. 象限二：应在空白地方写这些数字，而不是在画线上方写。

3. 象限三：公牛是不可能做"妈妈"的。

4. 象限四：选"性别"，因为鼓、小孩和小狗都属于实体物体，而性别只是抽象名词。

五、问题讨论

1. 为什么我们会答错？你是怎样看待自己的错误的？你认为这些错误可以避免吗？

2. 你在工作中有没有碰到过类似的情况呢？这个游戏有没有给你一些启发？

3. 你了解思维定式对工作可能造成的危害吗？你有没有想出一些措施来避免思维定式的出现呢？

（资料来源：胡巍. 管理沟通：游戏66［M］. 济南：山东人民出版社，2007.）

第三章　写的规则
Chapter Three

　　对我爸爸这样的老派上海人来说，为了节省时间而发明的电动洗牌麻将桌，大概也会被认为是"本末倒置"的错误发明。因为每打一把牌，中间搓洗麻将牌的时间，正好用来稍微"谈一点正事"。其实那一点洗牌的时间，也只够随口探问一下对方对某件事的态度或进度，但这对我爸爸他们来说，似乎已经很够了，大概等四圈麻将的休息时间，或者晚饭前后再确认一下，事情就原则上讲定了。

　　所以，对我爸爸来说，打牌的输赢不重要，打牌的空档，输赢反而更大些。这应该是为什么他们喜欢说打麻将是"去应酬"，而不是"去打牌"的意思吧。

　　谈话，谈天，其实也是一样，空当是很重要的。没有留下空当的说话者，连续讲三分钟就让听的人头痛死了，太阳穴会像黑道电影里被机关枪狂射的死尸不停地原地弹跳。

　　你看电视上布道或传教的男女法师、教主们，讲话都很抑扬顿挫，同时也都慢吞吞的，因为他们讲话的声音，是一种精神上的按摩，有时轻，有时重，有时按摩一下你的理性，但大多时候按摩你的感性。

　　这些人说话，都会三不五时⊖地留下一些空档，当他们提到妈妈养育小孩的辛苦时，一定会停顿一下，因为要让你有空档回想一下自己的妈妈，然后你会感觉像在跟他们聊天一样，自己就在心里默默点着头，默默说着："是啊……是啊……"。

　　韩剧、日剧里面，做出动人爱情告白的男女主角们，话都是说得断断续续、欲言又止的，才更显得柔肠百转、柳暗花明。你随便把他们任何一位的深情表白变成三倍速快转，立刻全部变成卡通人，韵味完全消失。

　　"喋喋不休"和"口才好"，完全是两件事。跟一个寡言的人共处一小时，是会很沉闷，但跟一个喋喋不休的人共处十分钟，应该你就会想掐死对方了。说话像机关枪而且很得意的人，也许可以试着改用比较古老的兵器，拉弓→放箭，拉弓→放箭，留一点空档，让听的人消化，只要你的话值得一听，不用担心，对方一样会见识到你威力的。

　　（资料来源：蔡康永. 蔡康永的说话之道[M]. 长沙：湖南文艺出版社，2020.）

⊖ 闽南话的音译词，是时常、时不时的意思，表示频繁。

台湾著名节目主持人、作家蔡康永在《蔡康永的说话之道》一书的写作中充分反映了写作的原则，如用词简洁、措辞具体而不抽象、避免陈词滥调、合理组织段落、采用口语化的风格等。

我们很多人可能并没有这样的写作功力，写出来的东西往往与自己的预期和他人的理解存在偏差。为什么会这样呢？其中一个很重要的原因就是弄不清楚"什么样的写作才算是好的写作"。

本章主要从三个方面进行阐述。第一节详细探讨六个写作原则，第二节和第三节分别论述写作的宏观问题和写作的微观问题。

第一节　写作原则

美国诗人罗伯特·弗罗斯特（Robert Frost）写道："一切乐趣都在于你如何讲述一件事情。"那么，什么样的写作才算好的写作？写作要遵循什么原则呢？如何在写作中找到乐趣和有效的信息并且让读者产生类似的感受？

一、恰当选词

2020年9月14日，国务院办公厅出台了《关于全面加强新时代语言文字工作的意见》（以下简称《意见》），开篇即指出："语言文字是人类社会最重要的交际工具和信息载体，是文化的基础要素和鲜明标志。语言文字事业具有基础性、全局性、社会性和全民性特点，事关国民素质提高和人的全面发展，事关历史文化传承和经济社会发展，事关国家统一和民族团结，是国家综合实力的重要支撑，在党和国家工作大局中具有重要地位和作用。新中国成立以来，特别是党的十八大以来，在党和国家的高度重视下，我国的语言文字事业取得了历史性成就。同时，国家通用语言文字推广普及仍不平衡不充分，语言文字信息技术创新还不适应信息化尤其是人工智能的发展需求，语言文字工作治理体系和治理能力现代化水平亟待提升。"在"加快推进语言文字基础能力建设"中，《意见》进一步提到："加强对新词新语、字母词、外语词等的监测研究和规范引导。加强语言文明教育，强化对互联网等各类新媒体语言文字使用的规范和管理，坚决遏阻庸俗暴戾网络语言传播，建设健康文明的网络语言环境。加强地名用字、拼写管理。鼓励有条件的地方开展城市、区域语言文字规范化建设工作。不断完善语言文字规范体系和标准体系。建立国际中文教育相关标准体系。做好规范标准的发布实施、推广宣传、咨询服务和评测认证工作。"恰当地选用合适的词汇能够更好地促进沟通，提升社会文化和文明水平。

2022年，浙江大学汉语言研究所发布《近期互联网语言文字规范调查报告》，调研了过去三年国内互联网平台上出现的语料，约500万汉字、500幅图片和500个视频，发现61%的"不规范表达"源自形式创新，如"YYDS""太尬了"等；而临时构造新词占比13%，如"懂王""鸡娃"等。2022年11月，新京报设置专栏讨论网络用语的标尺与底线，提出面对不断推陈出新的"网言网语"，网络平台不能"失语"，个性表达不能"失范"。

有人认为，词汇是说话和写作的本钱。许多人无法清楚地表达自己的意思，其中一个很重要的原因就是缺乏足够的词汇，不恰当地选词。例如，有人写道，"一条小船很难普度众生，必须是众人建造的大船才能同舟共济"。"普度众生"一词常用于表示"始善行，做善事"，"同舟共济"一词比喻"在困难时，大家同心协力，共同渡过难关"。在这个句子中，主谓语搭配不一致，这两个动词的使用情境也不恰当。在新闻报道和公文写作中，用词不当的情况也时有发生，尤其是网络语言频繁使用之后，恰当选词的重要性更为凸显。

现实中语言运用是有规范的，网络语言运用的规范标准尚在建设过程中，但这并不意味着网络语言的使用可以毫无顾忌。网络语言"失范"至少有以下几种表现。

一是语言失真。为了某种目的，语言表达没有提供准确的信息。网络谣言是典型的语言失真：编造虚假信息以达到某种目的，引发社会治理的问题。例如，2008年4月"家乐福大股东路易威登资助达赖"的网络谣言，导致了历时20天的抵制家乐福活动；又如2020年7月，杭州余杭区某女士在小区驿站取快递时，被人用手机偷拍，然后被虚假信息塑造成出轨女的形象，在110多个微信群流传，引发大量低俗评论，仅相关微博话题就达到4.1亿次的浏览量。失真的语言常造成社会的不安定。

二是语言失时。网上出现问题苗头时没能及时处置和化解，语言应对滞后或发表言论的时间错位造成了不良后果。例如2022年3月底正是上海防疫最吃紧的时候，上海某医院公众号发布了一篇题为《新冠疫情笼罩下的"丁丁保卫战"》的文章，渲染该院出动8名医生全力救治境外高风险地区外籍患者，引起社会热议与痛批。实际上，这事发生在上海疫情还不特别严重的3月2日，把早前发生的事放在一个十分不适宜的时间报道，产生了严重的负面影响。

三是语言失范。语言运用不合规范，不通情理。例如，现代汉语量词"位"本是表敬意的尊称，带有较强的褒义感情色彩，一般不用于普通人更不能用在坏人身上，但网络上"处理了几百位高官""抓了几位坏人"之类的说法触目可见；又如某地公安局发布敦促逃犯投案自首的公告，用的是淘宝体，对在逃人员用"亲"的称呼，语体也亲切随意，与政务语言规范要求相距甚远，社会治理的效果不佳。

（资料来源：王建华. 网络语言治理：功能、问题、框架与任务 [J]. 浙江社会科学，2022 (8)：129-137. 有改动。）

杰拉尔丁·E.海因斯（Geraldine E.Hynes）指出，"在商务写作中，用词不当产生的'最好'后果是令人尴尬的幽默，最坏后果是引起严重的纠纷"。所以我们应该尽可能恰当地选词，准确地描述客观事实，合理地阐明自己的评价和分析，清楚事实和假设之间的区别，从而获得预期的沟通效果。19世纪后半期法国著名的批判现实主义作家居伊·德·莫泊桑（Guy de Maupassant）曾经说过："不论人们所要描写的东西是什么，只有一个名词最能够表示它，只有一个动词能使它最生动，只有一个形容词使它性质最鲜明，因此就得去寻找，直到找到了这个名词、这个动词和这个形容词，而决不要满足于'差不多'，决不能使用蒙混的手法，即使是高明的蒙混手法，决不要借助于语言的戏法来回避困难。"

20世纪末，"史丰收速算法"发明权的归属问题曾出现纷争，纠纷之一发生在史丰收和陈子镜之间，陈子镜被诉盗用发明权。一些科学家曾就此事联名上书，呼吁保护发明者的权益。后来史丰收和陈子镜两人达成了和解，法院对陈子镜是否侵权没有认定。后来，《科学时报》的一篇文章又翻出了这件陈年旧事，记者引用了联名信的内容，称陈子镜盗用了史丰收速算法的发明成果，文中使用了"伙同""盗用""盗窃""招摇撞骗""明目张胆""蒙骗"等词语。随后，《科学时报》又发表了两篇文章，第一篇批评了史丰收占有他人的发明成果；第二篇是陈子镜的来信，信中称速算法不是史丰收的成果。

发明权到底归谁所有，本来应该是学术圈正常的争论话题，而陈子镜却将《科学时报》推上了被告席。二审法院认为，《科学时报》"以不使用引语、指出出处的方式刊登文章，并在文章中使用伙同、盗用、招摇撞骗、明目张胆、蒙骗等贬义甚至带有侮辱性的词句，使人产生误解，降低了对陈子镜的社会评价"。

（资料来源：杨慧臻. 报道用词不当也会侵权 [J]. 青年记者，2009 (13)：21.）

美国小说家马克·吐温（Mark Twain）写道："正确的言语和几乎正确的言语间的不同，就如闪电与萤火虫的不同。"如何才能做到恰当选词呢？第一，拥有的词汇越多，写作中可选择和替代的词汇就越多，更能够选择恰当的词汇准确清晰地表达自己的观点和思想感情。第二，准确理解词汇的意思，清楚词汇的运用情境以及作者所要寄托的思考或情感，正如19世纪法国小说家、散文家和剧作家朱尔·勒纳尔（Jules Renard）所说的"言词应该只是精心定做的、与思想相适应的衣服"。

二、措辞具体而不抽象

措辞具体有助于在读者脑海中形成清晰的认知图像和信任感，加深读者对作者描述的情境、论证的观点和传达的感情的理解，从而达到感同身受的效果，有助于作者和读者之间的沟通。然而，现实中经常看到有的人在写作过程中频繁使用同一类词语，使用"美丽""漂亮"这类词语形容在形式、比例、布局、风度、颜色或声音上接近完美或理想境界，使各种感官极为愉悦，对自己来说是视觉的享受，如："我在美丽的大海边遇见一位美丽的姑娘，这真是一次美丽的相遇啊！"

然而，我们也很清楚地看到，这样的选词泛泛而谈，不利于读者产生相关性更强的联想和触动。因此，例句中"美丽的大海"不如"波光粼粼、浮光跃金的大海"来得形象，"美丽的姑娘"不如"明眸皓齿、笑靥如花的姑娘"来得生动。由此看出，要善于根据抽象程度尽量选择具体的表达方式，如选用"水果"，不如选用"香蕉、苹果、水蜜桃、柳橙等"；选用"名著"，不如选用"《红楼梦》《西游记》《水浒传》《三国演义》等"；选用"主要城市"，不如选用"北京、上海、广州、成都等"。

鲁道夫·弗莱施（Rudolf Flesch）在 The Art of Plain Talk 一书中谈到，汉语具有措辞具体、含义明确、叙述直接以及常常借助比喻和形容等特点。但这并不代表汉语的措辞不会出现抽象、晦涩的情况，使用抽象词语和使用具体词语的效果比较见表 3-1。

表 3-1　使用抽象词语和使用具体词语的效果比较

使用抽象词语	使用具体词语
他费了很长的时间做出选择	他苦思冥想了 6 年，终于做出了选择
这家企业的薪酬水平较高	这家企业的薪酬水平比同行业平均水平高出 10 个百分点
近期中国经济增长快速	第二季度中国经济增长率为 10.3%
请你尽快提交销售数据	请你在本月 28 日前提交销售数据
我们在百货公司碰面	我们在百货公司第二层的必胜客餐厅碰面

如何才能做到措辞具体呢？19 世纪法国著名的批判现实主义作家居斯塔夫·福楼拜（Gustave Flaubert）曾经给他的学生布置了这样的作业："你到火车站去，会发现上百辆计程车。这些车看起来都差不多，却不一样。你挑选一辆，准确地描述它，好让它开过我身边时我可以一眼就认出来。"假如我们是福楼拜的学生，为了做出准确的区分，必须细心观察计程车之间的差异，恰当地选择词汇对各个细节进行描述，从而使写作的效果如同拍照一般，给读者身临其境的感觉，在读者脑海中显现出

鲜明生动的图像。

例如，"踉踉跄跄""跌跌撞撞""匍匐前进"和"跋山涉水"等词语更加充分地表达了"走"的状态，"俯视""凝望""瞻仰""仰望"和"偷窥"等词语则更加准确地区分了"看"的方式和情境。

为了把文章内容进一步写得具体而不空洞，我们可以学会"分解过程"和"细节描写"。例如，我们用一句话表达"我一投，球进了"，这样的叙事缺乏详细具体的过程描述，只是简单交代了一件事情的最终结果，那么，我们可以尝试将过程分解为传球、运球、阻挡、防守、上篮等多个步骤，就可以将打球的一个片段直观生动地呈现于读者眼前。"细节描述"在文学作品中尤为常见，包括择取动作和语言细节来体现内心活动和个性特点、选取外貌细节来塑造人物形象或选取环境细节来烘托人物关系和人物情感等。例如，朱自清的《背影》一文，通过"蹒跚""慢慢探身""两手攀着上面，两脚再向上缩""向左微倾，显出努力的样子"等细节动作，准确传神地还原了父亲买橘子的寻常生活片段和不寻常的父爱。

我说道："爸爸，你走吧。"他往车外看了看说："我买几个橘子去。你就在此地，不要走动。"我看那边月台的栅栏外有几个卖东西的等着顾客。走到那边月台，须穿过铁道，须跳下去又爬上去。父亲是一个胖子，走过去自然要费事些。我本来要去的，他不肯，只好让他去。我看见他戴着黑布小帽，穿着黑布大马褂、深青布棉袍，蹒跚地走到铁道边，慢慢探身下去，尚不大难。可是他穿过铁道，要爬上那边月台，就不容易了。他用两手攀着上面，两脚再向上缩；他肥胖的身子向左微倾，显出努力的样子。这时我看见他的背影，我的泪很快地流下来了。我赶紧拭干了泪。怕他看见，也怕别人看见。

（资料来源：朱自清. 朱自清散文集［M］. 南京：南京出版社，2018.）

三、简单用字，少用专业术语

使用简单的词语，能够促进读者对信息的理解，增加创造性和生动性，拉近与读者的距离。例如，在公共预算中，"预算稳定基金"的另一个名称是"雨天基金"，表示"地方政府在经济繁荣时把多余的收入储存起来，当经济衰退时用来弥补财力不足以满足支出需要，减少突如其来的支出锐减或税收激增的可能性"。"雨天基金"这一表述用字简单，但是形象地将政府缓解预算波动的政策表达出来，从而使初学者便于根据日常生活习惯做出准确的联想。因为人们在收入较好的时候往往也会进行储蓄，待到收入状况不好时再动用储蓄。

在现实生活中，人们常常以为专业术语的使用可以表现自己在某个领域的权威和专业能力。专业术语确实有助于专业领域人员之间的沟通，但是在通常情况下，它却阻碍了非专业领域人员直接获取和理解信息，从而令其产生不信任感。尤其是在公共管理中，假如对公文一知半解，看不懂公文里面传达的信息，普通大众就无法与政府之间实现良好沟通，这在一定程度上削弱了对政府行为的外部监督以及政府的公共信任。为了改善上述情况，近些年，行政机关陆续发布了政策解读工作办法。例如，重庆市人民政府办公厅和云南省人民政府办公厅分别于 2021 年 9 月和 2023 年 3 月颁布《工作办法》并提出行政机关应当以"社会公众准确理解政策、下级机关准确执行政策"为目的，坚持"行政机关对社会公众、上级机关对下级机关解读并重"的原则，开展实质性、形象化、通俗化的政策解读工作。

本尼迪克特·安德森（Benedict Anderson）在《椰壳碗外的人生：本尼迪克特·安德森回忆录》里写道："专业术语是祝福也是诅咒。它们的使用促进学者之间的交流，证明其使用者的职业资格。但它们也可能变为一个囚笼，限制学者们构想和表达思想的方法。"

写作课上我们常用"枯枝上的蚂蚁"的例子对专业术语和学术腔的表达方式把简单的问题复杂化、把浅显的问题艰深化的问题来加以说明。该例中，A 组的表述用了 357 个字，由大量的专业术语和概念组成，对于读者而言晦涩难懂；但实际上其表达的意思只需要 B 组的 78 个字就能简单涵盖。

A 组：枯枝上的蚂蚁，如果不能从更为宏观的全部自然情境把握自身的行为，不能摆脱经验层面的认识原则，不能顾及各种动态与静态的综合效应，仅仅凭借观念史中原子化个人主义主张行动，从广义后果论观察，它们就会步入误区。在原子化个人主义的支配性语境中，蚂蚁群体的集体无意识将使自身解救活动趋于低效甚至完全失败。

如果枯枝上的蚂蚁能凭借某种集中化手段，以聚集的组织模式为活动框架，达成一种互惠的构成方式和因果关系，而不陷入已被充分形式化的既有分析框架，从而对现有情境做出新的创制与解释，使自身的行动建立在更深层次的原则上，消除个体与群体二元对立的固有语境，那么，借助其肢体语言建立的集体意识，可以实现新的规范层面的积极义务与消极义务的统一，在这样一些群体行为的解构下，集体主义作为普世话语进入观念史，进而得到狭义后果论意义上的集体的获救。

B 组：一群蚂蚁停在一根枯枝上，枯枝在湍急的河流里漂行。如果蚂蚁各自逃生，有可能跌入河水而丧生；如果它们抱成一团，树枝或许会在某个河湾搁浅，这群蚂蚁就会因此而得救。

（资料来源：陈四益. 学术的水准 [J]. 语文建设，2002（4）：2.）

在具体写作中，我们需要考虑"我们的读者是谁""他们是否接受过专业训练""我们如何才能把意思准确无误地表达清楚"。美国著名的福音传道者比利·桑戴（Billy Sunday）举过这样的例子："如果有人拿了块肉闻一闻，并且做出恶心的样子。他的孩子会问：'爸爸，怎么啦？'如果他说：'这块肉正在经过分解的过程而形成一种新的化学混合物。'孩子根本不懂什么意思。但若父亲说：'它坏了！'孩子马上明白，并且紧捏着鼻子。'坏了'这词易懂，你不必查字典就能知道它的意思。"

在保险行业中，保单是约束保险公司与消费者、具有法律效力的契约，通常包含的条款数量繁多，采用医学、法律等诸多领域的条文和术语，晦涩难懂，饱受诟病，人们对保单的理解和认知偏差也容易造成纠纷，影响保险行业的信誉。2023年7月，中国保险行业协会向行业发布《定期寿险示范条款》和《终身寿险示范条款》两个示范条款，这是我国人身保险领域首次发布行业示范条款，意在促进人身险产品的"标准化、通俗化、简单化"，有助于形成人身保险业产品设计丰富、内容规范、格式统一、重点突出、简便易懂的产品基本格局，让消费者更好地理解产品，降低销售误导，提升服务质量。

如何才能实现简单用字呢？最关键的因素在于从读者的角度考虑文章的遣词造句，如读者的受教育程度、专业素养、阅读兴趣和阅读习惯。因此，沟通对象策略分析是非常必要的。

四、用词简洁，多用短句

欧洲文艺复兴时期英国伟大的剧作家和诗人威廉·莎士比亚（William Shakespeare）这样写道："简洁是智慧的灵魂。"当用词准确时，凝练简洁的表达通常需要我们反复地斟酌和思考，短句方便读者阅读和理解，不必要的长句一般情况下会使读者花费更多的时间理解意思和把握作者的写作意图。除此之外，短句的句式活泼灵动、简洁明快、节奏分明，具有强调和突出感情表达的作用。杰拉尔丁·E.海因斯指出："有效的写作应该能使读者不费力气地很快理解写作内容。有研究表明，好的商业写作中，一句话一般有15~20个词。而且每100个词语中，长词（指3个或3个以上音节的词）不超过10个。"

另一项有关句子长度与可读性关系的研究表明，《纽约时报》的句子平均长度是22.8个词，《华尔街日报》为27个词，《时代》《新闻周刊》《读者文摘》和《美国科学》的句子平均长度分别为24.4个、24个、20.4个和24.7个单词。这些出版物代表了美国读者的阅读兴趣。

简洁性意味着运用简单的语言把所需的重要的内容高度提炼出来。莎士比亚在他的名著《哈姆莱特》中说过"言以简为贵",由此可见,在一定的语境中,运用简洁精炼且完整的文字能更好地、更清晰地阐述作者的思想精髓。鲁迅先生也强调简洁性的重要性,他建议为了达到文章的简洁性原则,翻译工作者应当仔细阅读译文至少两遍,对于一些没必要的词与句,甚至段落,不要有所怜惜,毅然删除。18世纪末的英国学者亚历山大·泰特勒在他的著作《论翻译的原则》中也指出译文的风格和笔调应与原文的性质相同,原文简洁明了,译文也要言简意赅。显然,简洁性原则在翻译工作中起着举足轻重的作用。

(资料来源:洪晓睿. 简洁性原则在英译景区公示语时的运用 [J]. 广西民族师范学院学报,2017,34(1):52-55.)

读者在阅读简短的句子时可以不必考虑逗号、句号、分号等,很容易记住已读的内容,并且避免花时间理清长句中每一停顿的逻辑关系。鲁道夫·弗莱施在 The Art of Plain Talk 一书中指出,句子越短,句子的明朗度越高。一个表达明朗清楚的作者在每一个句子的英文写作中只用 17~18 个单词。

欧洲人文主义运动的代表人物、荷兰哲学家德西德里乌斯·伊拉斯谟(Desiderius Erasmus)认为"长篇大论和中肯是两回事"。那么,我们如何避免长篇大论而中肯地表达意思呢?第一,要养成简练表达的习惯,明确写作的目标和表达的重点,在组织观点时理清逻辑关系。第二,要仔细琢磨每一段话的表达方式,与预期读者交流,获得阅读效果的反馈。马克西姆·高尔基(Maxim Gorky)指出:"一切必须压缩,压缩!只要做到这一点,您就可以学会简练、明白、有力。"

19 世纪英国浪漫主义诗人约翰·济慈(John Keats)写了一首 24 行的小诗,第一句诗就是"A thing of beauty is a joy forever"。据说,他在写作时曾与朋友李·亨特(Leigh Hunt)有这样的对话:

济慈问亨特:"亨特,你认为这句怎么样?A beautiful thing is an unending joy. (一件美丽的事物是一份永远的喜悦)"

亨特答:"很好,但还可以更好。"

济慈再次问:"这句如何?A thing of beauty is an unending joy. (美事是永远的喜悦)"

亨特答:"好一些,但还不够准确。"

济慈又想了很久,最后问道:"现在你认为如何?A thing of beauty is a joy forever. (唯美是乐)"

亨特表示赞赏。

五、使用礼貌的积极性词语

假如要在两分钟之内写下尽可能多的表示情绪的词语，我们会写哪些词语呢？美国宾夕法尼亚州立大学应用语言学教授罗伯特·施劳夫（Robert Schrauf）围绕"人们如何使用表达感情的词语"这一主题，在墨西哥城和芝加哥分别选取20多岁和60多岁两个年龄段的人展开调查。结果发现，在人们写出的表达感情的词语中，表达消极情感的词语占一半，表示积极情感和中性情感的各占30%和20%。另外，罗伯特·施劳夫根据大量的文献分析，针对37种不同的语言进行研究，发现有7个表示基本情绪的词在不同的文化和语言中几乎都存在，并且拥有基本相同的含义，这些词分别为"快乐""恐惧""愤怒""悲伤""厌恶""羞耻"和"内疚"。

人们在写作中，总是围绕写作目标和读者特点组织观点和选择词汇。写作的目标通常是希望与读者建立某种联系，如与读者在情感上达成共鸣、获得读者的理解和认同，或者是希望读者根据获取的信息落实到具体行动中，因此，积极的措辞往往能够获得读者积极的回应，并且倾向于与作者的期望一致。例如，老师在给学生的邮件上写"我们不得不拒绝您的申请，因为您没有获得足够的学分"，学生的反应倾向于认为自己申请完全没有希望，放弃这个机会；相反，假如老师写的是"您若再获得三个学分，我们就能马上着手处理您的申请要求"，学生的反应则可能是立刻想办法如何再获得三个学分，然后再次申请。

消极措辞与积极措辞的比较见表3-2。

表3-2 消极措辞与积极措辞的比较

消极措辞	积极措辞
1. 这次的报告写得好多了	1. 这次的报告写得更好了
2. 我们不允许刚刚参加工作就上班迟到	2. 对刚参加工作的人而言，保证按时上班很重要
3. 免费早餐限于20元以内，超出部分自付	3. 你可以免费享用20元以内的早餐
4. 外派工作本身是不确定的，困难会比较多	4. 外派工作非常有利于你职业生涯的发展，但也的确需要克服一些意想不到的困难
5. 我不能在周六之前把数据统计出来	5. 我可以在周日把数据统计出来

（资料来源：胡巍. 管理沟通：游戏66［M］. 济南：山东人民出版社，2007.）

如何才能多使用礼貌的积极性词语呢？首先，要侧重于读者能够获得什么，而不是要读者做什么，或者给读者制定什么限制。其次，在具体规定和要求上，要明确读者的关注重点、兴趣和需求，尽可能地说明原因，找到该规定或要求与读者之间的联系。最后，在阐述褒奖内容时，要尽量以"您"为主，少谈"我"；另外，在表达贬义内容时，尽量少用"您"或"我们"，而是客观描述事实，在读者心中形成中立的印象。

六、合理组织段落，前后连贯

杰拉尔丁·E.海因斯总结了有效划分段落的五条原则：①每一段话只陈述一个主要观点；②确定演绎法或归纳法哪种更合适；③在一个段落中使用多种句型结构；④通过重复关键概念，用独立分句表达中心观点或者版面编排突出重点；⑤保持较短的段落篇幅。合理组织段落能够使读者更好地把握段落的主要观点和中心意思，较好地集中注意力。

除了段落的合理安排外，还需要注意前后连贯，使句子之间、段落之间的关系更加自然、顺畅，推理更符合逻辑。为了保持前后连贯，过渡词和过渡段落的运用更为重要。常用的过渡词包括"因为""所以""虽然""但是""然而""如果""首先""其次""然后""因此""总而言之"等。密苏里大学新闻学院版的《新闻写作教程》认为过渡段是优秀作品的五个要素之一，能够"使读者意识到作者引导读者时方向是明确的"。

按照上述原则写作，能够"写得对"，即清楚准确地表达信息并且实现写作目标，还能够"写得好"，即符合读者的兴趣和期望，更好地使写作的内容转化为读者具体的回应。例如，广大市民根据政府的通知内容欣然捐出家中的旧书，或者同学们在老师的呼吁下悉心准备并报名参加辩论赛等。假如作者还能够根据具体的情境调整写作的风格和语气，将更有利于与读者建立友善亲密的关系。例如，语气体现"专业但不僵硬，友善但不虚伪，自信但不傲慢，礼貌但不卑微"的特点，或者采用积极直接、简单明朗的风格，这些都能够拉近作者与读者的距离，激发双方的同理心。

然而，所有这些原则都紧紧围绕着一个关键的要素——写作的定位决策。作者必须根据沟通对象策略预测读者的类型；围绕特定读者设计写作的过程，既要体现对话性，又要体现专业性和职业化，加强与读者的互动。

当考虑到"以您为主"的定位时，通常需要解决的问题是——如何才能增强文稿的可读性？如何才能让读者注意到写作重点和逻辑关系？如何才能从组织结构和文字的具体细节上体现上述写作原则？事实上，这些问题的解答建立在写作的宏观问题和微观问题的设计上。

第二节　写作的宏观问题

我们先根据自身的经验回想一下：

- 文稿一般都有标题，标题的作用是什么？
- 假如一篇文稿从头到尾都没有空白，你会有什么感觉？
- 你是否曾运用不同的字体效果突出重点，例如加粗或斜体？
- 你通常用什么方式体现段落的划分？

接下来本节将围绕标题、中心句、过渡词和空白这四个因素探讨写作的宏观问题。

一、标题

有一项研究表明，四个看广告的人中，有三个会看标题，只有一个会阅读内文。标题的作用到底是什么呢？标题作为读者第一时间接触到的信息选择源，其基本作用在于概括或提示具体内容，满足读者快速获取信息的需求，并且引起读者的阅读兴趣。标题通常被认为是文章的"眼睛"，好的标题设计能够在宏观上达到"快速浏览"的作用，同时可以展示文章的逻辑结构和段落章节。

标题设计的基本标准有哪些？如何才能使标题达到增强可读性和体现逻辑关系的效果呢？

（1）标题要具有"独立性"，体现作者要表达的根本意思，信息指向明确。读者只要看到标题就能够把握主题，而不需要深入阅读文章的具体内容，如"绩效评估的八个管理目标""建议：制定战略管理体系""成都灾后重建推动城乡一体化"。

（2）同一水平的标题要呈现并列结构，包括语法上和含义上的并列。

罗伯特·贝恩（Robert Behn）在《为什么要评估绩效》一文中这样列出并列结构的小标题：

（一）目标1：评价

（二）目标2：控制

（三）目标3：预算

（四）目标4：激励

……

在一篇探讨如何制定新闻标题的文章中,有这样一组标题:

1. 标出"悬念"
2. 标出"趣味"
3. 标出"韵味"

根据蒙特和汉密尔顿的观点,标题在语法上的并列结构表示"使用相同的语法结构进行表达",如"每个标题的第一个词可以是主动性动词、动名词、代词或其他,但必须与同一标题系列中其他标题的结构相一致"。另外,标题在含义上的并列结构突出每个标题体现同一类型的内容。在第一个例子中,标题都统一以名词开始,强调的都是绩效评估的目标;第二个例子的第一个词都是主动性动词,并且都是动宾结构,后面的宾语突出新闻标题制作的标准。

同一水平的标题要具备相同的格式,即在空格缩进和字体效果上要一致。如果一级标题一开始就是左缩进四个字符,黑体加粗,那么通篇的一级标题都需要采用同样的样式,否则容易引起读者的误解和混乱。

二、中心句

中心句与标题一样,起到概括归纳、增强可读性的作用。中心句可能隐含在标题中,也可能是开场白、结束语、反复句、议论句或者过渡句等。

一个领导人跻身于伟大领袖之列的可靠公式有三个要素:伟大的人物、伟大的国家和伟大的事件。丘吉尔曾评论过19世纪英国的一位首相罗斯伯里勋爵,他说,罗斯伯里的不幸在于生活在"伟大人物未遇重大事件"的时代。我们通常给予战时领袖的地位比和平时期领袖的地位要高。这一部分是由于战争所固有的戏剧性;另一部分是由于历史书中对于战争总是大书特书。但是,这也是因为,只有当一位领袖的能力受到最大限度的挑战时,我们才能充分地衡量其伟大的程度。在我颁发荣誉勋章的时候,经常想到那些勋章获得者中间一定有不少人是以极大的勇气奋起对付十分复杂的局面的,他们原来肯定是相当平凡的人。没有那样的复杂局面,他们的勇气就显示不出来。战争的复杂局面所揭示的领袖们的品质我们可以一目了然。和平时期对领袖们的考验可能同样严峻,但经受这些考验相形之下既不那么富有戏剧性,也不那么显而易见。

(资料来源:尼克松. 领袖们[M]. 施燕华,洪雪因,黄钟青,译. 海口:海南出版社,2012. 有改动。)

理查德·尼克松(Richard Nixon)在《领袖们》一书中所写的这一段话,中心句为首句,下文围绕中心句提到的三个要素展开分析,从而使整个段落的分析具有条理性，中心意思明确，有助于读者更快更容易地捕捉信息。

三、过渡词

"写作原则"一节中已经探讨了过渡词的运用在前后连贯上的重要作用。过渡词作为句子之间或段落之间的连接，承上启下，同样有利于有效划分文稿的结构，体现层次分明、结构严谨和思路清晰的特点。

常见的过渡词示例见表3-3。

表 3-3　常见的过渡词示例

表示时间顺序的过渡词	首先；其次；然后；最后；之后
表示空间顺序的过渡词	在这之前；以上；以下；总之
表示并列的过渡词	既是……又是（也是）
表示转折的过渡词	无论如何；虽然……但是；即使
表示递进的过渡词	不仅（不但）……而且；再者；甚至
表示目的的过渡词	为了；既然如此；因此
表示因果的过渡词	因为；之所以；因而
表示解释说明的过渡词	例如；事实上；实际上；据此；依此
表示条件的过渡词	如果；倘若；纵使；除非；否则；哪怕

例如："在赞叹银行中间业务收入大幅增长的同时，人们自然会思考：这些利润来自哪里，'涨价'这种盈利方式能走多远，银行是否应该把盈利作为经营的唯一目标？"当读者读到这个句子中的过渡词"在……的同时"时，自然就会对上一段介绍银行中间业务收入涨势的文字做一个总结，然后开始思考接下来作者所提的问题。

又如："我们寻找文学城市，不见得非得被某组织认定才会满足，更重要的是寻找丢失的文学精神，寻找繁忙、浮躁城市中一种可以让人心定神闲的气息。"这个句子中，过渡词是"更重要的是"，这个词可以吸引读者的注意，同时激发读者的思考和判断，进而认同作者的观点。

四、空白

巧留空白在绘画世界中屡见不鲜。尤其是在山水画作中，留白在构图上增强了疏密对比。例如，南宋著名山水画家马远截景式地取山水一角入画，画寒江独钓仅画一叶扁舟和独坐垂钓渔翁，寥寥数笔带出眼前烟波浩渺的江水波，画面上留出大片空白，但正是这大片空白给观者寒意萧瑟、清冷孤寂、空旷邈远之感，增加无限的想象空间。八大山人和齐白石画鱼虾也会用寥寥数笔画出鱼虾活灵活现的动态，随后留出大片空白让人去想象满池塘的碧水。"八大山人"朱耷的《孤禽图》，整个画面以空白为主，中间有一只缩颈弓背、一足点地的鸟，有人解读，作画者没有画天画地，但留白处即为广袤的天地，平衡稳定了画面，营造了一种天地间渺小如芥的孤傲感。不画而画，画面纯净，留给观画者无限的想象空间。这些作品都映射了"无画处皆成妙境"。作画者认为："画面表现的东西越少，观众接受的东西就越多。"装饰、装修房子追求的也不是将整个空间填满，装饰的物品过多会给人一种密集凌乱、拥挤繁杂、毫无章法、毫无重点的感觉。而巧妙留白、少而精巧，能够取得言有尽而意无穷的美学效果，与此同时，也能为未来的进一步调整留下空间。写作也与此相通，写作时精心构思巧留空白，留给读者"此时无声胜有声"，不断思索、遐想、参与、回味的空间。南宋在山水诗上也有与山水画如出一辙的留白技法。文字中的留白能够建构听觉、视觉等感官的留白空间，营造出视觉上开阔和听觉上静谧的氛围感，能体现出物体之间的距离感。

以梅尧臣的《鲁山山行》为例："适与野情惬，千山高复低。好峰随处改，幽径独行迷。霜落熊升树，林空鹿饮溪。人家在何许，云外一声鸡。"诗中写森林有爬树的熊和溪边饮水的鹿，说明树林之中并不空旷，反而相当热闹。此处的"空"就不仅是空间的留白，还是渲染氛围上的和谐。诗中描画清晰的自然之声显得格外空灵、幽深，万物生灵都在属于自己的位置上互不打扰，一同融合在整体的自然环境中。此诗以"空"为基调，最后一句落笔在"一声鸡鸣"，建构了一个无人的山林，后续情节戛然而止，将人的思绪引向诗句之外，留下了无限畅想的留白空间……此外，还有辛弃疾的"游人去后枫林夜，月满空山可奈何"，营造了深夜幽林寂静无声的氛围；林逋的"田园向野水，樵采语空林"，用声音上的静谧反衬出林间的空旷；林逋的"拂石玩林壑，旷然空色秋"，通过秋季色彩的清淡表现了林壑的清旷等。这些诗句通过对"空"的运用营构了诗性空间。

（资料来源：唐九久. 从留白看南宋山水诗与山水画的精神共性［J］. 美术，2022（10）：141-143. 有改动。）

运用留白的表现手法行文，常常能够起到"此时无声胜有声"的效果，激发人们无穷的想象和思考与品读的乐趣。在写作中运用空白，不但可以避免长篇大论和烦琐，而且可以激发读者的阅读兴趣，帮助读者理清阅读思路。那么，如何恰当地增加文章的空白呢？主要有两点要注意：

（1）巧妙运用段落开端的空格缩进。缩短文章段落的长度，通过段落的空格缩进增加文章的空白，避免读者看到长段文字而产生排斥或放弃阅读的想法。

（2）巧妙运用列表、要点编号或标题。列表的结构本身就是对信息的整理和分析，并且通过简洁的文字做出总结，因此列表比整段文字更方便阅读和理解。要点编号或标题很好地归纳了具体的信息，特别在信息量大的情况下，这两种方式所制造的空白能够留给读者思考、总结和记忆的空间。

第三节　写作的微观问题

本书第二章第二节以及第三章第一节已经对写作的微观问题进行了具体的分析，这里就简单归纳一下，写作的微观问题见表3-4。

表3-4　写作的微观问题

去繁求简：写作是否精确？	1. 是否不啰唆，是否没有多余的文字？
	2. 是否避免过长的句子？
文体：语气是否合适？	1. 是否选择合适的语气：商业用文还是官样文章？
	2. 使用主动语态还是被动语态？
	3. 是否使用术语？
格式：是否使用商务格式？	是否有效地使用了备忘录、信件或报告格式？
准确性：是否注意写作的细节？	1. 是否使用了正确的语法？
	2. 是否使用了正确的标点符号？

（资料来源：蒙特，汉密尔顿. 管理沟通指南：有效商务写作与演讲（第10版）[M]. 钱小军，张洁，译. 北京：清华大学出版社，2014.）

写作的微观检查一般集中在"增""删""调"和"改"四方面。

（1）"增"是增加中心句、过渡词等有助于前后连贯的句式，补充具体信息，增强说理和分析的充分性。在什么情况下需要"增"呢？一是内容单薄的地方，可以适当扩展。二是能够实现结构的完整和连贯或者更好地体现写作目标的地方，可以适当增加内容。

（2）"删"是为了简洁，删去多余的文字，避免过长的句子。与主题无关或者不利于写作目标的内容可以删；内容重复的可以删；删除了不会影响表达效果的内容可以删。

（3）"调"是调整语序和句子、段落之间的关系，调整合适的语气和文体。

（4）"改"则表示从语法、错别字和标点符号等相关细节上留意文稿的准确性。

本章小结

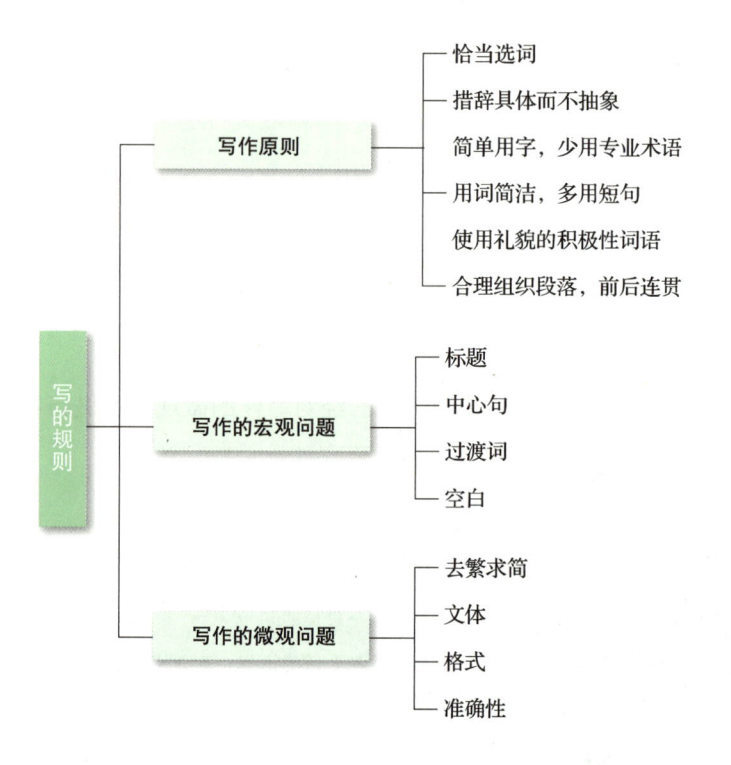

- 写的规则
  - 写作原则
    - 恰当选词
    - 措辞具体而不抽象
    - 简单用字，少用专业术语
    - 用词简洁，多用短句
    - 使用礼貌的积极性词语
    - 合理组织段落，前后连贯
  - 写作的宏观问题
    - 标题
    - 中心句
    - 过渡词
    - 空白
  - 写作的微观问题
    - 去繁求简
    - 文体
    - 格式
    - 准确性

案例分析

以下是英国牛津大学社会人类学教授项飙所作《城市新穷人不是经济穷人，是意义贫困》一文的节选（有改动）。请仔细阅读文章，并完成文后的思考题。

为什么现在年轻人对"重复性"这么敏感和抗拒呢？

我们刚才谈到，年轻人在寻求工作和意义的关联，他们对于工作的意义感有很强的诉求，希望能直接在自己做的事情当中看到即刻的反馈。对于所做的事有什么意义，他们需要别人能给一个明确的答案，即"意义的即刻性"。但这在实践当中是不现实的。

今天的年轻人感到自己是"工具人"的原因，部分来自于工作的重复性，每天都在做一样的、重复的事情，使他们对工作的重复性有所抗拒。

这是一个很有意思的问题，因为人类工作和生活的大部分时间都是在重复的，比如一日三餐，一直都是周而复始的。在我国几千年的文化，重复很重要，如果不重复上一代的生活方式，就是不肖子孙。"肖"的意思就是"像"。当时大家觉得重复是正常的，不重复就会出现问题，那为什么现在年轻人对"重复性"这么敏感和抗拒呢？

我们可以回到前面提到的"链条"去理解。如果要直接从工作中看到即刻意义的话，兴奋感要么直接来自于这种意义，要么每天去做不一样的事，依靠这个事本身的新鲜性带来大脑上的、情感上的、心理上的满足。

但我们知道，要干大事情、好事情就是要重复的。重复的意义正是来自于每天做的事情，你看到它不断地深入，和其他人做的事不断连接，然后汇聚成一件大的事。所以，我们需要分析为什么大家会对"重复性"那么敏感。

总的来讲，大家产生意义渴望这种心理需求，是和个体化紧密连在一起的。

"工具化"和"个体化"似乎是对立的，但现实中就是一体化的。正因为大家都在使用大量的工具，人和人之间没有发生关系，人在和工具玩，所以一个人的自我意识越来越强。一个人如果一天到晚生活在自己的大脑和心理空间里，自然需要渴求意义来支撑自己。这个时候，人自己就成为一个封闭的"系统"。

什么是系统？德国社会学家尼克拉斯·卢曼（Niklas Luhmann）从生物学的角度引入了"系统"来定义生命，即在不需要外界介入、干预的情况下，能够持续地形成自我循环，就是一个生命，也是封闭的系统。

很多年轻人在大的系统下工作和生活，个体也成为一个封闭的"系统"，一天到晚生活在自己的大脑里，一点点情感问题就变成了一个巨大的危机。因为他的意识在不断地自我强化，不断地在一个封闭的系统里转，把自己搞成一个情绪的核反应堆。我们常常看到一些农村或者附近街角的大妈，她们都比较开朗，愿意聊天、说话，她们就没有生活在自己的大脑里，而现在的年轻人生活在了大脑里面。

我还看到了我国宠物文化的兴起，这种文化现象对我这个年纪的人来说是蛮新奇的。人和动物的关系，在我国传统文化和西方文化中其实是很不一样的。但青年一代，尤其在疫情期间，大家对动物、宠物的关注完全超出了我的想象。我们为什么需要动物来投射自己的情感？因为动物是能够进入我们系统内部极少数的生命之一，在心理疗愈上可能是有一定帮助的。但是说老实话，我是觉得有点心痛，年轻人到这一步——需要通过养宠物来给自己的心灵打开一点点小窗户。

在你们发给我的材料中，我们也能看到，今天异化的方式和之前很不一样。以前的异化是对机器的仇恨，对现金、货币的崇拜。而今天的异化在表面上看起来是倒过来的。今天的异化，塑造出的好像是一个非常巨大的个体，这个巨大是说，在生活中只看到自己，觉得自我的主体性、个体性，从生活和感受的范围来讲是宇宙中心，但在工作里又是非常渺小的。今天具体感知到的表现形式和以前"被异化"的感受是不一样的。

我们觉得异化是"人的消失"，所以必须重新塑造人的中心性或主体性，但实际可能并非如此。这个个体要从自己的心理空间退出来，和别人建立联系。关心别人，看到别人，对别人感兴趣。

但说老实话，现在"大厂"里的工作状态好像很难做到这一点，某些"大厂"的竞争游戏不怎么给人们打开自己、连接他人的机会。所以，我们需要开始有这样批判性的讨论和反思，要对这些游戏规则形成社会压力，这是很重要的。

思考题
1. 这篇文章是否符合写作的六原则？为什么？
2. 从写作的宏观和微观角度对这篇文章进行分析。

自我诊断

请回忆你在过去的生活、学习或工作中的沟通表现，围绕表 3-5 中的问题，认识自己现有的沟通能力。

表 3-5　自我诊断表

测试问题	非常同意	同意	一般	不同意	非常不同意
1. 我能根据不同对象的特点提供合适的建议或指导					
2. 当我劝告别人时，更注重帮助他们反思自身存在的问题					
3. 当我给他人提供反馈意见、甚至是逆耳意见时，能坚持诚实的态度					
4. 当我与他人讨论问题时，始终能就事论事，而非针对个人					
5. 当我批评或指出他人的不足时，能以客观的标准和预先期望为基础					
6. 纠正某人的行为后，我们的关系常能得到加强					
7. 在我与他人沟通时，我会激发出对方的自我价值和自尊意识					
8. 即使我并不赞同，我也能对他人的观点表现出诚挚的兴趣					
9. 我不会对比我权力小或拥有信息少的人表现出高人一等的姿态					
10. 在同与自己有不同观点的人讨论时，我将努力找出与对方的某些共同点					
11. 我的反馈是明确而直接指向问题关键的，避免泛泛而谈或含糊不清					
12. 我能以平等的方式与对方沟通，避免在交谈中让对方感到被动					
13. 我以"我认为"而不是"他们认为"的方式表示对自己的观点负责					
14. 讨论问题时，我通常更关注自己对问题的理解，而不是直接提建议					
15. 我有意识地与同事和朋友进行定期或不定期的、私人的会谈					

自我技能测试评价标准：非常同意（5分）；同意（4分）；一般（3分）；不同意（2分）；非常不同意（1分）。

60～75 分：你具有优秀的沟通技能。

55～59 分：你的沟通技能略高于平均水平，有些方面需要提高。

55 分以下：你需要严格地训练你的沟通技能。

管理沟通游戏：词语选择

一、游戏目标

1. 培养沟通技巧。

2. 学会控制对方的情绪。

3. 学会肯定对方，赞美对方。

4. 加强团队协作的能力。

5. 解释沟通中的言语技巧及其重要性。

二、游戏程序

主要参与者：2 人

时间：2 分钟

场地：不限

三、游戏步骤及详解

1. 两位同学一组，每轮谈话各需 1 分钟。

2. 第一轮，由同学 A 提出一个建议：我们去什么地方好好玩一下吧；请同学 B 采用"好吧，但是……"这样的句式回答。

3. 第二轮，同样由同学 A 提出建议，请回答的同学改用"好的，而且……"这样的句式进行对话。

四、问题讨论

1. 在第一轮中，你们总是采用"好吧，但是……"这样的句式进行对话，你是否发现对方的回答有几次确实使你很生气？你们的假期计划最后是否有进展了呢？

2. 在第二轮中，你们采取"好的，而且……"这样的句式对对方的建议做出反应。你觉得这样的回应与第一轮的效果有什么不同？你们的假期计划最后是否有进展了呢？如果确实有进展，为什么呢？

3. 在现实生活中，你是否遇到过类似的例子？你经常使用哪种回应方式来回应别人的意见？你认为哪一种会更好一些？

4. 你有时会不会说一些具有否定性的词语来否定对方的意见？会造成什么后果？你有没有意识到？

5. 你平时是否会经常使用一些肯定的词语来回应别人的意见呢？请总结一些比较常用的肯定性词语。

6. 当你并不同意他人的观点时，应如何使用肯定性词语做出反应？

（资料来源：胡巍. 管理沟通：游戏66 [M]. 济南：山东人民出版社，2007.）

第四章　写得专业些
Chapter Four

尊敬的林老师：

　　您好！

　　我是王红。由于今天晚上要参加迎新晚会的表演，组织方通知我们 4 点钟就要集中彩排。因此今天下午只能上您的一节课，就要去集中了。请您同意我的早退。

　　其实我很喜欢也很愿意听您的课，本来打算在明天下午的课上补回的，可惜明天下午同一时段我们有"社会保障"的课程。我回去会好好看书。希望老师能理解☺

　　假如您有时间的话，我诚挚邀请您今晚过来东区的足球场观看我们的演出。7 点开始。

　　祝老师一切顺利！

您的学生：王红
2022 年 9 月 28 日

尊敬的林老师：

　　您好！很高兴您能抽空看我们的邮件。我们是本系学生会的成员。

　　您知道，我们即将迎来新一届的公共管理学系新生。为了让新成员能够了解我系基本情况，体现本系老师与学子们的真诚与热情，经公管系团总支、学生会决定，特制作一本介绍本系情况的新生小杂志。这需要本系各位老师的支持，望老师写几句寄语或是导语给予新生。当然，林老师您的寄语已提供给了我们，但可惜的是，我们没有系主任的联系方式，因此希望您能提供给我们主任的邮箱，让我们通过邮件的方式告知主任情况和取得主任的寄语，望老师帮忙。等待您的回复。

　　祝，

　　安好

公共管理学系团总支、学生会
2023 年 7 月 8 日

　　由于工作的关系，我们时常收到类似的电子邮件，如推荐专业书籍、批准课程请假、询问作业要求、邀请我们担任比赛评委、讨论专业学习问题等。 有的电子邮件

结构清晰，直截了当，礼貌周到；但有的电子邮件篇幅虽短却内容含混不清，绕了一个大圈子之后，我们才大概知道写信人希望我们做什么。因此，在回复电子邮件之余，我们不禁会思考这样一个问题："我们应该怎样让自己写得专业些？应该如何让读者乐于回应我们的要求？"

本章以询问、请求或索赔等常规写作为例，尝试回答上述问题。第一节介绍基本策略分析，包括受众分析、正式性指数、游说矩阵和策略比较。第二节从直接策略的角度探讨如何写好询问和请求信件，并提供积极答复。第三节从间接策略的角度分析如何处理好写作中的负面信息，并提供否定或拒绝性质的答复。

第一节　基本策略分析

一封好的来信，往往不只是让读者了解我们所要传达的信息，更重要的是让他们感受到我们的诚意和用心，在此基础上达到理解和认可的效果。我们通常在常规写作中尽可能地写清楚"我们需要读者做什么"，但是有人会问："我为什么要按照你所说的去做呢？"假如思考到这一层次，我们很快就会明白——当提出询问、请求和索赔时，我们需要理清为什么对方要答应我们的要求，并且真实地执行；当拒绝对方要求时，我们更需要理清如何才能让对方理解我们的处境，并且欣然接受我们的建议。因此，一个很自然的问题便产生了，即读者能够从我们的写作中获得什么？答案是千差万别的，例如，他们获得的可能是赔偿、信息、资源、机会、推荐，甚至是我们的感激和谢意。

然而，事实是否尽如上文所说的那样呢？实际上，由于常规写作的广泛应用，我们将询问信、对索赔的拒绝或者备忘录等写作内容都视为理所当然，并且自然而然地按照一个特定的模板或套路操作，千篇一律，没有人情味，在整个操作过程中忽略了对受众和策略的分析。詹姆斯·奥罗克（James O'Rourke）在《管理沟通：案例分析法》一书中介绍了写作顾问琼·普鲁蒙兹（Jean Plumenz）给商务写作者的 15 个建议，见表 4-1。我们通过整合这 15 个建议，结合杰拉尔丁·E.海因斯（Geraldine E.Hynes）和简·克莱兰（Jane Cleland）的观点，从受众分析、正式性指数、游说矩阵和策略比较四个角度为常规写作构建一个策略分析的框架。

表 4-1　给商务写作者的 15 个建议

1. 牢记你的读者不会有太多时间来读你的东西：简洁明了
2. 写之前明确你要写什么：列出提纲和要点
3. 别犯拼写和语法上的错误：检查具体细节
4. 响应读者所需：考虑读者疑问和需求
5. 清楚、重点突出：恰当用字，简单用词
6. 尽量用现在时态：统一时态
7. 有力、直接：采用主动式句式和肯定式的词
8. 用短句、短段：调整篇幅
9. 人身代词的使用：大胆使用"我""我们""你们"
10. 避免使用陈词滥调和行话：口语化的表达
11. 观点、事实要分开：事实和看法要通篇一致
12. 使用数字要克制：选择性使用数字、运用表格或附录
13. 怎么说就怎么写：采用非正式的、人性化的语言
14. 绝不要满足于你的第一稿：修正和校订
15. 精益求精：寻找并剔除错误

（资料来源：奥罗克. 管理沟通：以案例分析为视角：第 5 版 [M]. 康青，译. 北京：中国人民大学出版社，2018.）

一、受众分析

本书第一章已经就"沟通对象策略"做了详细的分析，受众分析的重要性是毋庸置疑的。然而与受众相比，作者一般更关心自己的感受，没有做到从对方的立场和感受来安排写作。这一部分主要针对大多数信件的写作特点，从受众的态度和性格两方面探讨写作方式和思路的选择。

1. 受众的态度

现在一起来回忆一下，在通常情况下，我们在写信前考虑的问题是什么？

- "我要怎么称呼对方？"
- "我要告诉对方什么内容？"
- "我要对方帮我做什么？"
- "我希望对方看了信件后会有什么反应？"

例如，我们准备翻译一本学术专著，现在需要写信给出版商 A 杂志，希望对方能够授予版权并减免相关费用。根据以上的问题，列出写作思路见表 4-2。

表 4-2　写作思路 A

"以我为主"的角度	
"我要怎么称呼对方？"	编辑
"我要告诉对方什么内容？"	我们准备于 2024 年 1 月翻译一本学术专著
"我要对方帮我做什么？"	授予版权并减免版权费用
"我希望对方看了信件后会有什么反应？"	答应我们的请求，授权并减免费用

根据以上思路，我们在信中将这样表达：

尊敬的 A 杂志编辑：

　　您好！

　　我是 B 大学公共管理学系的老师。我们准备于 2024 年 1 月翻译一本学术专著，其中有两篇文章选自贵杂志。真心希望您能够授予我们翻译这两篇文章的权限并且减免相关费用。

　　期待您的回复。

　　此致

王红

B 大学公共管理学系

2023 年 8 月 5 日

以上的设问和思路主要从写信者的角度（即"以我为主"）出发来考虑的。虽然这种写作思路往往能够把写信者希望让对方获知的信息清晰无误地表达出来，但是写信者清晰的表达并不等于读者必定能够准确无误地把握，并且毫不犹豫地按照写信者的期望去想、去说、去做。更进一步地说，读者的反应符合写信者的期望才是写作的关键。因此，下面从另一个角度，即以读者为主（即"以您为主"）的角度重新设计写作的思路："假如我是读者，我会有什么感觉？我会有什么反应？"从这一角度我们可以得出下列的问题：

- "对方希望我怎么称呼他？"
- "我要告诉对方什么内容？"
- "对方可能会有什么问题？"
- "对方可能会有什么反应？"
- "我希望对方会有什么反应？"
- "我如何激励对方如我所愿？"

围绕上述情境，从"以您为主"的角度列出写作思路，见表 4-3。

表 4-3　写作思路 B

"以您为主"的角度	
"对方希望我怎么称呼他?"	李强主编（确切知道 A 杂志主编是谁）
"我要告诉对方什么内容?"	我们准备于 2024 年 1 月翻译一本学术专著
"对方可能会有什么问题?"	1. 这本学术专著有什么用途? 2. 希望获得哪些文章的版权? 3. 是否出版?若出版，提供出版社、第一次印刷的印数、每本书定价等信息
"对方可能会有什么反应?"	对方可能有四种反应： 1. 授权并免费用 2. 授权，在费用上给予优惠 3. 授权，在费用上没有优惠 4. 不授权
"我希望对方会有什么反应?"	授予版权并减免版权费用
"我如何激励对方如我所愿?"	1. 翻译的目的，专著用于学术 2. 向对方表示感谢

根据"以您为主"的思路，我们调整了原先的信件内容：

尊敬的李主编：

您好！

我是 B 大学公共管理学系的老师。为了在中国引进管理沟通的经典理论，我们准备于 2024 年 1 月翻译一本学术专著，并于 2025 年 9 月经 B 大学出版社出版。书中有两篇文章选自贵杂志，分别是：

（1）《沟通对象策略分析》，A 杂志，2019（2）：120-132.

（2）《商务写作中的受众分析》，A 杂志，2019（6）：88-96.

由于这本翻译的专著将用于学术用途，您能否授予我们翻译的权限并减免相关费用?假如不能减免，您能否告诉我具体的版权费用?

非常期待您的回复。如果您需要任何详细资料，请随时与我联系。谢谢！

此致

王红

B 大学公共管理学系

2023 年 8 月 5 日

通过比较上面两种写作角度和思路，我们可以看出"以您为主"的写作能够反映出写作者具有同理心，基于读者可能的心理反应（如顾虑和愤怒）做出分析，强调对读者立场的理解，提供他们所需的信息，减弱消极情绪对他们的影响。

假如，我们是 C 公司人力资源部的招聘专员，现在要给已提交简历的应聘者发送感谢信。根据"以您为主"的角度，我们的写作思路见表 4-4。

表 4-4 写作思路 C

"以您为主"的角度	
"对方希望我怎么称呼他？"	熟悉对方是谁
"我要告诉对方什么内容？"	确认简历已收到，感谢对方申请
"对方可能会有什么问题？"	1. 简历是否已经收到？ 2. 是否通过简历筛选环节，得到面试机会？ 3. 何时、通过何种方式能够得知最终结果？
"对方可能会有什么反应？"	对方可能有两种反应： 1. 期待，希望收到好消息 2. 不安，不知申请材料是否成功达到对方手中，不知何时会有最终结果
"我希望对方会有什么反应？"	1. 心态平和地等待最终结果 2. 支持公司的招聘工作，对公司留下良好印象
"我如何激励对方如我所愿？"	1. 感谢对方的申请 2. 明确告知简历的处理情况 3. 明确告知接下来的沟通渠道

在分析受众态度的基础上，我们的感谢信内容如下：

尊敬的王红：

您好！

感谢您应聘 C 公司行政助理职位。

您的简历已经成功发送至我们的简历数据库，我们人力资源部的同事将会仔细阅读您的简历，并于 9 月 1 日发布简历筛选的最终结果。

所有的通知会及时发送到您的电子邮箱，请留意。

如果您通过了简历筛选环节，我们将诚邀您参加面试。希望通过这些活动和交流，我们能对彼此有更多的认识和了解。

再次感谢您对 C 公司的关注。

此致

C 公司人力资源部
2023 年 8 月 1 日

很多公司在这类感谢信中只是简单做出说明："感谢您应聘某公司的行政助理！您的简历已收到，会尽快阅评，如有需要将约您面谈！谢谢！"这样的感谢信内容只是说明收到简历，而没有提供读者期盼收到的其他信息，同时后续是否会有面谈要基于公司的需要。相比之下，C 公司人力资源部的感谢信侧重于"收到简历""简历的处理""后续的沟通渠道""C 公司对进一步交流的期盼"以及"对应聘者的感谢"，这些要点都能够给读者留下公司招聘组织有序、富含人性化的印象。

总之，"以您为主"的分析视角可以帮助作者理清写作的基本框架，突出写作的重点，组织各要点的逻辑顺序，理解受众的态度和需求，增加信息的积极影响。

2. 受众的性格

迈尔斯-布里格斯个性分析指标（Myers-Briggs Type Indicator，以下简称MBTI）在全世界应用极广，有效地提取了人们在获取信息、决策方式、对待生活等方面的特征，帮助我们认清自我、理解他人。MBTI 也被广泛应用于管理沟通领域，从性格类型和心理需求出发探讨沟通对象在沟通方式和沟通内容选择上的倾向性。MBTI 四维分析的性格分类见表 4-5。

表 4-5　MBTI 四维分析的性格分类

内向-外向型→与外界的关系及互动	
内向型：喜欢独立思考，注重内心体验，避免成为注意的中心，听的比说的多	外向型：愿意与外界打交道，关注外部世界，关注自己如何影响外部环境，说的比听的多
感觉-直觉型→获取信息的类型和方式	
感觉型：关注感官获取的具体信息，关注细节，重视现在，喜欢用事实举例	直觉型：喜欢通过推测和想象获取信息，喜欢推测未来，重视事物背后的抽象意义，跳跃性思维，喜欢幻想，使用比喻方式
思维-情感型→做决策的方式	
思维型：依照事物的客观逻辑做决策，喜欢客观分析	情感型：依照个人价值观做决策，以自己和他人感受为重
判断-知觉型→如何安排时间和生活	
判断型：喜欢做计划和决定，愿意管理和控制，希望生活井然有序	知觉型：灵活，试图适应环境，倾向于弹性，任事情自由发展

根据 MBTI 四维分析的性格分类，我们进一步阐述性格与书面沟通方式偏好的关系：

（1）内向-外向型。内向型读者更喜欢书面沟通，给他们留出一点思考的时间，在写作中以询问的口气鼓励他们提供自己的看法和建议，如："您上次的建议非常中肯。这次您能否继续为我们改进调查问卷提出建议呢？"外向型读者偏爱口头表达，因此可以在信件中提供多种不同的联系方式供其选择。

（2）感觉-直觉型。与感觉型读者交流要侧重于提供具体的事实依据，思路清晰准确，详细列出不同解决方案的优缺点；与直觉型读者交流则要先提供整体框架，然后再具体分析。

（3）思维-情感型。思维型读者更关注书面沟通的逻辑结构，如组织观点等；情感型读者更关注书面沟通的语气、风格以及在多大程度上满足其情感和心理需求，因此写作者需要主动表示对他们情感上的关注，如"非常感谢您在我们项目开展过程中提供的无私帮助"。

（4）判断-知觉型。判断型读者更强调观点组织有序，文稿表述简洁明确，富有计划性；知觉型读者关注多种可能性或可行性，不轻易指出哪一种解决方案是唯一正确的。

具体情况参见图4-1。

内向型（先阅读后表态）	外向型（边听汇报边思考）
感觉型（关注细节描述）	直觉型（先轮廓后细节）
思维型（重逻辑性描述）	情感型（重情感性内容）
判断型（注重观点的周密性）	知觉型（注重主题的明确性）

图 4-1 MBTI 性格四维图

（资料来源：康青. 管理沟通 [M]. 6版. 北京：中国人民大学出版社，2022.）

在通常情况下，我们的性格都不是单一维度的体现。MBTI性格测验围绕这四个维度形成16种性格类型。有人会问："我怎么可能知道读者是什么性格的人？"受众的性格分析视角主要适用于沟通双方较为熟悉的情况，如上下级关系、师生关系、朋友关系等。在这种情况下，我们根据性格所表现出来的外在特点，总结平时沟通的发现，逐渐形成有利于双方互动交流的特定形式。

设想一下，现在我们需要联系任课老师为小组作业提供指导，对方是一位偏向于内向-感觉-思维-判断型的老师，我们应该如何有效进行书面沟通？首先，我们在写信前要详细列出问题，确定要点，提供尽可能多的信息；其次，要注意问题之间的逻辑关系，组织观点上要清晰具体；最后，要表明所提问题都是经过小组深思熟虑才确定下来的，在信息理解和分析上投入了时间和精力，请求老师的指导。

二、正式性指数

写作中除了要明确"读者是谁"之外，写作者还需要明确自己与读者之间的关系。在现实生活中，常常出现因为对沟通双方关系把握不准确而行文不得体的情况。例如，我们给地位比自己高的人写信，用直呼其名代替尊称；或者是部门之间行文用调侃的语气或口语化都是不合适、不得体的。

假如我们是 A 杂志的主编李强，某一天突然收到一封询问版权问题的信件，内容如下：

李强：

我是 B 大学公共管理学系的老师。我们准备于 2024 年 1 月翻译一本学术专著，其中有两篇文章选自你们杂志。你能不能帮我搞定版权问题？

谢谢！

王红

B 大学公共管理学系

2023 年 8 月 5 日

阅读完这一封信，或许我们就会自然地自问："我跟你有这么熟悉吗？""为什么我要帮助你？"在写作中，我们究竟应该正式一点，还是口语化一点？围绕这一问题，简·K.克莱兰（Jane K.Cleland）在《有效商务写作》一书中提出了正式性指数的分析框架。

根据书中的分析，要得出正式性指数必须回答三个问题，并且按照 1~10 分进行打分，1 分表示"绝对不或从不"，10 分表示"绝对是或总是"，给出的分数越高，表示越接近"绝对是"，具体情况见表 4-6。

表 4-6 正式性指数分析框架

问题	打分（1~10 分）
1. 你本人很了解对方吗？	
2. 目标读者的地位比你低吗？	
3. 你要告诉对方的是好消息吗？	

（资料来源：克莱兰. 有效商务写作 [M]. 余莹，丛培成，译. 北京：清华大学出版社，2003.）

（1）"你本人很了解对方吗？"对方是不是我们相交多年的好朋友，是共事三四年、互动频繁的同事，还是有长期合作关系、来往密切的分销商？例如，我们给某学校的汪校长写信，信的开头称呼其为"尊敬的汪校长"；假如我们与汪校长是共事多年的老同事，或许我们便称呼其为"老汪"或者直呼其名。因此，对对方越了解，写作时越偏向口语化。

（2）"目标读者的地位比你低吗？"这一问题的判断取决于我们对"地位"一词的定义。地位高低有多种不同的影响因素，如年龄、性别、职位、受教育程度、经济能力、名气和成就等。以职位这一影响因素为例，上级往往称呼下级为"小李""小林"等，写作的特点多表现为直接明确、开门见山；而下级向上行文通常更为正式化，多以"王处长""陈局长"称呼对方，写作的特点倾向于含蓄委婉、逻辑性强。

（3）"你要告诉对方的是好消息吗？"假如我们告诉对方的是好消息，一般倾向于直截了当，较为口语化，例如："恭喜你！你中大奖了！"假如准备沟通的是坏消息，我们在谋篇布局和说理上应更强调观点的组织和逻辑性，考虑对方的接受程度和可能的反应，比较正式。

我们在写作时要学会根据表4-6的得分情况，从称谓、措辞、语气、行文结构等方面做出相应的调整。设想我们发现先前整理的表格中出现个别错误，需要分别去信做出说明，沟通对象分别为李经理（上级）和刘伟（下级），正式性指数分析结果见表4-7。

表 4-7　正式性指数分析结果

问　　题	李经理（上级）	刘伟（下级）
1. 你本人很了解对方吗？	2分	6分
2. 目标读者的地位比你低吗？	1分	10分
3. 你要告诉对方的是好消息吗？	2分	2分

在正式性指数得分上，李经理得分低，正式性程度应高；刘伟得分高，口语化程度可以较高。我们给李经理和刘伟的信件内容分别如下：

尊敬的李经理：
　　您好！
　　我在上周五给您的邮件中附上了第一、二季度的销售表格。经过我重新反复核查，发现有两处错误，分别为：
　　（1）1月的销售数据发生笔误，把325写成825。
　　（2）4月的销售产品类型登记不全。
　　在随信附上的新表格中，我已经就这两处错误做了修改，请您更新信息。
　　此致

王红
2023年8月5日

小刘：

　　您好！

　　上周五我给你的销售表格中有两处错误，我已经做了修改。

　　新表格放在附件中，请查收。

　　祝一切顺利！

王红
2023 年 8 月 5 日

　　书面语有庄重典雅和通俗浅白之分，也就有了正式语体和非正式语体的区别。北京语言大学的崔希亮发表在《汉语学报》上的文章《正式语体和非正式语体的分野》从文本形式特征的角度总结和比较了两种正式语体和非正式语体文本的属性特征，提出正式语体与非正式语体的区别表现在句子长度、语气情态、欧化程度、古今层次、熟语运用、零句与整句、儿化与后缀等语法层面，也表现在庄雅度、整合度、正式度和互动性等语用层面。具体而言，在句子长度方面，正式语体的句子长度通常比非正式语体长，因为前者是相对完整、有准备的结构。比较不同类型语料的平均句子长度，《人民日报》以正式程度较高的新闻语料为主，平均句长为 18.8 个音节；国内外文学作品语料囊括了讲述谈说，正式程度相对不高，平均句长为 9.5 个音节。在语气情态方面，直观表达态度、立场、情绪和情感的语气词之类的直陈情态多出现在非正式语体中，而正式语体较少使用语气情态成分。在欧化程度方面，正式语体句子的欧化程度比非正式语体高，复句和结构的复杂程度相对较高。在古今层次方面，正式语体比非正式语体更常使用文言成分和文言句式。例如，科技语料的文言成分是微博语料的 2.282~4.626 倍，科技语料文言句式的出现频率是微博语料的 7.288 ~ 7.504 倍。在熟语运用方面，熟语中的成语多出现在正式语体中，熟语中的惯用语多出现在非正式语体中。成语在科技语料中出现的频率高于微博语料，惯用语的出现频率则相反。在零句与整句方面，正式语体中主语、谓语俱全的整句比较多，非正式语体中主语、谓语不全的零句较多。在儿化与后缀方面，微博语料中儿化形式表述的出现频率比科技语料中高。在具体的语用差异上，正式程度越高，庄雅度就越高，对语言要素的整合程度也越高，交互性则在非正式语体中表现得更高。

三、游说矩阵

　　在我们理清"读者是谁""与对方的关系如何"之后，接下来要探讨的问题就是："我们应该如何谋篇布局？""写作的重点是什么？"简·K.克莱兰在《有效商务写作》一书中给我们提供了一个有效的分析框架，即游说矩阵。游说矩阵需要我们回答两个问题——"对方与我们的立场是否一致?"以及"是否存在资源约束?我们是否拥有充足的资源?"游说矩阵分析可以帮助我们从纷繁复杂的现实情况中提取有效的信息,强调核心的问题。游说矩阵见图4-2。

	与你立场一致	与你立场不一致
不受资源约束	简易型 • 只罗列事实 • 短文即可	游说或指示型 • 强调利益所在 • 较长的篇幅
存在资源约束	解决问题型 • 有问有答 • 较长的篇幅	艰难型 • 往往不值得花费精力

图4-2 游说矩阵

(资料来源:克莱兰. 有效商务写作[M]. 余莹,丛培成,译. 北京:清华大学出版社,2003.)

1. 简易型

当沟通双方立场一致,并且不存在资源约束时,沟通相对来说比较简单。让我们设想一下,假设老板让你组织员工旅游,旅游目的地在我国境内,总预算为100万元,你确定了一条符合老板要求的旅游线路,要价也在预算范围内。这时,你如何写信与老板沟通?在职场上,写这种类型的信件并不是一件麻烦事。第一,你与老板"立场一致"——赞同员工旅游,并且旅游地点和预算都有共识。第二,这次员工旅游所需的资源是公司所能够提供的。在沟通对象看来,所沟通的事情在老板意料之中,他所需要为此提供的资源也在控制范围之内。在此基础上,你只需要列出旅游计划的要点,让老板对事件进程有整体把握就可以了。信件篇幅无须过长。

2. 游说或指示型

当沟通双方立场不一致,在资源方面却不存在约束时,沟通重点在于"使双方立场一致"或者"利益可以协调"。因此需要自问:"为什么对方不认可这一决策?""我们双方的利益共同点和分歧在哪里?""利益分歧是否能够经过努力得以协调?"通过这些问题理清思路,可以找到沟通的关键点,并且在常规写作中强调。

再设想一下,假设老板让你组织员工旅游,统一制定旅游线路,总预算为100万元。但是你认为最好是通过旅游卡的形式代替统一制定旅游线路,让员工自主选择旅游目的地。这时,你应该怎样沟通?你与老板"立场不一致",你需要理清下列问题:"我为什么要选择旅游卡的形式?""从老板的角度看,这项活动能够为他带来什么?""从成本效益的角度看,这项活动是否符合成本效益原则?"从调查分析和以前组织旅游的经验来看，员工首选的旅游路线千差万别，历年来都有员工因为对旅游路线不感兴趣而放弃员工旅游，无法享受到公司的这项福利。另外，也有员工因为旅游时间与工作时间相冲突而被迫放弃这项福利。因此，在预算范围内，发放旅游卡的方式能够有效解决以上两个主要问题，让更多的员工享受到这项具有激励性的福利措施，认同公司以人为本的企业文化，更有效地提高员工的工作积极性和凝聚力。

从以上的分析得出，沟通应该放在"让老板意识到旅游卡的作用"，强调利益所在，让沟通双方的立场最终一致。

3. 解决问题型

当沟通双方立场一致，但资源方面却存在限制时，应该理性分析现实条件，想办法解决资源约束问题，不用花费过多精力获取对方的支持和认同。假设老板让你组织培训销售人员，但是首先，你经过分析发现，销售人员对培训的参与热情不高，培训计划的准备和执行至少需要四位同事协助，而人力资源部现有的三位同事都腾不出时间；其次，今年的培训预算超过往年既定的培训经费；最后，由于培训时间与工作时间冲突，销售人员的工作可能在一定程度上会受到影响。你应该怎么跟老板沟通？

（1）根据现实情况，列出这次培训可能碰到的如下限制性问题：

1）销售人员的培训参与热情不高，如何有效激励他们？

2）销售人员参与培训时间与工作时间冲突，应该如何协调时间安排？

3）培训预算超过往年既定的培训经费，如何控制培训预算？

4）培训的准备和执行工作需要四位同事，如何获得四位同事在工作上的支持？

（2）围绕这些问题进行分析，想出可能的解决方案，与老板逐一进行沟通，争取获得老板的支持和帮助。沟通内容较多，因此信件篇幅较长。

4. 艰难型

艰难型意味着沟通双方立场不一致，并且受到资源约束。以上述情境为例，老板并不认为应该对销售人员进行培训，在这种情况下，大多数人都会退而求其次地选择与对方立场一致的方案。

综上所述，运用游说矩阵框架不但可以分析沟通对象的立场和观点，而且可以分析沟通内容的现实条件，使沟通目标更容易被实现，使沟通内容具有更强的可行性。

四、策略比较

在常规写作中，我们或多或少会碰到下列问题：

- "我是不是应该开门见山?"
- "如果我直接一点,对方读了会不会不高兴?"
- "我要写到什么时候才能切入主题?"
- "我要怎么结尾才会恰如其分?"

写作一般有直接策略和间接策略两种基本策略。在直接策略中,沟通重点出现在信息开头,在通常情况下,结论在前,分析在后;在间接策略中,沟通重点放在论据分析之后,通过详细分析推出结论或通过对情况的详细说明导出关键的信息及观点。直接策略与间接策略的比较分析,见表4-8。

表4-8 直接策略与间接策略的比较分析

		直接策略	间接策略
适用条件	沟通内容	好消息、中性消息和信息型消息	负面消息
	沟通对象	喜欢开门见山,直截了当	消极反应较大
	时间限制	时间较短	时间相对宽裕,沟通允许缓冲期
信息结构	开头	简要介绍,主要观点放在最前面	提出中性或肯定的陈述,针对某一具体观点对读者表示认同
	主体	列出支持主要观点的具体论据	说明负面消息出现的具体原因,运用合作性的语气,把坏消息放在具体分析之中,体现同理心;弱化消极影响,引导读者关注后续行动上
	结尾	积极地结尾,表示感谢或祝贺,强调后续的行动方案	与读者建立友好关系,用积极语气结尾,提供可供选择的行动方案

(资料来源:海因斯. 管理沟通:策略与应用:第6版 [M]. 朱超威,熊珍琴,译. 北京:中国人民大学出版社,2020.)

下文将以询问和请求、对询问和请求的积极回答、索赔信、对索赔的积极回复为例介绍直接策略在常规写作中的实际应用,另外,从拒绝询问和请求拒绝索赔要求等方面分析间接策略的运用。

第二节 直接策略

当沟通内容是好消息、中性消息和信息型消息时，例如，当我们想了解某个项目的基本进展情况，或者答应员工的轮岗请求时，可以考虑采用直接策略。当然，直接策略的选择不仅取决于沟通的内容，也要结合沟通对象的偏好和时间要求。

采用直接策略时，开头就要表明写作的目的、沟通的问题或者回复的请求、索赔等，如："由于在数据搜集阶段出现核查问题，您能不能允许我在 9 月 8 日提交调查报告？""根据您的建议，我已与出版商取得联系，所有的版权问题已经落实。""我想确认一下上午发出的产品是否已经送达。"

在主体中，要具体解释原因，重点列出询问的主题，根据对方提出的问题一一做出详细回答，或者列出解决问题的具体细节。假如存在多个信息点，回答时可以根据提问时问题的顺序或者重要程度进行排序。主体部分的写作要特别注意写作重点和逻辑顺序，避免使关键信息淹没在次要信息中。因此，在动笔前，先要将写作的目的和准备沟通的问题详细列出，思考一下："我为什么要写这封信？""假如现在只有 1 分钟的时间，我最想告诉对方什么？""怎么组织观点和安排写作结构，能够使对方注意到重要的信息？"

在结尾中，通常要与读者建立良好的关系，体现积极性。我们要问自己："我应该怎么做才能使读者及时给予回复？""如何才能使读者接受我的请求或索赔？""如何才能使读者更加信任我？"为了达到积极的效果，我们要学会道谢，并且为后续行动提供有效的渠道，如"假如我的文章存在不足，请随时与我联系，我将尽快结合您的建议做出调整""非常感谢您对我们产品的关注和支持！假如您对新的门禁系统感兴趣，请通过邮件跟我联系，我会及时附上产品手册"。

一、询问和请求

让我们重新阅读一下本章开头的两封来信。

尊敬的林老师：

您好！

我是王红。由于今天晚上要参加迎新晚会的表演，组织方通知我们 4 点钟就要集中彩排。因此今天下午只能上您的一节课，就要去集中了。请您同意我的早退。

其实我很喜欢也很愿意听您的课，本来打算在明天下午的课上补回的，可惜明天下午同一时段我们有"社会保障"的课程。我回去会好好看书。希望老师能理解☺

假如您有时间的话，我诚挚邀请您今晚过来东区的足球场观看我们的演出。7点开始。

祝老师一切顺利！

您的学生：王红
2022 年 9 月 28 日

点评：

这一封信件所要沟通的主要问题是"请您同意我的早退"。首先，作者在自我介绍后就直奔主题，提出这个请求，并简单做出解释。其次，读者可能会问："你有没有仔细考虑过可供选择的其他方案，以减弱这次早退所带来的消极影响？"作者预想到读者的疑问，给出了这一问题的答案，同样简单做出解释。这便凸显了"以您为主"的视角，容易获得对方的理解和支持。最后，作者在结尾部分通过"邀请对方观看演出"以期与对方建立良好的互动关系，同时细心地提供了演出的时间和地点，为后续行动提供可能性。

尊敬的林老师：

您好！很高兴您能抽空看我们的邮件。我们是本系学生会的成员。

您知道，我们即将迎来新一届的公共管理学系新生。为了让新成员能够了解我系基本情况，体现本系老师与学子们的真诚与热情，经公管系团总支、学生会决定，特制作一本介绍本系情况的新生小杂志。这需要本系各位老师的支持，望老师写几句寄语或是导语给予新生。当然，林老师您的寄语已提供了给我们，但可惜的是，我们没有系主任的联系方式，因此希望您能提供给我们主任的邮箱，让我们通过邮件的方式告知主任情况和取得主任的寄语，望老师帮忙。等待您的回复。

祝，
安好

公共管理学系团总支、学生会
2023 年 7 月 8 日

点评：

这一封信的沟通主题是"希望您能为我们提供主任的邮箱"。首先，作者在开头部分表示感谢，并简单自我介绍。其次，作者用三句话介绍了"新生小杂志"的意义，以及老师为新生写寄语一事。紧接着作者却表明，读者的寄语已经提供。读到这里，读者很容易提出这样的疑问："你为什么要向我重复上述信息呢？""既然我已经满足了你们的要求，那么你写这封信的目的在哪里？"最后，绕了一大圈，真正的

写作目的在结尾部分才出现。同时，作者在写作中存在这样一个假设，即读者肯定知道主任的邮箱，这一假设却不一定成立。

二、对询问和请求的积极回答

尊敬的李主编：

　　您好！根据您8月1日询问的主题，我对《管理沟通中的受众分析》一文做出以下两处修改：

　　（1）用逻辑回归分析代替原先的相关性分析。

　　（2）在数据分析过程中，加入控制变量的相关数据，如省区的GDP和政府财政收入等。

　　我已将修改后的文章随信附上，请查收。如果还有什么问题，请随时和我联系。

　　此致

王红
2023年8月5日

点评：

　　这一封信回应了读者询问的主题，即文稿的修改情况。在开头，作者开门见山地指出要回复的内容是什么，概括地提到"两处修改"；主体部分采用编号的方式，简单明确地介绍两处修改的大致情况；最后，提醒读者查收附件并为后续沟通打好基础。

三、索赔信

尊敬的陈小姐：

　　您好！

　　您于3月19日发来的300本《管理沟通指南》（发票号C02-9894851）中，有23本书出现破损，使我们无法及时将新书发给学生，对学生的学习造成负面影响。

　　这23本书的封面和正文30页纸张都严重破损，影响正常阅读。

　　我们将通过A快递公司把破损的23本书寄给您。希望您能尽快帮忙更换这批书，并快递给我们。

　　您及时的关注将使我们这门课程能够恢复正常教学。

　　随信附上我们详细的通信地址和联系电话。

　　此致

王红
B大学公共管理学系
2023年8月5日

点评：

这封索赔信在开头写明错误的产品、日期和发票号，简单提及产品出现问题为作者带来的影响。接着，在主体部分详细说明产品问题的细节，列出具体的数据，增强索赔的力量，容易引起读者的重视。最后，陈述作者希望对方如何处理这批出错的产品，并且表达积极的盼望，希望问题能够尽快得到解决。另外，由于考虑到读者快递新书时所需的信息，作者在这封索赔信中附上相关资料，否则在快递前，如果没有通信地址等具体信息，沟通双方需要再次联系，影响索赔处理的进度。

四、对索赔要求的积极回复

尊敬的王教授：

您好！

您在 8 月 5 日的来信中提到 23 本《管理沟通指南》出现破损这一情况，在此请接受我们出版社对您最诚挚的歉意。我们将尽一切努力避免此类事情发生。

我们已经更换了 23 本新书，经过仔细检查后交由 A 快递公司寄给您，预计 8 月 8 日能够送到您的手中，请留意查收。

非常感谢您对我们的信任。我们近期出版了有关"管理沟通"的系列译著，您可能会有兴趣，具体信息详见附件。我们将非常乐意为您提供咨询。

此致

陈兰
2023 年 8 月 7 日

点评：

这封信是对索赔要求的积极回复。首先，在开头简单提到索赔的内容，随后表达歉意，承诺不会再次发生类似事件，让读者感受到出版社在索赔问题上的诚意和信心。其次，交代了对索赔要求的处理情况，"经过仔细检查""预计 8 月 8 日"这些措辞能够反映出版社的认真和效率。最后，作者不仅对读者表示了感谢，还介绍了其他产品，体现继续保持良好合作关系的积极性。

第三节　间接策略

假如现在准备要沟通的是负面信息，如对方被辞退了，或者对方的绩效表现没有达到要求，我们往往会感到难以着笔，不知道应该怎么告诉对方才比较妥当。设想一下,假如有人直接说:"你的绩效表现不好,你得好好反省。"你会有什么反应?或许你会问:"凭什么说我的绩效表现不好?""我应该怎么反省?"因此,我们一般会选择间接策略来沟通这一类问题。

采用间接策略时,开始要中性客观地提出写信的目的,或者围绕某一具体内容对读者予以肯定,再自然而然地带到正题。例如:

- "我是 A 家居制造企业的销售经理。我们已于 8 月 5 日收到您的索赔信。在这里,我先代表本公司感谢您对我们产品的关注。"
- "我们已于 8 月 5 日运用关键业绩指标体系对全公司员工进行绩效考核,感谢您的参与和支持!"
- "贵组织的筹款活动十分有意义,可行性很强。经过本公司的商讨,由于时间冲突,我们无法参与此次筹款活动,但希望将贵组织的筹款请求安排在明年的捐款目录中。"

在主体中,要学会从读者的角度出发,具体分析负面信息出现的原因,强调作者的解决方案以及在此过程中所付出的努力,尽量通过说理和解释让读者认可处理方式。在这一部分,具体详细地交代细节和科学的调查过程有助于增强写作的信服力,避免采用否定性词语评价对方及其行为。例如,在沟通差的绩效表现时,要避免主观评价,而应对每项指标的详细打分情况进行说明,然后提出改进绩效的行动计划。

沟通负面信息时,以积极的语气结尾至关重要。前文详细地说明事件的及时处理过程,或者合理、客观地解释原因,结尾部分尽量避免道歉,而应着眼于继续维持良好合作关系,介绍其他产品或服务。

负面性信函要特别关注"情绪缓冲""有信服力的说理""明确陈述"和"积极的结尾",将"否定"和"拒绝"的消极影响尽量减弱,引导沟通双方将注意力集中在如何解决问题或者在未来继续改进上。

一、拒绝询问和请求

情境:有一个全国性的青年组织打算在 A 公司举行筹款活动,请求得到 A 公司的许可。A 公司准备写信拒绝他们的要求。

尊敬的刘星女士:

您好!

根据您 4 月 10 日的来信,贵组织计划在我公司举行筹款活动。很感谢贵组织对我公司的信任和支持。

按照我公司规定，我们会在每年的 1 月 3 日通过正式会议商讨所有的捐款项目，并在 1 月 15 日前最终确定三个项目。由于今年的项目申请和讨论时间已过，我们无法答应您的请求。假如可能，我们会将贵组织放在公司明年的捐款目录中，希望明年能够与贵组织合作。

随信附上我们公司的捐款章程，希望在明年能与贵组织有进一步的合作。

此致

A 公司总裁　郑康健
2023 年 4 月 12 日

点评：

这封信的写作目的是拒绝青年组织的筹款请求。从写作结构上看，首先，开头简要说明了沟通的主题，向对方表示感谢。其次，具体说明了拒绝的理由，提出明年合作的意愿。在说明拒绝理由时，客观、中性地引用了公司在捐款计划中的时间安排，从逻辑上讲，读者很自然地就能自己得出结论，即"请求无法被通过"。作者把拒绝信息放在公司捐款安排和进一步合作意愿之间，处于低强调点，陈述明确而又委婉。最后，以保持良好的关系结尾，并附上捐款章程作为合作意愿的补充，具有可行性。

二、拒绝索赔

情境：B 公司按客户要求制作了 300 套特殊规格和标志的溜溜球。客户发现这些溜溜球的规格不合适，于是发来索赔信，要求根据常规修改尺寸，或者发送另一套规格的货物。B 公司销售经理不同意客户的要求，因为这批溜溜球完全按照客户要求制作。因此，B 公司销售经理需要写信告知客户，公司将会对溜溜球规格做出修改，但是必须收取费用。

尊敬的周先生：

您好！

非常感谢您购买我们的产品。收到您的来信后，我们根据您所提的问题进行了仔细的调查。

根据调查，300 套溜溜球完全按照合同的规定进行制作。每个溜溜球的直径都比常规大号球小 1 厘米。对于您来信提到溜溜球的规格问题，我们很乐意与贵公司一起面对并解决。经过商议，我们将配合贵公司修改溜溜球的规格，这一过程需要收取一定的费用。至于具体的费用数额，我们可以进一步商讨。

或许您会对我们的新款溜溜球感兴趣，它的旋转功能和耐摔性都有改良。随信附上产品手册，我们将很乐意回答您关于这款溜溜球的任何咨询。

此致

B公司销售经理　林丹
2023年4月9日

点评：

这封索赔拒绝信没有认真分清"谁对谁错"，而是将沟通的重点放在解决问题上。作者客观地陈述了溜溜球的规格问题，随后立刻摆出公司经过商讨后确定的解决方案。在修改费用问题上，作者轻描淡写地做出说明，并且弹性地提出费用数额具有商讨的空间。假如费用数额是确定的，那么作者在这一问题上应该做更多的分析，除了直接提出费用数额外，也可以介绍可供选择的其他方案，例如重新制作一批溜溜球，费用是多少等。这样一来，读者可以根据自己的需求和承受能力选择合适的解决方案。最后，作者离开索赔话题，赠送新的产品手册，表明进一步合作的意愿和展望。

无论是运用直接策略还是间接策略，在写作前，要恰当地分析受众的特点、需求和期望，分析沟通双方的互动关系以及现实约束条件；写作时，要站在对方的角度组织观点和措辞，使用对方能够理解的语言把意思说明白，按照对方能够接受的方式组织措辞和语气；写作后，要学会仔细修改文稿，反复自问："我是否已经把写作主题陈述清楚了？""所提供的信息是否准确无误？""是否便于读者迅速准确地把握主要观点？""这一沟通是否能够收到积极的效果，比如读者与我立场一致？"

信函检查中修改初稿的要点见表4-9。

表4-9　信函检查中修改初稿的要点

主要方面	要　　点
观点	信函的观点或者信息应该清晰。清楚表达期望读者给出怎样的反馈
顺序	可以用广泛使用的开头、中间、结尾的模式来检查观点和段落的顺序
风格	检查段落和句子风格。试着大声朗读信函。剔除不需要的重复，避免使用术语
词汇选择	剔除含糊、陈腐以及作为状语的空话，如"大体上""总的说来"
语调	检查信函的语调。它定位准确吗？这种语调能准确反映你的情感吗？
语法/拼写	检查语法和标点。尽量避免拼写错误，剔除信息中的这种错误
布局	布局看上去有吸引力吗？会让人眼前一亮吗？

（资料来源：阿代尔. 人际沟通[M]. 海口：海南出版社，2008.）

本章小结

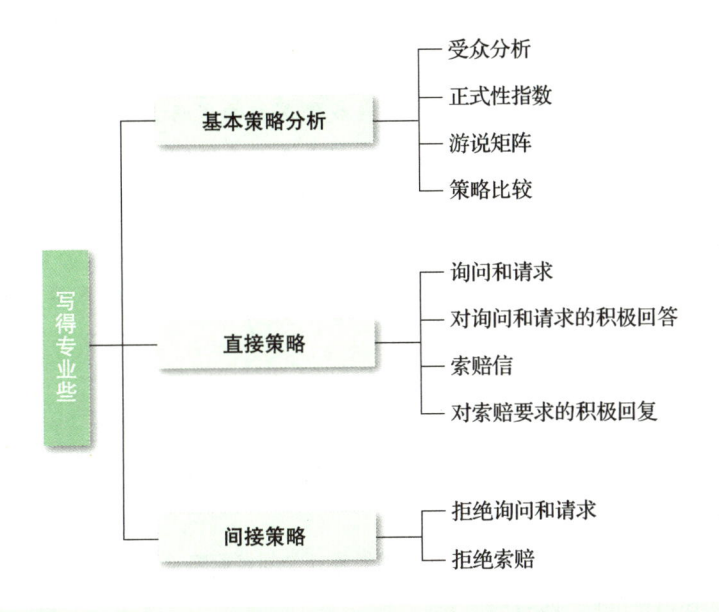

```
                    ┌─ 受众分析
         ┌─ 基本策略分析 ─┼─ 正式性指数
         │              ├─ 游说矩阵
         │              └─ 策略比较
         │
         │              ┌─ 询问和请求
写得专业些 ─┼─ 直接策略 ───┼─ 对询问和请求的积极回答
         │              ├─ 索赔信
         │              └─ 对索赔要求的积极回复
         │
         │              ┌─ 拒绝询问和请求
         └─ 间接策略 ───┴─ 拒绝索赔
```

案例分析

　　2023年4月，为了活跃学术氛围，调动学生积极性，增进师生沟通，公共管理学系准备成立管理大师彼得·德鲁克的研究小组。经过4月23日、27日的面试，22位同学成功加入研究小组，另外14位同学落选了。4月27日晚上面试后，作为研究小组的指导老师，我请公共管理学系学生会学习部的一位同学起草感谢信，准备发给落选的14位同学，写作的主要内容如下：

（1）感谢14位同学的参与。

（2）告知他们没有通过面试这一关键信息。

（3）假如参与面试的同学对我们后期的培训感兴趣，则邀请他们参加。

　　下面是这位同学起草的感谢信。

××同学：

　　你好！非常感谢你对本次我系举办的学术研究活动的大力支持！本次面试，你淡定的表现、充分的准备我们都看在眼里，感动在心间，老师也给予了很高的评价。但是由于人力、物力等资源的限制，同时秉承公平、公正、公开的原则，结合你的表现以及面试时的自我反映，基于充足时间、良好沟通、踏实肯干、团结协作、独特想法、专业基础等方面的要求，我们非常遗憾只能选择部分相对更适合这个活动的同学。但请和我们一样相信：独特的你，坚持下去，都会是最优秀的自己。

另外，源于举办本次活动的初衷是营造更浓厚的校园学术氛围，引领更多的爱好学术的朋友一起学习，一起进步，指导老师诚邀参与本次面试的朋友到场参与培训，只要你有时间有兴趣！时间地点我们会另行通知。

你对本次活动的任何意见或建议都会是我们探索的道路上不可或缺的一部分。相信有你、有我，我们的活动会更成功，公管的明天会更美好！

诚祝，

生活愉快！！！

公管系学生会学习部
2023 年 4 月 27 日

思考题
1. 根据案例中的情境，请运用"以您为主"的视角进行受众分析。
2. 请判断案例中沟通双方的正式性指数。
3. 根据案例中的情境，我们应该采用直接策略还是间接策略？
4. 这封感谢信存在哪些问题？
5. 请运用写作的宏观问题和微观问题，修改这封感谢信。

自我诊断

这是 MBTI 职业性格测试的量表（Psytopic 特别版）。这个量表为我们提供了一个认识自我的框架。请仔细阅读每一道问题，根据实际情况做出选择。

1. 认识你的人倾向形容你为：

□热情和敏感。

□逻辑和明确。

2. 下列哪一件事听起来比较吸引你？

□与情人到有很多人且社交活动频繁的地方。

□待在家中与情人做一些特别的事情，例如说观赏一部有趣的录影带并享用你最喜欢的外卖食物。

3. 你倾向通过以下哪种方式收集信息：

□你对有可能发生之事的想象和期望。

□你对目前状况的实际认知。

4. 你把大部分和别人的相遇视为：

□友善及重要的。

☐另有目的。

5．当和某人分手时：

☐你通常让自己的情绪深陷其中，很难抽身出来。

☐虽然你觉得受伤，但一旦下定决心，你会直截了当地将过去恋人的影子甩开。

6．当与一个人交往时，你倾向于看重：

☐情感上的相容性：表达爱意和对另一半的需求很敏感。

☐智慧上的相容性：沟通重要的想法；客观地讨论和辩论事情。

7．你倾向拥有：

☐很多认识的人和很亲密的朋友。

☐一些很亲密的朋友和一些认识的人。

8．过去，你的爱人倾向对你说：

☐你难道不可以安静一会儿吗？

☐可以请你从你的世界中出来一下吗？

9．当你对一个约会觉得放心时，你偏向谈论：

☐未来，关于改进或发明事物和生活的种种可能性。例如，你也许会谈论一个新的科学发明，或一个更好的方法来表达你的感受。

☐实际的、具体的、关于"此时此地"的事物。例如，你也许会谈论品酒的好方法，或你即将要参加的新奇旅程。

10．你倾向于相信：

☐你的直觉。

☐你直接的观察和现成的经验。

11．在约会中，你通常：

☐整体来说很健谈。

☐较安静并保留，直到你觉得舒服。

12．在第一次约会中：

☐若你所约的人来迟了，你会很不高兴。

☐一点儿都不在乎，因为你自己常常迟到。

13．当你置身于一段关系中时，你倾向于相信：

☐永远有进步的空间。

☐若它没有被破坏，不予修补。

14．你是这种人：

☐喜欢先纵观全局。

□喜欢先掌握细节。

15. 过去，你遇见你大部分的密友是：

□在宴会中、夜总会、工作上、休闲活动中、会议上或当朋友介绍你给他们的朋友时。

□通过私人的方式，例如个人广告、录影约会，或是由亲密的朋友和家人介绍。

16. 你是这类型的人：

□与其活在现实中，不如活在想象里。

□与其活在想象里，不如活在现实中。

17. 哪一项较常见：

□你准时出席而其他人都迟到。

□其他人都准时出席而你迟到。

18. 你偏好：

□事先知道约会的行程：要去哪里、有谁参加、你会在那里待多久、该如何打扮。

□让约会自然地发生，不做太多事先的计划。

19. 你是此类型的人：

□喜欢在一段时间里专心于一件事情直到完成。

□享受同时进行好几件事情。

20. 你倾向如此做决定：

□首先依你的心意，然后依你的逻辑。

□首先依你的逻辑，然后依你的心意。

21. 你倾向从何处得到力量：

□别人。

□自己的想法。

22. 你通常：

□偏向于去想象一大堆关于即将来临的约会的事情。

□偏向于拘谨地想象即将来临的约会，只期待让它自然地发生。

23. 当你参加一个社交聚会时，你会：

□在夜色很深时，一旦你开始投入，也许就是最晚离开的那一个。

□在夜晚刚开始的时候，你就疲倦了并且想回家。

24. 当你不同意密友的想法时：

□你尽可能地避免伤害对方的感情；若是会对对方造成伤害的话，你就不会说。

□你通常毫无保留地说话，并且对情人直言不讳，因为对的就是对的。

25．你倾向比较能够察觉到：

☐当人们需要情感上的支持时。

☐当人们不合逻辑时。

26．若你有时间和金钱，你的朋友邀请你到国外度假，并且在前一天才通知，你会：

☐必须先检查你的时间表。

☐立刻收拾行装。

27．你选择的生活充满着：

☐日程表和组织。

☐自然发生和弹性。

28．你是这种喜欢……的人：

☐下定决心并且做出最后肯定的结论。

☐放宽你的选择面并且持续收集信息。

管理沟通游戏：请点头示意

一、游戏目标

1．培养倾听技巧。

2．认识到反馈的重要性。

3．提高沟通能力。

4．增进团队成员之间的良好关系。

5．解释沟通中的言语技巧及其重要性。

二、游戏程序

主要参与者：2人

时间：6分钟

场地：不限

三、游戏步骤及详解

1．两位同学一组，一人是说话者，另一人是聆听者。

2．聆听者写下一个目标句子（他想让说话者说的句子），如"给我水喝"。

3．说话者不能看到目标句子，只能就任何事情谈论3分钟。

4．聆听者的任务是通过微微点头，让说话者逐渐接近目标，不能发声或做动作。

5．第二轮游戏重复第一轮游戏的规则，两位同学交换角色对话3分钟。

四、问题讨论

1．作为说话者，你是怎样通过聆听者的微微点头来获取信息的？

2．你是从哪些方面来谈论事情的？是否存在一些技巧呢？

3．你认为你与同伴的关系亲疏是否是顺利猜出答案的关键呢？若不是，那又是什么呢？

4．作为一个聆听者，当对方无法顺利猜出答案，你会心急采取一些其他的方式提示他吗？你会觉得只是微微点头这样的反馈不足以很好地使你与同伴得到有效的沟通吗？

5．与你的同伴讨论一下有哪些好的反馈方式能帮助你们有效沟通？

（资料来源：胡巍．管理沟通：游戏 66 ［M］．济南：山东人民出版社，2007．）

第五章　写出成效
Chapter Five

尊敬的宝洁公司领导：

　　你们好，本人为 B 大学大四学生，现正在寻找实习岗位，由于宝洁公司是我心目中最欣赏的一家公司，所以我冒昧地向你们发去这封自荐信，希望能成为你们销售部的一名实习生。

　　在这之前我已经对宝洁公司销售方面的信息加强了了解，同时在大学期间也尝试过各种销售活动，由于本人有耐心且思想相对缜密，一般指定的工作我都能超额完成或者以相对较快的速度完成，绝对不会影响贵公司的正常运营。同时口才方面也可以保证能和同事友好相处。望我能得到贵公司的实习资格，为我事业的开端铺上一条光明的道路。

张明扬
2023 年 4 月 5 日

尊敬的人力资源部负责人：

　　您好！

　　非常感谢您能在百忙之中阅读我的实习自荐信。我从中华英才网了解到贵公司销售部有意愿招聘销售实习生，希望本人所学的专业及积累的实践经验能成为贵公司合适的人选。

　　本人是 B 大学 2020 级市场营销专业的学生，2024 年将毕业涉足社会。在三年的大学生活中，本人积极地汲取专业的基础知识，曾两次获得奖学金，其中一次为一等奖学金。

　　在掌握专业知识之余，我也十分注重社会实践。我在学生会和社团任职期间曾负责起草 12 份学生活动策划书。大三期间，我还曾参与学生《英语周刊》的销售活动，一周内成功地销售出 600 份学生《英语周刊》，占总数量的 1/3。从这次销售经历中，我更加深刻地体会到销售的技巧。

　　此外，我多年来一直都在使用贵公司的产品，如潘婷、佳洁士、舒肤佳、飘柔、旁氏等。作为贵公司产品的忠实消费者，我对贵公司的企业文化及旗下的产品都有一定的了解。

上述的学习和成长使我拥有更加充分的自信承担这一份实习工作。假如能够得到这次机会，我将以最大的热情与负责的态度踏实做好工作。再次感谢您的阅读！

随信附上我的个人简历，请查收。

此致

谢雪玲

2023 年 4 月 12 日

每当我问起："你会听说读写吗？"很多人的反应都是一愣，然后说："怎么可能不会呢？"我再问："你能写得好吗？"有的人开始露出怀疑的神情。还有更多的人在拿着本科毕业证书准备走进职场时，才意识到即便自己在大学四年中苦学专业知识，积极参与实践，但是这些经历却无法很好地体现在个人简历和求职信中。

很多管理者都认为，假如我们能够写出意思明确、措辞简洁而准确的备忘录或报告，我们在工作团队中往往会成为受欢迎的人。虽然不一定因此而晋升，但假如我们的备忘录和报告经常写得很糟糕，却可能因此而使自己的职业生涯停滞不前。

围绕上述经常出现的问题，本章将综合运用前面提及的写作策略，介绍如何写好个人简历、求职信、备忘录和正式报告。

第一节　个人简历

简历是个人经历的浓缩。好的简历不但能够让他人了解我们曾经接受过什么教育、学习过什么专业课程、参与过什么社会实践活动，而且能够让别人从已有的信息中看到我们的能力和未来的潜力。那么，好的简历要具备哪些基本条件？应该如何写好简历？

一、好的简历具备哪些基本条件？

你是否曾经纳闷：为什么经过精心设计的简历一经发出便"石沉大海"？你是否曾经希望得知自己的简历是否具有竞争优势？我们有时对自己制作的简历满意度颇高，但专业人士的评价却不高，实际投递简历的成功率非常低。我们往往花了很少的时间去思考关于什么样的简历才是好的简历，如何制作一份好的简历等重要问题，却花了很长的时间去等待一封拒信，甚至可能是杳无音信的结果。

撰写个人简历存在五个主要的误区，即累赘信息过多、缺乏针对性的求职意向、受教育经历太详细、工作经历填写不全以及自我评价过分自夸。为了打破个人简历中存在的这些常见的误区，下面介绍好的简历应该具备的基本条件。

1. 写作目的明确

我们必须自问：为什么要写这份简历？假如要申请销售经理，那么求职意向确定为"销售经理"，在内容组织上要强调在类似岗位上的任职经历，或者培训、学习的经历，使简历的内容契合岗位的任职资格，在简历筛选过程中增强读者的识别度和关注度。假如要申请一个科研项目，那么就要在简历中突出自己的教育背景、研究经历以及已有的研究成果，为自己能胜任这一工作提供具有说服力的证明。

然而，事实却并不是这样的。很多人在写简历时并没有明确的目标导向，特别是在求职应聘时，简历的求职意向或目标职位常常出现空缺。很多应聘者将同一份简历不加修改地反复运用在不同的应聘情境，没有体现目标性和自己与工作岗位的契合。2022年，中国青年报社社会调查中心联合问卷网对2006名大学生开展职业规划的调查。结果发现，65.9%的受访大学生职业规划清晰，在确定职业目标时重点考虑薪资福利和兴趣志向。95.4%的受访大学生认为大学生制订职业生涯规划存在"纸上谈兵"的现象。

2. 内容翔实，重点突出

有的人抱着"求全"的心态，不厌其烦地在简历中罗列了尽可能多的信息，如年龄、籍贯、性别、身高、体重、民族、婚姻状况、教育背景（从高中到大学）、工作经历和个人爱好等。中央广播电视总台《东方时空》节目与智联招聘的调查报告显示，57.8%的雇主最看重的是社会实践和实习兼职情况，其次是专业和毕业院校。根据前程无忧网的调查数据，工作经历是简历浏览次数高的最主要因素。因此，我们不仅要根据简历的基本结构提供所需的资料，也要关注核心要素。简历结构及其相应的核心要素见表5-1。

表 5-1 简历结构及其相应的核心要素

简历结构	核心要素
个人信息	姓名、邮箱、联系电话
教育背景	不同教育阶段就读的学校、学院、专业、GPA、排名、主修课程、交换经历
实习经历	实习公司名称、起止时间、地点、工作内容
科研经历	时间、研究领域、研究内容、方法、结论
竞赛经历	竞赛名称、获得奖项
荣誉奖项	奖学金、荣誉称号、获奖奖项
技能特长	英语水平、计算机水平、专业证书、专业软件运用、兴趣特长

中国人民大学青年启航发展中心为大学生们提供了简历撰写技巧与指南。其中，在内容呈现上推荐运用 STAR 模型来梳理关键事件：S 指的是情境（Situation），表明这段经历是在什么背景情况下发生、为什么选择参与这个项目；T 指的是任务（Task），在每一段经历中需要写明具体目标和任务是什么；A 指的是行动（Action），针对上面的 S 和 T，阐述自己的具体行动有哪些；R 指的是结果（Result），阐述这段经历的产出、成绩、价值、意义等，最好将结果量化。

另外，我们要学会根据写作目的、雇主期望和招聘广告上的职位要求分析简历中要展现的关键信息。例如，某公司招聘行政主管，职位要求中写明"女性""工作年限为两年以上""在相关岗位上任职超过一年者优先"，那么，与上述职位要求符合的因素就是简历筛选的关键，因此，在制作简历时要相应突出这些关键点。

3. 版面简洁，结构清楚

究竟简历是不是越长越好呢？答案显然是否定的。一项统计指出，每份简历在第一轮过眼时间约为 5~10 秒钟，在第二轮过眼时间约为 30~60 秒钟。我们在写简历时需要结合这一实际情况，简历中的语言要尽量简明扼要，避免口语化，分点表述，凸显核心信息，将简历的篇幅尽量压缩为一页，最多不超过三页。为了做到这一点，我们要提炼主要观点和文字，而不是让读者花大量时间去寻找其所需的信息，避免无重点的流水账。另外，为了突出重点，我们要学会在简历版面上合理空行和空格，使用大标题、缩进、加粗等字体效果，或采用表格的形式展现简历内容。同时，在描述个人受教育程度和工作经历时，我们可以采取时间上倒叙的写法，使简历一目了然。实习经历和科研经历等控制在 3~5 句话。

4. 信息真实可信，尽量量化

2009 年，我国有一项调查表明，30% 的求职者在简历中存在美化事实或者造假的情况。英国教育评估人特许学会（Chartered Institute of Educational Assessors）分析，"随着失业人数迅速膨胀，就业竞争加剧，说谎的动机在不断增强"。欧洲时报 2021 年就报道了德国绿党总理候选人安娜莱娜·贝尔伯克（Annalena Baerbock）因为修改简历而影响竞选的事件。贝尔伯克在简历上称，她担任马歇尔基金会、联合国难民署"成员"。后来简历上"成员"被修改为"（资助）会员资格、定期支持"，表明仅仅是合作关系。"简历门"事件令贝尔伯克支持率陡然下降。德国电视一台的总编辑蒂娜·哈塞尔（Tina Hassel）和奥利弗·科尔（Oliver Köhr）对贝尔伯克进行电视采访。科尔开场就提问："您不是在申请一份酒吧的兼职工作。（修改简历）是否能让民众从您身上看到专业性？"贝尔伯克称其简历修改的行为"非常草率"，并为此道歉，希望重新获得民众信任。她提到："我当时想把自己塑造得比实际更好。我感到抱歉，真的抱歉。"随后承认自己没有对简历仔细查看。两名主持人表示，想知道当前经过修改的简历是否是最终版本，并且持续追问："不会再有新的修改了，就是现在这样吗？"从贝尔伯克的"简历门"事件可以看出，在简历上提供真实可信的信息是非常重要的，简历是别人认识我们并加深了解的窗口，也是个人诚信的重要指标。

经验丰富的人力资源专家往往能够从简历的细节中发现问题，或者是运用背景调查和面试中问题的设计核查应聘者的信息。我们在编写简历时要确保信息的真实性，尽量用数字说话。

例如，有的简历在描述过去的工作经历时写道"我的工作极大地提高了公司的销售业绩"，或者"工作一年来，客户对我的服务都十分满意"，这样的表述抽象，读者很自然会问："你的工作在多大程度上提高了公司的销售业绩呢？"或"客户在多大程度上满意你的服务呢？"因此，经过受众分析，我们可以这样写："将公司的销售业绩提高了35％。""工作一年来，客户满意度都超过98％。"从而使读者在脑海中对我们的工作能力和表现有明确的印象。

二、如何写好简历？

前麦肯锡公司沟通专家、管理顾问德蕾莎·伍德兰（Teresa Woodland）认为，写简历时，"不要只写你在某个职位上所做的事，而是要强调你的影响""你必须问自己：你留下了什么传统？你的故事是什么"。因此，我们在简历中不要只提到"我为公司设计了新的招聘体系"，而是要重点描述"我所设计的招聘体系为公司降低了30％的招聘成本，新员工与岗位的匹配率超过80％"。好的问题往往有助于我们编写简历时理清思路，并且找到强调的重点。

设想一下，假如你准备申请D公司绩效考核专员一职，应该如何写好你的简历呢？

首先，我们围绕下列问题理清思路，提取和整合信息。写好简历的具体要点见表5-2。

表5-2 写好简历的具体要点

		问题	举例
准备阶段	目标工作	1. 我的求职意向是什么？	人力资源管理工作，如绩效考核专员等
		2. 目标职位的要求是什么？	掌握招聘、绩效考核、薪酬管理和培训等相关专业知识和实际操作技巧；沟通能力等
		3. 我希望获得这一工作的原因是什么？	我喜欢学习人力资源管理知识，喜欢与人打交道，这一工作与我的专业和兴趣匹配
	自我评估	1. 我的优势是什么？	熟悉专业知识；沟通能力良好；细心，责任心强
		2. 我做过了什么？	完成大学本科的学业；参与过A市人力资源开发管理服务中心的科研项目；在B公司人事部实习3个月；发表过有关C公司绩效考核项目的调查报告

(续)

		问　　题	举　　例
准备阶段	自我评估	3. 我曾做出什么成绩？	有关绩效考核的毕业论文获得学校优秀毕业论文；连续三年获得一等奖学金；获得学校本科生科研计划项目基金
		4. 我能够为公司带来什么？	协助改进绩效考核计划和其他人力资源管理方案；降低人力成本和离职率
执行阶段	编写简历	1. 明确求职意向	D 公司绩效考核专员
		2. 确定基本结构	教育背景、专业课程、获奖情况、发表论文、项目经历、实习与工作经历、职业技能、个人素质
		3. 尽可能多地罗列信息	以专业课程为例，尽可能多地把大学四年的课程名称与成绩罗列出来
		4. 确定重点	以专业课程为例，在众多专业课程中选择与求职意向相关性较强的专业课程，如绩效考核与薪酬管理（90 分）、人力资源管理（93 分）、人员素质测评（90 分）
		5. 排版	具有"快速浏览价值"的设计，版面简洁清晰
	评估简历	1. 求职意向是否明确？	
		2. 提供的信息是否真实和完整？	
		3. 简历是否反映我具备胜任目标工作的能力和潜力？	
		4. 我的简历是否具有吸引力？	
		5. 读者还想了解其他信息吗？	

其次，根据以上分析思路，我们尝试编写简历的基本框架，如下所示。

王　红

广东省广州 E 大学 1 栋 201 室　　510275
+86（20）7820 - 8428
+86 - 180 - 2521 - 8720
wanghong@ hotmail. com

➢ 求职意向
■ D 公司绩效考核专员
➢ 教育背景
■ 2019 年 9 月 ~ 2023 年 7 月　　　　E 大学
　　　　　　　　　　　　　　　　管理学院工商管理系
　　　　　　　　　　　　　　　　人力资源管理专业
　　　　　　累积 GPA 4. 2/5（2/70）；专业课 GPA 4. 4/5
➢ 专业课程
■ 人力资源管理　　93 分　　　　绩效与薪酬管理　　90 分
■ 人员素质测评　　90 分　　　　管理心理学　　　　95 分

> 获奖情况
- 2023 年　　　　　　E 大学本科生校级优秀毕业论文
- 2022 年　　　　　　E 大学本科生科研计划项目基金
- 2020~2022 年　　　　E 大学本科生一等奖学金

> 论文
- 《平衡计分卡在绩效考核中的运用:以 C 公司为例》,人力资源管理,2023
- 《员工绩效考核指标体系现状分析》,人力资源管理,2022

> 项目经历
- A 市人力资源开发管理服务中心管理模式创新研究,2022
- F 公司人力资源成本调查研究,2021

> 实习与工作经历
- 实习生,B 公司人事部,2023 年 3~6 月
- 实习生,A 市人事局,2022 年 7~8 月
- 部长,E 大学经济学社,2020~2021 年

> 职业技能
- 英文水平

具备良好的英文阅读、写作和口语水平;CET-4 优秀;CET-6 优秀
- 计算机水平

熟练操作 Office 软件和 SPSS、SAS 等统计分析软件

假如你说:"我没有那么多获奖经历,学习成绩也不高,也没发表论文,我能这么写吗?"当我们意识到自己的相对劣势时,这是一个很好的开端。接下来,我们要仔细回忆一下自己做过什么。有没有实习?在实习时的表现如何?有没有很用心地做过一份作业?在完成过程中扮演什么样的角色?仔细回想自己的经历,我们总会发现,只要用心做过,每一段经历都可能变成简历中所能突出的重点。

最后,根据已制定的简历的基本框架,运用具体数字量化,增加材料以充实简历内容。例如,在"项目经历"和"实习与工作经历"中,可以补充材料说明自己对团队工作的影响和发挥的作用,如"独立设计了调查问卷,组织两位团队成员在两天内完成了 360 份问卷的资料搜集工作""在一个星期内独立完成了 2003 年—2009 年的办公室文件归档工作"等。

完成了对简历内容的补充和完善后,我们需要再次仔细检查自己的简历,站在读者的角度思考——"假如我是雇主,我是否会对这样一份简历感兴趣?"尤其是针对简历撰写需要避免的问题,进行反复检查:

- 简历内容是否过分夸大?
- 简历篇幅是否过长?
- 简历风格是否过于花哨?
- 是否犯低级错误?
- 是否存在错别字?

第二节　求职信

求职信，顾名思义，就是我们写给招聘方的信函，针对招聘方的特定要求进行"自我推销"，表示对目标工作的热衷，说明自己是目标工作的不二人选，希望对方考虑我们的求职申请。然而，我们从简单的一封求职信中却总能发现一些有趣且无效的语句：

- 为了展示对目标公司的了解，有的求职信这样写道："贵公司是行业中创新领导者中的领导者""贵公司成立于1998年，在广东省人事厅和广东省劳动厅授权下开展全方位人力资源服务的专业机构，是广东省行业人事服务的模范单位"（大幅引用公司网站上的简介）。
- 为了强调自己的能力和潜力，有的求职信这样写道："我的打字速度如飞""我处理文件非常迅速，以前的上级曾经称赞我的工作是最棒的"。
- 为了体现自己是目标职位的合适人选，有的求职信这样写道："我认为我与贵公司特别有缘，特别适合加入贵公司，因为我的英文名是 Swire，与贵公司的名字 Swire Properties 一样""我过去实习过的 Y 公司的人事部经理常常说，我非常适合在贵公司工作，因此我迈出了这一步"。
- 为了引起目标公司对求职申请的重视，我们常常在求职信中读到这样的语句："我非常渴望在贵公司的市场销售部做实习生，我知道贵公司一向重视人才，希望贵公司能够慎重考虑我的申请""我的整体表现不错，现在已经有多家公司准备聘请我，希望贵公司能够尽快给予我回复"。

类似的问题层出不穷，我们常常会问："为什么就不能多注意一下呢？"可是我们应该注意什么呢？应该如何写好求职信呢？哪些内容应该写，哪些内容不应该写呢？这是本节需要重点解决的问题。

一、如何写好求职信？

设想一下，你作为公司的人力资源经理，急需招聘一位绩效考核专员，当你阅读成千上万份求职信时，哪些信件你看也不看？哪些信件你会快速浏览一下？哪些信件才能吸引你的注意，让你愿意多花10秒钟研究一下呢？

（1）你可能对字迹潦草、通篇错别字或者申请的职位与公司需求不一致的求职信缺乏耐心。此外，你可能对缺乏必要的礼貌或者密密麻麻一页纸、很少空白的信件也很难形成良好的第一印象。可见，求职信的版面简洁清晰、求职意向明确非常重要。

（2）过分吹捧公司的地位和发展空间、过分吹嘘自己的辉煌成就的求职信往往让人读不下去，如"贵公司这几年的发展真是如日中天""我相信我将是所有申请者中最合适、最棒的""我在销售方面有极高的天赋，相信我一定会有一番大作为"等。可见，一份自信并评价中肯的求职信是非常受欢迎的。我们要慎用形容词，客观、准确地评价自己的经历和能力。

（3）你可能会把注意力放在这样的求职信上：

1）求职目标明确。简要说明自己从哪里获知招聘信息、为什么对公司感兴趣、要申请什么职位、为什么要申请这一职位等内容。

2）自我认知清晰。合理分析自己为什么适合目标职位，有哪些经历、培训和技能可以说服别人相信自己的判断。

3）自信并评价中肯。进一步探讨自己相对于其他申请者而言具有哪些竞争优势，体现自己的潜力和发展前景，说明自己能够为公司做些什么。

4）积极行动性。对读者表示感谢，提供详细的联系方式。

5）版面简洁，内容准确。

综上所述，写好求职信的具体要点，见表5-3。

表5-3 写好求职信的具体要点

写作阶段	目标工作	1. 我的求职意向是什么？
		2. 我从何处获得这一信息？
		3. 我对公司和目标职位是否了解？
		4. 是否对公司和目标职位感兴趣？
	自我评估	1. 为什么我适合这一职位？
		2. 我做过什么？
		3. 我具有哪些竞争优势？
		4. 我能够为公司带来什么？
评估阶段		1. 求职目标是否明确？
		2. 自我介绍和认知是否清晰？
		3. 自我评价是否准确、中肯？
		4. 我是否具有竞争力？
		5. 我是否留下了详细的联系方式？
		6. 我是否提示对方查阅随信附上的简历？
		7. 版面是否简洁？是否出现错别字？

二、这是好的求职信吗?

在本章开头,我们看到两封求职信,同样是申请宝洁公司的销售实习生岗位。接下来通过比较这两封求职信,探讨我们在写作时应该注意的方面。

尊敬的宝洁公司领导:

你们好,本人为 B 大学大四学生,现正在寻找实习岗位,由于宝洁公司是我心目中最欣赏的一家公司,所以我冒昧地向你们发去这封自荐信,希望能成为你们销售部的一名实习生。

在这之前我已经对宝洁公司销售方面的信息加强了了解,同时在大学期间也尝试过各种销售活动,由于本人有耐心且思想相对缜密,一般指定的工作我都能超额完成或者以相对较快的速度完成,绝对不会影响贵公司的正常运营。同时口才方面也可以保证能和同事友好相处。望我能得到贵公司的实习资格,为我事业的开端铺上一条光明的道路。

张明扬
2023 年 4 月 5 日

点评:

首先,从这封求职信的第一句话和最后一句话,我们看到的是"公司能够为我做什么",而不是"我能够为公司做什么",如"现正在寻找实习岗位""为我事业的开端铺上一条光明的道路"。招聘方不禁要问:"为什么我要给你机会呢?"

其次,作者无论是对公司信息的了解,还是对自身参加过的活动介绍交代得都不够清晰,如"加强了解""尝试过各种销售活动""超额完成或者以相对较快的速度完成"。类似的表述缺乏说服力,很难让招聘方相信作者能够胜任销售工作。

最后,"绝对不会影响贵公司的正常运营""口才方面也可以保证能和同事友好相处"这类语句有"拍胸脯保证"的感觉,但实际上招聘方希望看到的是作者能够实际做些什么。

尊敬的人力资源部负责人:

您好!

非常感谢您能在百忙之中阅读我的实习自荐信。我从中华英才网了解到贵公司销售部有意愿招聘销售实习生,希望本人所学的专业及积累的实践经验能成为贵公司合适的人选。

本人是 B 大学 2020 级市场营销专业的学生,2024 年将毕业涉足社会。在三年的大学生活中，本人积极地汲取专业的基础知识，曾两次获得奖学金，其中一次为一等奖学金。

在掌握专业知识之余，我也十分注重社会实践。我在学生会和社团任职期间曾负责起草 12 份学生活动策划书。大三期间，我还曾参与学生《英语周刊》的销售活动，一周内成功地销售出 600 份学生《英语周刊》，占总数量的 1/3。从这次销售经历中，我更加深刻地体会到销售的技巧。

此外，我多年来一直都在使用贵公司的产品，如潘婷、佳洁士、舒肤佳、飘柔、旁氏等。作为贵公司产品的忠实消费者，我对贵公司的企业文化及旗下的产品都有一定的了解。

上述的学习和成长使我拥有更加充分的自信承担这一份实习工作。假如能够得到这次机会，我将以最大的热情与负责的态度踏实做好工作。再次感谢您的阅读！

随信附上我的个人简历，请查收。

此致

谢雪玲
2023 年 4 月 12 日

点评：

我们根据求职信的写作框架(见表 5-3)，将第二封求职信的内容一一填入，见表 5-4。这封求职信的内容完整翔实，重点突出，用数字说话，列出了具体的事实以供读者评估和判断，具有较强的说服性。

表 5-4　第二封求职信的写作框架

		问题	第二封求职信
写作阶段	目标工作	1. 我的求职意向是什么？	销售实习生
		2. 我从何处获得这一信息？	中华英才网
		3. 我对公司和目标职位是否了解？	了解目标职位和公司产品
		4. 是否对公司和目标职位感兴趣？	是，认同公司企业文化和产品
	自我评估	1. 为什么我适合这一职位？	专业知识，销售实践，了解公司产品
		2. 我做过什么？	1. 积极学习专业知识 2. 学生会和社团任职，起草 12 份学生活动策划书 3. 一周内销售 600 份学生《英语周刊》
		3. 我具有哪些竞争优势？	1. 市场营销专业 2. 两次获得奖学金 3. 学生工作 4. 英语周刊销售活动 5. 公司产品的忠实消费者
		4. 我能够为公司带来什么？	胜任工作，以最大的热情与负责的态度踏实做好工作

第三节 备忘录

备忘录通常用于组织内部信息的传递与共享,如公司会议的召开、人事的变动、分配工作任务以及项目的进展情况等。信件一般有收件人的具体信息(如姓名和地址),结尾有问候语,在写作前要进行受众分析,通过积极的措辞和语气与沟通对象建立良好的关系。与信件不同的是,备忘录一般更加简明扼要,在格式上包括四个基本要素,即收件人、发件人、主题和日期,备忘录的常见格式见图5-1。

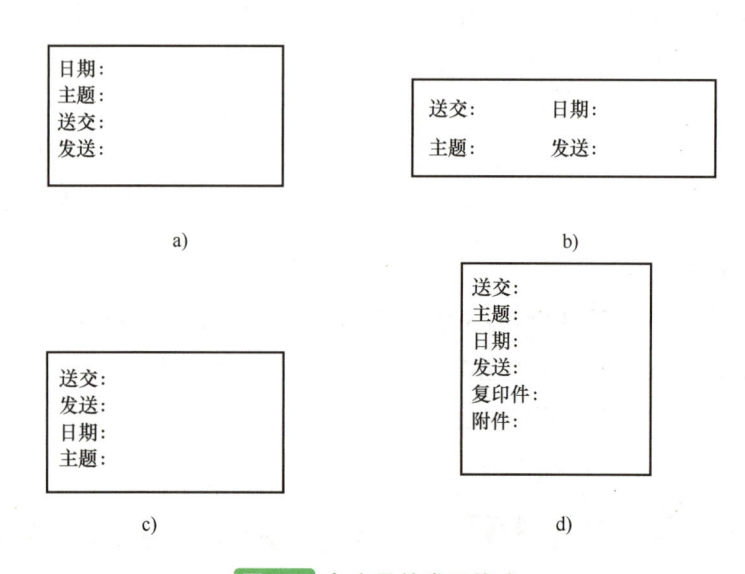

图 5-1 备忘录的常见格式

(资料来源:康青. 管理沟通 [M]. 6版. 北京:中国人民大学出版社,2022.)

一、如何写好备忘录?

一份好的备忘录一般有清晰的主题、重点突出的信息结构、可靠的信息来源和明确的行动计划或看法。接下来,我们根据四个具体的标准探讨如何写好备忘录。

(1)主题清晰。在组织内部,我们每天都会收到各种各样的备忘录。清晰的主题有助于吸引读者的注意力,有助于读者及时处理信息以及加深理解。设想一下,当我们收到一份主题为"绩效"的备忘录时,有的人认为与绩效考核政策的调整有关,也有的人认为是关于新一轮绩效考核开展的通知,还有人想:"该不会是要给我绩效反馈的吧?"为了避免出现这种指代不明的情况,我们在写备忘录的时候,要尽量使主题能够有效概括关键内容，并且意思明确。因此，关于"绩效"的备忘录便会随着主要内容的差异而修改为"绩效考核政策变动""在全公司开展第二轮绩效考核"以及"绩效信息反馈"。

（2）内容明确。我们要参考写作的意图组织主要内容，写清楚备忘录中依次探讨的主要问题或事实是什么、为什么会这样（原因）以及我们应该怎么做（行动计划）。在写作前，我们要从沟通对象策略的分析中界定读者需要知道什么信息、他们可能怎么想、我们的论述是否具有说服力、他们是否会有行动意愿和能力等，备忘录示例如下。

送交：公司所有员工
发送：王红，人力资源部经理
日期：2022 年 12 月 10 日
主题：绩效考核政策变动

　　过去我们一直采用上级定性评价的方式对公司所有员工的绩效表现进行评定。由于原先的绩效考核方式存在考核数据无法量化等问题，公司决定从 2023 年 1 月 1 日起采用新的绩效考核方式，具体变动如下：

　　首先，考核主体不再局限于上级。考核主体包括上级、同事、下级以及被考核者本身。

　　其次，发放新的考核量表，将考核结果数字化。根据不同的考核主体发放不同的考核表，每位考核主体的打分所占权重相同。

　　最后，公司所有员工的绩效考核分数统计由原先的各部门负责，改为人力资源部统一负责和组织。

　　我们希望新的考核政策能够更加科学公正地评价员工绩效，提高工作积极性。如果有任何疑问，请随时与我联系。

（3）信息准确。写作之前，我们必须确认材料的来源，提供可靠的信息。此外，我们还要注意区分事实和个人的看法，避免将二者混淆。

（4）"抄送"谨慎。杰拉尔丁·E.海因斯（Geraldine E.Hynes）指出，抄送名单可能体现政治用途，"管理者可以通过把某些人包括进或排除出'抄送'名单，从而达到保护自己、公开联盟以及表明喜好的目的"。"抄送"一般表示抄送对象是需要或者有权得知备忘录信息的，因此，在组织内部需要谨慎确定"抄送"名单，不随意打乱组织的正式和非正式关系。

二、如何校订备忘录？

写好备忘录之后，我们要对照各维度进一步校订备忘录，见表5-5。

表5-5 校订备忘录

1. 主题是否明确？	主题是否具体？主题是否具有清晰的行动或事实导向？
2. 内容是否清楚？	内容是否重点突出？观点的重要性是否明确？是否具有逻辑性？是否存在专业术语？读者能否读得懂？每一句话是否存在歧义？是否使用过渡词？
3. 内容是否完整？	关键数据、材料或观点是否有遗漏？是否提供了充分的背景材料？是否写出所有必要的看法？
4. 内容是否准确？	数据是否准确？材料来源是否可靠？事实和看法是否区分明确？
5. 是否具有说服力？	推论是否站得住脚？是否作了充分的受众分析？是否提供了解决问题的必要对策？是否合理地使用了论据？
6. 是否简洁？	是否有"快速浏览价值"的文件设计？说理是否累赘？论据是否过多？词句是否多余？
7. 是否具有吸引力？	是否留有足够的空白？是否紧凑、清楚、易读？
8. 是否完美？	是否有排版、拼写、语法等错误导致难以取信读者？

（资料来源：奥罗克. 管理沟通：以案例分析为视角：第5版［M］. 康青，译. 北京：中国人民大学出版社，2018.）

第四节 正式报告

一提到写报告，很多人的第一印象就是长，厚厚的一沓文稿，上面是密密麻麻的字。于是很多人在写报告时倾向于将报告故意写长，好像没有起码十几页就绝对算不上好报告。但是美国第28任总统伍德罗·威尔逊（Woodrow Wilson）却持有不同的看法，他指出，"读过官方文件的人都知道，在长篇累牍的报告中，重要的事实是多么容易被那些看似坦白而无所不说的语句所掩盖"。

报告的烦琐冗长不仅阻碍了我们的阅读和理解，同时也造成了极大的资源浪费。1993年美国国家绩效评估委员会发布了著名的报告——《从繁文缛节到结果导向：创造一个工作更好、花钱更少的政府》（*From Red Tapes to Results*：*Creating A*

Government that Works Better and Costs Less），即《戈尔报告》。该报告显示美国《联邦人事法》850页，推行此法的条例1300页，《联邦人事手册》1万页等。1993年9月11日，克林顿签署第12861号总统令，要求简化规制，将联邦政府的内部规制减少一半。通过这一行动，联邦政府将用于公文汇报的1180万工时削减了83%，节约投资成本40亿~60亿美元、常规成本20亿美元。

显然，报告不是越长越好，也不是资料的堆砌，报告的长短往往以说明情况和解决问题为准。那么，正式报告包括哪些组成部分？如何写好报告呢？正式报告的组成部分见表5-6。

表5-6 正式报告的组成部分

文　前	报告主体	附加资料
标题页	引言	参考书目
扉页	综述	参考文献
传送文件	主体	附录
目录	结论	
图表目录	建议	
简明摘要		

（资料来源：海因斯. 管理沟通：策略与应用：第6版［M］. 朱超威，熊珍琴，译. 北京：中国人民大学出版社，2020.）

一、报告的组成部分及写作

（一）文前

文前一般位于报告的最前面，每部分内容独立成页。文前部分简明地描述了报告的主题、作者和读者的完整信息以及报告的概括性信息，有助于读者快速浏览、对报告的基本内容形成整体连贯的印象。

1. 标题页

正式报告通常以标题页为首页，标题居中偏上。标题页一般只有一行一级标题。假如标题较长，可以分成几行，全部居中。标题必须具有高度概括性，能够完整地反映报告的主题。标题最先出现在读者面前，需要在一开始就向读者传递出报告的深层信息，引人入胜。要使标题起到"画龙点睛"的作用，需要恰当地拟取标题，少用"浅议""刍议""初探"或可能引发歧义的文字。报告通常负载着增加和传播知识的作用，标题需要体现出更多深入研究的学理深度，既要简练又要准确。

2. 扉页

扉页一般由标题、读者和作者的完整信息、日期构成。其中，读者的信息有时可以省略。我们通常以"呈给……"或"为……准备"介绍读者信息。标题、作者信息和日期都居中处理。作者信息包括作者姓名和单位等。扉页中的作者信息会根据报告的用途和任务要求而发生改变。例如，当这份报告是学生调研报告时，作者信息一般包括报告撰写者姓名、年级、专业，以及指导教师的个人信息；当这份报告是科研项目准备报告时，作者信息一般包括项目负责人、报告编写人、单位负责人和提交单位等。扉页的编写示例如下所示。

政府和民众在物质文化遗产保护中认知度调查
——以河源市龙川县为例

报告编写人：王红

单位：A 大学公共管理学系

2023 年 8 月 10 日

---

3. 传送文件

在传送文件中，首先，向读者说明为什么要撰写这份报告，通常用一句话对写作目的做出概括。其次，简述这份报告的主要内容是什么、需要感谢的人有哪些，使读者对报告的整体结构和完成过程有一个大致的了解，有助于其阅读时加深理解。最后，传送文件一般要说明"看完这份报告，我希望你做些什么"，对读者表示感谢或是以期与其建立积极的合作关系。

传送文件构建了作者和读者双方的沟通桥梁。好的传送文件就好像部队里面的口头报告一样，表达简洁明确，如："报告连长，全连早餐前集合完毕，应到 120 人，实到 120 人，请指示！"简单的一句话提供了三个具体信息：①向谁报告？②报告什么？③希望沟通对象做什么？

4. 目录

目录的作用在于通过各级标题和对应的页码帮助读者快速浏览和检索。现代文字处理软件一般都有自动生成目录的功能，操作方便、快捷。目录的编写示例如下所示。

```
                        目 录

一、背景资料 …………………………………………… 1
  1. 学校概况 …………………………………………… 1
  2. 师生概括 …………………………………………… 3
  3. 教育经费概况 ……………………………………… 5
二、组织使命和目标 …………………………………… 6
三、教师绩效考评体系描述 …………………………… 8
  1. 期末评估 …………………………………………… 8
  2. 教务处和教研室的教学检查 ……………………… 9
  3. 学生的教学评价调查 ……………………………… 12
  4. 行政领导和年级组长对教师的定性评价 ………… 15
四、教师绩效考评体系分析 …………………………… 17
  1. 教师绩效考评体系小结和优点 …………………… 18
  2. 教师绩效考评体系存在的问题 …………………… 20
五、对教师绩效考评体系的建议 ……………………… 25
  1. ××中学的教师工作逻辑模型 …………………… 28
  2. ××中学的教师绩效考评体系重建 ……………… 30
六、调查总结 …………………………………………… 32
```

5. 图表目录

假如报告所含表格超过五个，我们一般会在目录以下再编写图表目录，通常是图形目录和表格目录分别列出。现代文字处理软件也有自动生成图表目录的功能。

6. 简明摘要

简明摘要就是对报告内容进行概括性描述。写摘要时尝试换位思考：假设我们自己是读者，文章最大的"卖点"是什么？我们能从文章中汲取什么样的养分？通过阅读摘要，读者在没有通读全文的情况下应能够把握报告的基本内容。例如，这份报告的研究问题是什么？主要的研究方法有哪些？如何进行研究设计？数据来源是什么？得出什么结论，或提供什么建议？摘要的字数限制各异。杰拉尔丁·E.海因斯指出，摘要的篇幅最好"控制在报告长度的十分之一左右"。

[摘要]

在过去二十年的时间里，突发公共事件应急管理合作的问题持续引起应急管理实务界和理论研究者的高度重视。然而，应急管理和合作本身的双重复杂性为管理实践和理论研究提出了大量具有挑战性的重要研究议题。本文对应急管理合作研究的英文文献进行述评，基于合作结构、过程和结果的分析思路考察应急管理合作研究的现状和发展趋势。在系统总结了从组织间关系到网络结构演变的合作结构研究、合作机制和影响因素相结合与互补的合作过程研究、从单一到多重结果指标测量的合作结果研究之后，本文进一步提出应急管理合作的政策建议和未来研究方向的建议。

（资料来源：林蓉蓉. 突发公共事件应急管理合作中的合作结构、过程和结果——基于应急合作的研究述评［J］. 中国行政管理，2021（1）：138-146.）

从《突发公共事件应急管理合作中的合作结构、过程和结果——基于应急合作的研究述评》一文的摘要可以看出，这篇文章的研究问题是"突发公共事件应急管理中的合作问题"，方法是"文献述评"，研究设计是基于合作结构、过程和结果的分析思路对应急管理合作研究的英文文献进行总结分析，数据来源是"英文文献"，得出的结论是应急管理合作研究的三个分析视角的研究现状和趋势分别是合作结构研究是从组织间关系到网络结构演变、合作过程研究是合作机制和影响因素相结合与互补、合作结果研究是从单一到多重结果指标测量的分析。

近四十年来，官员晋升的研究文献层出不穷并呈现出不断深化的趋势，官员晋升研究已成为研究中国政治权力结构及其运行机制的热点议题。本文通过分析1990年—2013年省级领导的教育历史和工作经历，运用事件史分析方法，研究人力资本是否以及如何影响政治晋升过程。研究结果表明，人力资本持续影响省级领导从县处级副职到国家级副职的晋升。就教育水平而言，除省部级正职外，教育水平越高，对晋升的促进作用越大。大专与本科学历对政治升迁的影响无明显差异。就所学专业而言，理工科相对于人文社科的优势主要体现在厅局级副职和省部级副职的晋升过程中。就工作经历而言，党政机关工作年限在晋升到厅局级副职及以下以及省部级副职时对政治晋升产生显著负相关关系。职业类型多样性是一个重要却长期被忽略的晋升影响因素，对县处级正职及以上的晋升都产生显著影响。职业类型多样的官员更容易获得晋升。

（资料来源：林蓉蓉. 人力资本如何影响官员晋升：基于1990~2013年省级领导晋升过程的研究［J］. 政治学研究，2019（1）：16.）

从《人力资本如何影响官员晋升——基于1990~2013年省级领导晋升过程的研究》一文的摘要可以得出，这篇文章的研究背景如下：从研究现状看，"官员晋升的研究文献层出不穷并呈现不断深化的趋势";从研究问题的重要性看,官员晋升的研究"成为研究中国政治权力结构及其运行机制的热点议题"。研究数据是 1990 年—2013 年省级领导的教育背景和工作经历,研究方法是事件史分析方法。研究问题是"人力资本是否以及如何影响政治晋升过程"。研究结论分为三部分:从实证分析的结果看受教育程度、专业背景和工作经历对各级别晋升的影响。

通过上述分析,我们可以进一步了解,摘要不仅是对报告主要内容和分析过程的概括,同时可以帮助读者梳理出报告中的关键要素,从而吸引读者进一步阅读和分析。

(二)报告主体

报告主体是整份报告最重要的部分。有人提出组织报告结构的 4P 原则,即情况(Position)、问题(Problems)、可选方案(Possibilities)和建议(Proposal)。我们参考 4P 原则,建议大家在写报告时尝试问自己下列问题:

- 这份报告的研究问题是什么?
- 围绕这个研究问题有哪些已知的事实?
- 这份报告要实现什么目的?
- 这份报告提出什么新发现?或提供什么解决方案?
- 有没有更好的解决办法?
- 这份报告得出什么结论?或提供什么建议?

另外,在报告主体的写作过程(见图 5-2)中,我们可以结合具体的任务要求和用途灵活调整报告主体涵盖的内容。

报告主体的写作过程

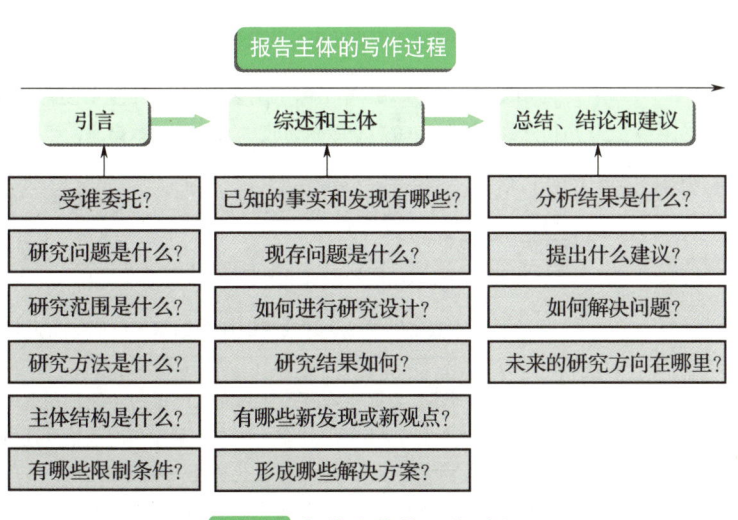

引言 → 综述和主体 → 总结、结论和建议

引言	综述和主体	总结、结论和建议
受谁委托?	已知的事实和发现有哪些?	分析结果是什么?
研究问题是什么?	现存问题是什么?	提出什么建议?
研究范围是什么?	如何进行研究设计?	如何解决问题?
研究方法是什么?	研究结果如何?	未来的研究方向在哪里?
主体结构是什么?	有哪些新发现或新观点?	
有哪些限制条件?	形成哪些解决方案?	

图 5-2 报告主体的写作过程

同样以《人力资本如何影响官员晋升：基于1990~2013年省级领导晋升过程的研究》一文为例，运用图5-2的分析框架进行分析，写作过程见表5-7。

表5-7 报告主体的写作过程示例

一、引言	
1. 研究问题是什么？	人力资本如何影响官员的晋升过程
2. 研究范围是什么？	1990年—2013年1891位省委书记、省长、省委副书记和副省长的职业流动
3. 研究方法是什么？	事件史分析方法，逻辑回归分析
4. 主体结构是什么？	1. 问题的提出 2. 研究假设 3. 数据和方法 4. 研究结果 5. 总结与讨论
5. 有哪些限制条件？	简历编码中可能存在信息缺失的问题
二、综述和主体	
1. 已知的事实和发现有哪些？	1. 经过多年的发展，中国官员晋升机制的研究尚处于不断积累、增加思想碰撞与理论对话的阶段 2. 已有学术积累很扎实，海外学者对中国官员特征与官员晋升的研究起步较早，但中国学者近年来在此领域的讨论更热烈，中文文献多出现在最近10年 3. 经济绩效视角关注的是官员与外部环境互动之后的产出和影响，关系视角关注的是官员与交往者之间的互动，教育视角关注的是官员自身人力资本的积累与竞争优势的形成
2. 现存问题是什么？	中国学术界没有解决下列问题： 1. 对教育背景获得和晋升过程的动态性缺乏充分关注 2. 对教育背景的测量多数停留在二分类变量上 3. 缺乏对职业类型多样化影响的分析
3. 如何进行研究设计？	1. 构建1990年—2013年1891位省委书记、省长、省委副书记和副省长的简历信息数据库和1260位省级领导的"人－年"数据库，产生33223条"人－年"记录 2. 以政治晋升为因变量，重点分析教育背景、专业背景、职业类型数量等对政治晋升的影响 3. 构建从县处级副职到国家级副职的七个晋升模型
4. 研究结果如何？	1. 人力资本在省级领导从县处级副职到国家级副职的晋升过程中发挥重要的作用 2. 教育背景不仅发挥"守门人"和准入门槛的功能，在后续的政治职业发展中仍然持续产生显著影响。虽然大专与本科学历对政治升迁机会的影响基本无明显差异，但无论以高中及以下文化程度一程度还是以大专学历为参照，教育水平越高，对晋升的促进作用越大（省部级正职除外）

(续)

二、综述和主体	
4. 研究结果如何？	3. 就所学专业而言，理工科相对于人文社科的优势主要体现在晋升到厅局级副职和省部级副职的过程中 4. 就工作经历而言，党政机关工作年限在晋升到厅局级副职及以下、省部级副职时对政治晋升产生显著负相关关系 5. 职业类型多样性被证明是一个重要的晋升影响因素，对县处级正职及以上的晋升都产生显著影响。职业类型多元的官员更容易获得晋升
5. 有哪些新发现或新观点？	1. 教育背景、专业背景、党政部门工作年限和职业类型多样性四个变量对政治晋升的作用方式要视具体的行政级别的晋升而定 2. 考虑教育背景、专业学习、工作经历和晋升过程的动态性对于分析干部晋升而言是很有意义的
6. 形成哪些解决方案？	1. 作为甄选标准之一，教育背景往往出现在干部选拔任用和公务员管理的相关政策中，但这些政策提及的通常只是教育背景的基准线。对于受教育程度越高是否对晋升帮助越大这一问题，从制度设计上是得不到明确答案的。专业背景在干部政策中没有提及 2. 干部政策提出实行党政领导干部交流制度，但交流制度的设计目标主要是工作实际需要、丰富领导经验、回避的考虑等，工作类型的多元对积累个人专业知识、治理能力和管理经验等方面的帮助 3. 在干部任用中要进一步考虑教育背景和工作背景的具体要求和标准
三、总结、结论和建议	
1. 分析结果是什么？ 2. 提出什么建议？ 3. 如何解决问题？	对主体部分的主要内容进行概括，不提供新信息和新数据
4. 未来研究方向在哪里？	扩大样本量；比较分析不同历史发展阶段的晋升机制；增加具体工作部门或学校级别对晋升的影响

（三）附加资料

附加资料一般是可选的部分，可以根据报告用途、任务要求和报告的具体内容等方面选择恰当的附加资料。

1. 参考书目和参考文献

参考书目和参考文献要按照标准的格式来编写，要注意排序的标准。在一般情况下，报告必须按照作者姓名首个单词从 A~Z 的顺序进行排序。

2. 附录

附录一般包括访谈笔录和图表等。为了保持主体部分叙述和分析的连贯性，一般把信息含量较多的访谈内容和图表等放在附录部分。附录中的每个图表要单独占据一页的空间，连续编号。

二、修改和校订报告

修改报告贯穿报告写作的整个过程，文本是一种更加正式的表述形态，需要我们反复打磨和修改。王雨磊在《学术论文写作与发表指引》一书中指出，文章的修改源于三点：第一，想清楚与写清楚是两码事。我们要在反复修改中努力克服常出现的词不达意的情况，让文字表述更加精准。第二，自己想的和大家想的是两码事。写作者将观察、思考和研究所得付诸笔端，往往会掺杂个人的主观臆断，这可能使得我们在报告中提供的信息与实际情况有出入，因此我们需要通过修改，特别是同行之间的交流为报告的最终成稿提供更为客观的评判和审视。第三，报告通常要面对一定规范、格式和体例等方面的要求。因此，写作者要端正自己的心态，将修改报告视为正常而必不可少的环节，避免出现面对修改产生厌烦、排斥的情绪，最终影响报告修改的质量。王雨磊进一步指出，"文章至少要有四遍修改：第一遍，看文章的阐述是否完整，即是否把需要讲述的论点、需要引用的材料、需要使用的图标等论述过程都写完整了。第二遍，看文章的表述是否清楚，即在完整表述的基础上，查看这些表述是否清楚明了，是否符合事实，有没有做到实事求是。第三遍，看文章的表达是否到位，即在表述清楚的情况下，看文章的段落、句子是否把原本希望表达的意思都表达到位了，有没有说得过分或不足的地方，是否足够精准、恰当。第四遍，看文章的格式、注释是否规范，是否符合相关期刊的要求。"这放到非学术论文类的报告写作同样适用。

完成报告的主要过程是初步提出研究问题，围绕研究问题进行前期资料的检索准备，同时结合已有研究和发现最终确定研究问题，围绕正式报告的组成部分进行写作设计，最后围绕量表对正式报告进行检查、修改，见表5-8。

表 5-8 校订报告

		是	否
结构和布局	标题页码完整充分地列出来了吗？	□	□
	布局清晰明了吗？	□	□
	结构上任何重要的部分有遗漏吗？	□	□
	报告结构的主要部分顺序最合适吗？	□	□
	标题突出吗？	□	□
	段落编号统一吗？	□	□
	附录清晰并有帮助吗？	□	□

（续）

		是	否
内容	抽象概括（如果包括的话）符合主旨与恰当的陈述吗？	□	□
	简介陈述的清晰度：		
	主题和报告的目的	□	□
	调查日期	□	□
	报告作者	□	□
	报告读者	□	□
	报告范围	□	□
	报告主体部分包括所有必要的事实而没有多余的信息吗？	□	□
	报告主体部分的顺序正确吗？	□	□
	清晰地阐述问题了吗？	□	□
	细节让主题更难于理解了吗？	□	□
	事实的出处清楚吗？	□	□
	结论是根据事实及其解释符合逻辑地推导出来的吗？	□	□
	没有任何理由就将某些可能的方案放弃了吗？	□	□
	词汇、缩略语和符号使用恰当一致吗？	□	□
	存在某部分意思不是很清晰的陈述吗？	□	□
	事实、数据和公式都表述准确吗？	□	□
总体	报告客观吗？	□	□
	报告中的建议可能引起批评吗？	□	□
	报告有效且符合商业要求，能够给人留下深刻印象吗？	□	□
	一个非技术人员能够直接或间接地关注并理解这篇报告吗？	□	□
	有人能够对报告的某处提出合理的异议吗？	□	□
	报告是积极的、有建议性的吗？	□	□
	报告作为明确决定了吗？如果答案是肯定的话，那么是谁做出的决定？谁需要这个决定？	□	□

（资料来源：阿代尔. 人际沟通 [M]. 燕清联合，译. 海口：海南出版社，2008.）

  除了表中较为宏观层面的修改，如结构和布局、内容和总体之外，我们在校对报告时也不能遗漏小细节，如文字错漏、词语错误、语法错误、数字规格错误、标点符号错误、常识错误和体例错误等。写作者往往会聚焦于报告主体部分，但是对于此类写作细节却疏于关注。但我们要认识到，人类大脑有强大的能力，它可以在阅读和写作过程中自动脑补，导致我们出现错漏而不自知。因此，建议我们把报告的校对稿打印出来逐字逐行校对。

此外，为了检查英文报告是否简洁易懂，美国的罗伯特·加宁（Robert Gunning）发明了福格指数（Fog Index）。其具体的计算方法是：

（1）选取半页或一页文本（至少100个单词）。

（2）数一数有多少个单词（A）。

（3）数一数有多少个句子（B）。

（4）将A除以B，计算得出句子的平均长度（ASL）。

（5）数一数有多少个三个音节或以上的单词（复杂词）（C）。

（6）将C除以A，计算得出复杂词的百分比（PHW）。

（7）将句子平均长度和复杂词百分比相加后乘以0.4，得出福格指数，为

$$福格指数 = 0.4 \times (ASL + PHW)$$

当文章的可读性最强时，福格指数等于7或8；福格指数大于12表示对于绝大多数人而言，这篇文章难以读懂。福格指数越低，表示越多人能够读懂。

撰写英文报告时，我们可以先简单计算福格指数，再进行受众分析，当福格指数偏高显示可读性偏低时，可以尝试多运用短句，以短单词代替长句和复杂词，使表述更清楚，更容易读懂。

本章小结

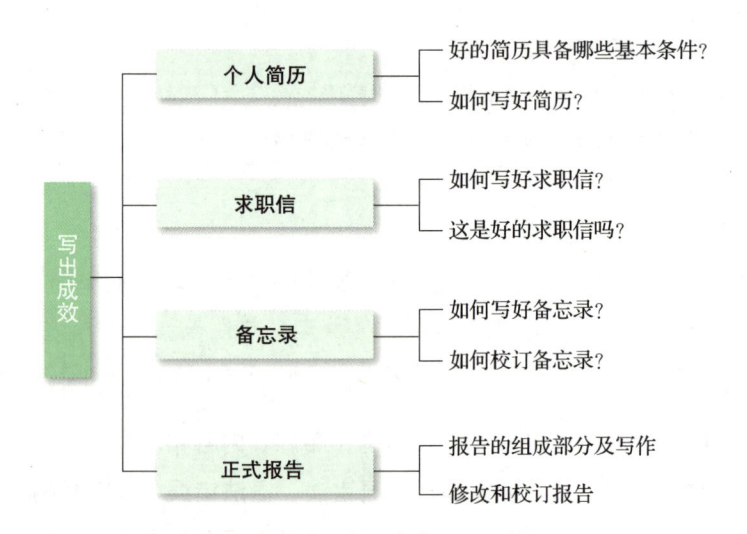

写出成效		
	个人简历	好的简历具备哪些基本条件？ 如何写好简历？
	求职信	如何写好求职信？ 这是好的求职信吗？
	备忘录	如何写好备忘录？ 如何校订备忘录？
	正式报告	报告的组成部分及写作 修改和校订报告

第六章　有效地说
Chapter Six

盛夏的某一天，我正准备从行政楼走出来，看见一位穿着唐装的女士从斜对面走来。我微笑地向对方点头，轻声说："您好！"对方也微笑地回了一句："您好！"接着，我们一起走出行政楼。我应该和她说些什么好呢？这时，骄阳似火，当我撑开遮阳伞却发现她没有带伞，便决定将"伞"作为开场白。于是，我询问道："天气挺热的，您没带伞吗？"说话的同时我将遮阳伞往她那边移了移。对方笑着答道："没关系，我是故意的。办公室坐久了，晒晒太阳不错！"承接这一句话，我们开始谈到各自的工作。后来，我了解到这位穿唐装的女士是一位教龄颇长的英文教师。她说："我是教英文的，但是却穿唐装，是不是很突兀呢？"我微笑地望着她说："依我看，这不显突兀，反倒是'冲突美'。""冲突美，冲突美……"她笑呵呵地重复了两次，并轻轻点头。由此我猜想——她或许认同这一说法。接着，她突然回了一句："好像有一位教授也是教英文的，还留着个辫子呢？呃……是……是……"她想了一会儿还是没想出来。这时，我补充了一句："好像北大的辜鸿铭也是这样的。"她赶紧接着说："对！对！就是北大的辜鸿铭。"

围绕"北大的辜鸿铭"这一信息点，不同的人可能有不同的表达。例如：
（1）"不就是北大的辜鸿铭吗？"

对方可能回答："对！就是北大的辜鸿铭。"这一对话在探讨关键信息的同时附加了这一效果，即"你忘记这个信息，是我告诉你的"。

（2）"你说的是北大的辜鸿铭吧？你忘啦？"

对方可能回答："对！是啊，我忘了。"或者是："哦，是。"这一对话明确说明并强调"你忘记这一信息"。

（3）"是吗？那很有趣啊！你现在教哪个年级啊？"

当沟通双方都无法想出问题的答案时，这一回应有利于开辟一个新的沟通话题。对方可能回答："我教大三。"接着，我们可以探讨学生的特点、教学评估、英文四六级考试，甚至是实习和就业的现状等。

但是，当我们知道问题的答案，而且对方喜欢追根究底时，转移话题并不一定能够起到良好的沟通效果。因此，情境中"好像北大的辜鸿铭也是这样的"这一回答恰好能够避免直接指出对方对这一信息的遗忘，通过对方对信息的确认，"让想法变成是她自己的"表达出来，能够有效地解决问题。

究竟什么才是有效地说话？是伶牙俐齿，口若悬河，还是所谓的"见人说人话，见鬼说鬼话"？沟通的黄金定律指出，良好的沟通就是用对方喜欢的方式对待他。通俗地说，有效地说话就是用对方喜欢的方式说对方能够接受、理解并且感兴趣的话。台湾著名的主持人蔡康永在《蔡康永的说话之道》一书中提到，我们可能："因为说话谨慎而成为一个谨慎的人；或者因为注意说话的品位而成为一个有品位的人；或者，因为训练自己好好倾听，而终于变成一个善于站在别人的立场想事情的人。"我们说什么话，怎么说话，常常能够反映我们如何思考和为人处世，代表着我们是什么样的人。因此，我们研究如何有效说话的同时也是在探讨如何成为一个能设身处地为别人着想的人、一个能为别人带来愉悦和轻松体验的人、一个广受欢迎和讨人喜欢的人。

本章从说话时常见的心态说起，端正说话的心态，理解说话的意义，使说话变成轻松、愉悦的沟通方式。接着从"说什么"和"怎么说"两方面探讨如何有效地说。最后从微观的角度分析五种说话技巧，包括赞美、说服、批评、拒绝和认错。

第一节　说话时常见的心态

林老师：

您好！

学习您所教学的《管理沟通》都有10周了，真的受益匪浅。不过，我自己感到很遗憾，这说长不长，说短不短的10周里，我竟然还是没有勇气举起手来回答问题。这同时给我带来了很大的困惑。

从小到大，我都很怕回答问题，很怕在别人面前表现自己。每次一听到自己的名字被点中，就会突然觉得心跳加速，脸很快就红了，就算被点之前的思路已经理顺了，站起来还是会很快忘记。我不是个脑子转得很快的人，通常站起来了还不知道说什么，要停顿一段时间才能想清楚，对此，我常常感到很烦恼，究竟自己要怎样努力才能像其他同学一样能够在课堂上侃侃而谈呢？

打扰您了，希望您能给我些建议，谢谢！

祝您工作顺利，身体健康！

您的学生上

收到类似邮件很多次，我发现许多沟通问题都源于心态，有的人一说话就忐忑不安，脸红心跳；有的人则不知道说什么，怎么说；也有的人害怕冷场，于是拼命地把谈话的时间用空话、套话填满，却忽略了沟通对象的感受。因此，本节将从四种常见的沟通心态出发探讨说话的障碍。

一、不敢说

甲："我面对三个以上的人说话就紧张，心里像揣了个小兔子，脸发烧、全身出汗。如果面对的人更多，我说话的声音都打颤儿。"

乙："我平时说话声音挺大的，可当着许多人发言时声音就特小，喉咙发紧，而且不是看天就是看地，反正就是不敢看大家。"

丙："让我写个总结，写个报告，一点不费劲，而且条理清晰，就是别让我说话。在台下想得好好的，只要一上台，立刻语无伦次，越想说清楚越说不清楚，越说不清楚越着急，一着急准卡壳。所以单位开会我都尽量不发言，省得丢人。"

丁："我当众发言不能超过三句话，一超过就浑身不自在，要么捋头发，要么抻衣服，要么推眼镜。同事们说我一发言就像得了多动症。"

（资料来源：中国医药报，有改动。）

史蒂芬·R.柯维（Stephen R.Covey）在《高效能人士的七个习惯》一书中提到的第一个习惯就是积极主动。积极主动的人善于想办法解决难题，不拖延、不抱怨，对于出现在自己身上的问题会主动通过改变自己的行为去掌控人生，例如，养成好的习惯、变得更加自信和自律、改掉拖延的毛病等。但我们只有正视自己不够积极主动的事实，剖析背后的原因，才能更好地克服它。学生时代，我们可能都有不敢举手发言，一想到要发言就心跳加速、呼吸困难的经历。当还是职场新人时，我们可能害怕办公电话铃响，害怕向上级汇报工作进展，害怕打电话向同事和生产商等咨询问题。我们时常接触到"天不怕地不怕，就怕上台去讲话""台下是条龙，台上是条虫""有熟人不敢说话，没有熟人却敢说话""说完话总是感叹自己发挥不好"的情况，那么，我们为什么不敢说、为什么在说话时会紧张呢？

1. 不敢说主要源于我们过分在意说话的效果

对说话效果的过分在意会外在地表现为人多时紧张、不懂时紧张，或者是场合越重要时越紧张。从心理学的角度看，这种现象的主要原因是我们在追求完美的倾向上预测自己的表现，对不满意的状态表现出沮丧和畏惧的心理。

我们通常会担心——"如果我答错了怎么办？""上级会怎么看待我的表现？"

"我能把意思表达清楚吗？""我能否留下很好的第一印象呢？""他们是否认可我的看法？""我这样提问会不会很没深度？"我们把注意力放在"说话后别人的反应会如何"这一问题上，即可能会"答错"：

- "上级会更加认为我能力很差，而且上班时间在偷懒。"
- "无论我怎么解释，对方都听不明白。"
- "面试官可能认为我根本不适合应聘的岗位。"
- "他们不会赞成我的说法，而且会认为我考虑问题不够全面。"
- "他们会觉得我提出的问题很没深度，根本不屑于回答。"

一想到这些后果，我们就开始恐惧和紧张，从而就想到"我如何才能承担这些后果"。从这些心理活动可以看出，我们的关注焦点已经发生了转变，从"说话前如何准备""说话时如何表现"转移到"说话后产生什么效果"上，对负面效果的预期往往把我们吓到不敢开口说话。

2. 当我们对情境和沟通对象缺乏充分而准确的把握时往往不敢说

例如，与陌生人交谈时，由于不清楚对方的生活背景、沟通习惯和爱好等信息，我们可能会不知所措，词不达意："我和他谈论 NBA 球星是否合适？""他是否对综艺节目《康熙来了》感兴趣？""如果我请她一起去看电影，她会不会拒绝我呢？""我跟她聊天气，她会不会觉得我无聊？没话找话说？"我们常常对不熟悉的情境和沟通对象感到无所适从，缺乏足够的安全感。

但是当我们遇到比较熟悉的沟通对象时，情况就大不一样了。我们敢于开口说话，即便找不到合适的话题，也会选择问一句："你吃饭了吗？""你要去哪里？""最近天气好热啊！"更具体一点，我们会问："快开学了吧？""最近工作还忙吗？""主管最近还刁难你吗？""昨晚看了吗？金马奖影帝是谁啊？"因为熟悉，我们可以放松心情地谈论所有话题；也因为熟悉，我们可以轻松结合受众本身的特点选择合适的话题。相反，陌生的情境和沟通对象对于我们来说就像一个巨大的谜团，我们不知道说什么合适，怎么说合适，于是，我们选择隐藏自己，不多说。

3. 当我们与沟通对象在社会地位上存在差距时也不敢说

例如，上下级关系会让我们不能轻松表达。

如何才能克服"不敢说"这一问题呢？首先，要意识到"不敢说"是普遍的现象。美国的一项权威调查显示，95%的人当众说话会紧张，5%的人因为紧张而从来不敢当众说话。《天府早报》的记者曾对教师、公务员和医生等人士进行小范围的调查发现，九成以上的人在陌生环境时有不适感。其次，在了解了"不敢说"的根源之后，我们要学会转移关注的焦点，学会将注意力集中在"如何说"上面，用心准备说话的内容，在沟通之前多做受众分析，沟通时仔细观察受众的反应，灵活调整说话的内容和方式。

面对"不敢说"的困境，我们除了学习有效沟通的基本和常规技能之外，可能还需要对症下药，更有针对性地破解这种沟通障碍。例如，我们可以仔细回忆自己在沟通中出现的"不敢说"的具体情境，回想一下是在什么年龄段、什么场合、什么人面前、因为何事、在哪个沟通阶段、沟通了哪些具体内容而出现的情况，挖掘出"不敢说"背后的细节和具体原因，以过来人的心态重新审视或许认为这也没那么可怕。若是基于对沟通能力不足的担忧，那么我们也可以下定决心补短板，提高自己的语言交际能力，从而收获更多的自信。

"不敢说"的对立面可能是直来直往、有话直说的"直肠子"。我们在沟通时追求信息准确和充分，但这并不意味着推崇"有话就直说"。有时候正因为这样的沟通理念而引起别人的不快，产生心理芥蒂，甚至爆发激烈的争执和冲突，破坏和谐的沟通氛围和双方的关系。有的人喜欢在沟通前先声明："我是'直肠子'，有话就说，说错了请大家别放心上。"好像自己做了如此声明，别人就会无限包容他们的畅所欲言。事实上，口无遮拦也会招人烦或得罪人，引起别人的误解，造成别人的尴尬，伤害别人的自尊心。尤其是当需要指出别人缺点和不足的时候，当双方关系比较生疏时，更需要注意把握分寸，多观察，少说话。

二、自我

仔细回想一下，你是否有过下列经历：

> - 当你做生意惨赔 100 万元，心情十分沮丧时，朋友一见面聊的就是自己最近买到一件称心如意的新裙子，服装店老板娘如何称赞她穿上这件裙子摇身变成了小公主。
> - 当你刚刚拖着疲惫的双腿从公司回家时，一推开门，女朋友絮絮叨叨说的是今天逛街时被某个人多瞄了两眼，逛了一天街的双腿如何酸痛，做晚饭时洋葱多难切等。
> - 当你因为演讲比赛突然忘词，不得不当众下台而难受时，好朋友谈的是今天自己脸上多长了两颗痘痘。

在现实生活中，我们很难避免脱离自己去看待周围，考虑问题会习惯从自我出发，假定自己知道的别人也知道，自己喜欢的别人也会喜欢，进入"自我锚定"的状态中。但如果我们过度关注自己，就可能影响沟通效果和人际关系。许多人聊天时总想聊自己，为什么会这样呢？

（1）我们最熟悉并且最有把握的是关于自己的话题，例如，"我最近在忙什么?""我的心情如何?""我最喜欢看哪一本书?"对于这样的话题,我们不用担心被拒绝、被否定或被驳斥。

(2)许多人把现实的沟通交流当作宣泄情绪的一种方式,无论是生活和工作中的狂悲狂喜,我们乐于找人倾诉。一旦开始沟通,我们便倾向于交流近来发生在自己身边的事情以及体会到的感受,谈论较多的也就是"我最近心情郁闷极了""我的上司真的很奇怪"或者"我最近倒霉透了"等。每句话几乎都围绕着自己而展开。我们习惯从自己的角度出发考虑问题,缺乏换位思考的能力;我们喜欢在沟通时掌握话语权,在别人谈话时一直思考自己的问题,等待时机随时插话。沟通无法有效地体现双向互动的特点。

那么,我们如何尽量避免在说话时以自我为中心呢?

(1)我们要学会尽量少说"我",多说"你"和"我们",学会从对方的角度说话,这能够帮助我们从他人的角度去提问和思考。因为"我"字出现的频率太高,无形中会为自己塑造一种标榜自我的负面形象,对方在心里也会很自然地想:"这和我有什么关系呢?"而"你"字能够更为有效地吸引对方的注意力,获得更多积极的反应。沟通的意义在于信息的充分交流,消除彼此的盲区,拓展双方的共识区。多用"我们"则能够更好地将单方面的问题转化为双方需要共同解决的问题,拉近沟通双方的距离。多年前《福布斯》杂志刊登过的《良好人际关系的一剂药方》一文认为,交谈时最重要的五个字是"我以你为荣",最重要的四个字是"您怎么看",最重要的三个字是"麻烦您",最重要的两个字是"谢谢",最重要的一个字是"您",而最次要的一个字是"我"。

(2)我们要学会倾听,听清楚对方说的内容,表现出强烈的兴趣,并且多提开放性问题引导对方多说。通过反复的练习,我们与他人沟通时容易在感情上达到共鸣和理解,成为受欢迎的沟通对象。

在沟通的技巧和理论中,有一个经典的模型是"乔哈里视窗"(Johari Window),也被称为"自我意识的发现—反馈模型"或"信息交流过程管理工具",最初是由乔瑟夫·勒夫(Joseph Luft)和哈里·英格拉姆(Harry Ingram)在20世纪50年代从事组织动力学研究时提出的。根据这个理论,人的内心世界被分为四个区域:公开区、隐藏区、盲区、封闭区,如图6-1所示。公开区是自己知道、他人也知道信息的区域。在公开区中,信息是彼此都知道的,能够开诚布公地共享信息,沟通往往处于最佳状态。隐藏区是自己知道、他人不知道信息的区域。这一区域的信息包括没法说的、不好意思说的和忘了说的三类信息。因为时常出现"我以为你知道""我觉得你应该知道"等"以己度人"的现象,以为对方必然知道的沟通会带来深层次的误解和信息沟通不畅。盲区是自己不知道、他人也知道的区域。这样的沟通可能给自己带来怀疑和尴尬。封闭区是自己不知道、他人也不知道的区域。面对这四类沟通区域，我们每个人追求的是不断扩大公开区，一方面通过自我揭示与他人分享信息，另一方面通过恳请反馈，主动征求让对方给予自己真实的反馈。针对隐藏区，我们可以选择沟通双方都容易接受的"策略资讯开放点"来进行交流，使得"策略资讯开放点"逐渐向公开区延伸。在盲区，我们通过反馈了解自己的盲区。在封闭区，我们发掘潜能，提升自我价值。

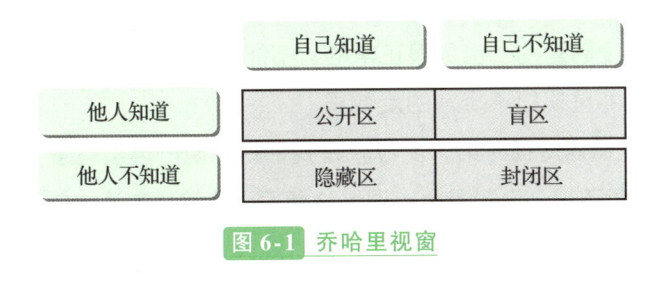

	自己知道	自己不知道
他人知道	公开区	盲区
他人不知道	隐藏区	封闭区

图 6-1　乔哈里视窗

三、害怕冷场

仔细回想一下，你是否有过这样的经历：

> - "我每天都和宿舍几个女生一起上学放学，可是我们已经从学习、日常娱乐、体育锻炼聊到小卖店、食堂，连未来的计划也聊过了，有时聚在一起说话就冷场，我应该怎么办？"
> - "如果同事们去 KTV 还行，起码还有音乐很大声地烘托气氛，不至于相对无言。我最害怕部门集体旅游了，一路上不知道该聊点什么合适，沉默又觉得尴尬，无奈之下只好常常掏出手机假装发短信、接电话。"
> - "为什么几个人聚在一起，一安静下来，我就浑身不自在，甚至感到有压力，好像非得说话才正常似的，我总是得一个接一个地拼命找话题，害怕谈话中断。"
> - "有时想起已经很久没有给朋友打电话了，想要拨电话问候一声，可是又害怕问候完不知道要聊些什么。"

上述心理活动在日常沟通中并不少见。日本的著名推销员和成功教育专家青木仁志在《青木仁志的说服力》一书中提到，成为一流推销员的法宝之一是战胜冷场的勇气。他通过比较两种不同水平的推销员说明对冷场的畏惧常常使我们忽略了更为重要的信息。一流推销员会注意结合顾客的言语和非言语信息成功做到双向互动，会留意对方的反应。而二流推销员完全没有这种倾听和观察的意识，只会拼命地介绍产品，结果完全不知道自己在说什么，也不知道顾客对自己的推销是否感兴趣。

如何才能克服对冷场的恐惧呢？

（1）我们必须认识到适当的安静和沉默有时更有利于沟通，特别是感情上的交流。设想一下，你和一位好朋友相对而坐，安静地品茶，皎洁的月光洒下来，特别轻柔。这时，加入第三个人，他刚坐下就絮絮叨叨。你会有什么感受呢？你可能不会觉得之前的安静是尴尬，反而认为谈话扰乱了安静，很多余。电视剧中相爱的男女主角久别重逢的那一刻，常常是两个人静静地凝视着对方，镜头特写双方的神情，特别是眼睛，许久才问一句："你过得好吗？"这时，观众该哭的早就哭了，悬着的心也放下了。在长时间的安静中，观众才有空档感受男女主角的深情。因此，别把冷场当作一种错误。沉默是没问题的，也是很正常的。不能因为沉默带来了压力就非得随时找话题，这样反而可能呈现口不择言的反效果。

（2）许多人在遭遇冷场时第一反应就是找话说，说一堆没有意义并且可能适得其反的话，最后还疲惫不堪。为了避免出现这种情况，我们在沟通之前要明确沟通的目标和受众的特点，把握说话的节奏。同时，要随时观察对方的沟通兴趣和期望，当对方还有继续交流的欲望时，我们可以多提问，让对方多说；当对方表现出"我想静一静"时，我们可以安静地陪着对方。正如法国16世纪人文主义思想家米歇尔·德·蒙田（Michel de Montaigne）所说的，"沉默较之言不由衷的话更有益于社交"。

四、害怕被拒绝

在日常生活中，当人们被他人拒绝时，不同的人对拒绝往往产生不同程度的反应，有些人可能可以很好地理解和处理这样的事件；而另一些人对他人的拒绝会产生过度的情绪及行为反应，甚至将他人模棱两可的行为也当作拒绝，从而影响人际交往。这种差异就是拒绝敏感（Rejection Sensitivity）。拒绝敏感的个体往往会在人际交往中自动化被拒绝的预期，并在人际互动中形成自验预言（Self-fulfilling Prophecy），例如，张三是个拒绝敏感的人，虽然他可能想跟他人主动交往，但由于担心自己会被拒绝，他往往会对他人表现得很冷漠，那么别人反过来也会对张三很冷漠，因此，张三的预言就会自我应验，他的拒绝敏感就被进一步强化，那么，这个恶性循环就会持续进行。

（资料来源：张莹瑞，李涛. 拒绝敏感的认知与神经机制 [J]. 心理科学进展，2013，21（11）：1939–1948，有改动。）

大多数人都会害怕被拒绝，在沟通中也不例外。例如，我们在沟通时，会出现以下想法："如果我和他打招呼，他爱理不理，怎么办？""我不敢向她表白，因为我害怕听到她对我说'我们不合适'。"为了避免被拒绝，许多人选择不主动沟通，如不主动和他人问好、不打电话咨询问题、在工作中不积极提建议或表达个人看法。心理学认为，对拒绝的恐惧可能来自以下两方面：

（1）"被拒创伤"。假如我们的生活中到处都能听到禁止性话语，如"你不许以这样的音调说话""你不能在中午看电视"等，逐渐地，我们就会对"不"特别敏感，变得特别服从权威和遵守纪律，或是特别敌视权威。

（2）自尊心强，高度在意别人的反应，过分依赖别人的认同。别人的拒绝几乎等同于对自己的绝对否定。例如，当和别人打招呼却没有得到回应时，有人可能想："为什么他没有回应呢？是不是因为我刚刚说话太小声了？或是我刚刚用词不当？还是因为我的能力太差了，他不屑于和我成为朋友？"假如和别人沟通后常常存在这样的想法，我们可能就会因为害怕被拒绝而放弃沟通。

那么，如何才能正确地对待沟通中的拒绝呢？其中最重要的一点就是更新自己的观念，正确认识"被拒绝"。销售界有一句名言："成功就是从拒绝开始的"。连续12年获得《吉尼斯世界纪录大全》世界销售第一的宝座、美国著名的汽车销售员乔·吉拉德（Joe Girard）每天都遭遇着顾客的拒绝，但是他却有着不同的销售智慧。当吉拉德第一次推销刷漆服务遭拒时，他也曾经沮丧、失落。但是他的父亲告诉他："虽然被拒绝了，但是你太棒了！你已经开始赚钱了！"为什么呢？他的父亲指出，无论顾客是接受或拒绝我们的产品，假如我们将最后的获利平均分配到每一位顾客头上，我们就能看到，我们实际上从每一位顾客身上都赚到了钱，因此我们也就不会因为顾客的拒绝而感到灰心、失望。

因此，我们要看到被拒绝是普遍的现象，在面对拒绝时，应该随时转变自己的心态和态度，让自己看到拒绝背后的收获。

第二节　如何有效地说

以下是我与朋友的一次对话：

朋友："你知道中国著名的翻译家有哪些？"

我："我对此了解不多，现在只记得傅雷、杨宪益。"

朋友："就两个？我听说还有王道乾、查良铮。"

设想一下，假如你是我，听完第二句话，你有什么样的感受？我就这个问题请教了很多人，大多数人的反应是："既然你知道，你还问我做什么？"也有人赌气说：

"我就知道两个，怎么样？"显然，从第二句话"就两个？"的反问传递出一种信息——这是一个小测验，而不是简单的询问。

从这个例子可以看出，为了更加有效地说话，我们不仅要强调说什么，也要关注怎么说，包括声调和音量等。更进一步说，无论"说什么"和"怎么说"，我们都要学会站在对方的角度考虑问题和组织语言。沟通不但是我们说了什么，而且是沟通对象理解了什么，也就是说，说话的效果很大程度上取决于沟通对象理解的信息。例如，你对朋友说："如果有什么需要，我可以帮你。"朋友 A 的理解是你很乐于帮助他，为他着想，于是他会微笑地感谢你。朋友 B 的理解是你看不起他，你认为他的能力差、需要别人帮忙，于是他不但不会接受你的关心和帮助，还会生气地说："不用你多管闲事！"

说话是一门大学问，需要用心揣摩和体会。现代管理之父彼得·德鲁克（Peter Drucker）指出："一个人必须知道该说什么，一个人必须知道什么时候说，一个人必须知道对谁说，一个人必须知道怎么说。"

一、说什么

我们从管理沟通策略的分析中明白，沟通目标、沟通主体以及沟通对象对信息策略的确定具有重要的影响。一般来说，"说什么"取决于两个因素：①我们想让对方知道些什么？应该让对方知道些什么？②对方愿意听些什么？能够听得懂什么？

1. 自己想让对方知道什么

当一些人不能正确表达意思或者说话随便时，我们一般评价这些人的表现为"口不择言"。许多人都有过"口不择言"的经历，例如，某国外长曾经说过："你们听说了吗？奥巴马与波兰有亲密联系，他的祖父曾经吃掉过一名波兰传教士。"这句话几乎引起轩然大波。某足球俱乐部主席在公开场合批评球迷"看球就像看戏，稍不满意就喝倒彩"，并点名批评球员不敬业，引起球员和球迷的强烈反感，要求该主席辞职的呼声因此而起。某著名主持人在金鹰节闭幕式上调侃一位怀孕的女士："你的肚子是圆的还是尖的？"从而引起观众的反感。

设想一下，你是否有过把不想让对方知道的信息也表达出来的经验？例如，某次生气时，你对朋友说："其实我一直都在忍你……"然后把对他的诸多不满全部说出来，令下次见面感到尴尬。又如，某次单位聚餐时，你当着老板的面埋怨公司的薪水低、领导缺乏战略眼光、部门主管的工作作风有问题。

那么，我们应如何从沟通主体的角度界定说话的内容呢？

（1）我们要明确沟通的目标、具体的沟通情境以及沟通双方的特点。

（2）我们要进一步确定对方应该知道什么内容，以及想要告诉对方什么内容。例如，在谈判策略中，谈判双方都有"最小接受结果"和"最大支持结果"。在陈述"最大支持结果"时，我们要确切明白"覆水难收"的原则，不能轻易暴露自己的最终底线，因此在何时应该提供哪些信息就需要相当谨慎。例如，在庆祝登陆月球成功的记者会上，有一位记者突然向和阿姆斯特朗一起登月的另一位宇航员奥德伦提问："让阿姆斯特朗先下去，使他成为世界上登陆月球的第一人，你会不会觉得遗憾？"全场的气氛顿时有些尴尬，奥德伦笑了笑，很有风度地回答道："各位请不要忘记，当航天器回到地球时，我是最先走出太空舱的，所以我是从别的星球来到地球的第一人。"语毕，大家给予了他最热烈的掌声。又如，招聘面试时，当面试官问："你有什么缺点"时，你会如何回应？每一位应聘者碰到这一问题，肯定能够想到自己身上的许多不足，比如冲动急躁，工作效率低，不善于沟通等。然而，在面试过程中，我们要学会选择恰当的信息与对方交流。假如应聘的职位是会计师，告诉对方"我的缺点就是很粗心大意"显然是不恰当的；假如应聘的职位是接线员，回答"我不善于沟通交流，语言组织能力有待提高"，这极可能让你失去一次机会。在面试会计师岗位时，可以选择回答："我的缺点是不善于口头交流。"应聘接线员时，回答"我的缺点就是偶尔会粗心一点"可能负面影响不会太大。

（3）我们通常都认真地对沟通策略做出分析，同时也明确想要让对方知道什么信息，但是最终却事与愿违，这是为什么呢？其中主要的原因就是受情绪的影响，特别是受愤怒、恐惧、压力和悲伤等状态的影响。电视剧中常有这样的情节：作恶多端的坏人始终没有露出"狐狸尾巴"，有人开始设局，把周围的环境布置成"阴风阵阵"，假装被他害死的"冤魂索命"，坏人在极端恐惧之下终于将自己的劣迹和盘托出。从一定程度上说，这就是情绪所发挥的作用。反过来，我们需要学会在状态合适的情况下（如理智、情绪平和等）、在时机合适的情况下（安静、不紧迫）沟通，做好沟通中的情绪管理工作。

2. 对方想听什么，听得懂什么

沟通是一个双向互动的过程，我们不仅要理清自己想要让对方知道什么，同时也要把握好对方想听什么以及听得懂什么。例如，初次约会，男生向女生滔滔不绝地说NBA篮球赛，兴致勃勃地讲球星们的各种"必杀"绝技。女生可能一脸茫然，听不懂；也可能极不耐烦，不想听。分手时，女生对男生说："你是个好人，你一定可以找到一个更好的人。"男生可能想知道："既然我是好人，为什么我们不能在一起？"

美国著名的心理学家和人际关系学家戴尔·卡耐基（Dale Carnegie）写道："如果你要使别人喜欢你，如果你想让他人对你产生兴趣，你需要注意的一点是：谈论别人感兴趣的事情。"那么，我们如何才能知道对方想听什么？

（1）直接法。我们可以通过直接询问的方式准确了解对方感兴趣的话题。例如，当他人打电话咨询问题时,我们可以问:"我能为您做点什么吗?"当他人预约会面时,我们可以说:"您这次准备与我探讨沟通过程中的情绪管理问题,是吗?"

(2)间接法。我们可以通过对方的日常习惯、生活背景和沟通特点等了解对方想听什么。例如,我们知道对方一直有下班后打篮球的习惯,篮球或体育锻炼或许是对方感兴趣的话题;我曾经的一位合作者有一个习惯,每当他回答"不错啊",他其实想要表示"还可以继续完善",对他这个沟通习惯不大清楚的人听到他说"不错啊",可能会着手处理另一项工作内容,事实上,这位合作者更希望在原来的工作内容上进一步讨论改进方案。因此,假如我们能够通过间接的方式掌握对方感兴趣的话题,我们就能够在沟通中充分展现诚意以及对对方的关注。

(3)观察法。我们在沟通中要学会仔细观察对方的反应,通过这些反应初步判断对方是否对所谈内容感兴趣。例如,当你兴奋地谈论着 NBA 篮球赛时,发现对方始终微笑地望着你,有时提问,有时感叹,甚至身体前倾,搓手,眼神发亮,那么你可以放心地继续谈论这个话题;假如你发现对方眼神空洞,毫无反应,或者随意地"嗯嗯嗯",时而望着其他地方,时而看时间,又或者急着打断你的谈话,转移话题,那么你可能就要在这个话题上适可而止。

除此之外,我们要善于记住别人说过的话与做过的事,把对方看在眼里,放在心里,了解对方的兴趣、爱好和习惯,投其所好,让对方在沟通中感受到我们的真诚。

二、怎么说

相同的内容从声调和语气的不同体现出微妙的差异。例如,用陈述的语气说"就这样",沟通的效果与字面的理解类似;而用疑问的语气说相同的内容,传达的意思恰好与字面意义相反,即"不只这样"。相同的意思经过不同的措辞则显示出截然不同的表达效果。例如本章开篇所举的例子,"好像北大的辜鸿铭也是这样的"与"不就是北大的辜鸿铭吗内容",虽然表达的意思基本相同,但是显示出来的效果却有所差别。有人便会问,那我们究竟应该怎么说才恰当呢?

1. 以对方能够接受、理解和感兴趣的方式说

(1)为了便于对方接受我们的请求、提议和道歉,我们从小开始学习使用礼貌用语,如"请""您好""谢谢""对不起"和"麻烦您"等。这些表示尊重和友好的词汇常常具有超凡的魅力,使人们乐于提供帮助或者原谅我们的过错。与此同时,我们也学会了从对方的角度出发调整语序,从而使对方更容易接受。例如,小孩子懂得妈妈的心思,这样问:"妈妈,我已经做了 100 道数学题了,能不能让我出去玩一下?"把可能令妈妈高兴的行为表现放在前面,再提出自己的请求,使妈妈在愉悦的状态下点头同意。

美籍华人作家和画家刘墉在《把话说到心窝里》一书中曾经提到这样的小故事。有一位女学生打破了父亲的宝贝古董茶壶，她对父亲说："爸爸，我给您泡茶泡了这么多年，都很小心，可是今天不晓得怎么搞的，把茶壶打破了。"把多年泡茶的"苦劳"先说，然后再提到"打破茶壶"一事，这样的语序处理使父亲在权衡两者之后原谅了女儿偶尔的疏忽。然而，另一位女学生在相同的情境下却先说"打破茶壶"一事，激怒了父亲，使其追问打破茶壶的原因，最后将重点放在女儿为"打破茶壶"辩解上。沟通时，我们要学会从对方能够接受的角度出发确定沟通的策略，才能成功地实现沟通目标。在一档综艺节目上，表演者需要互相选择合作对象，其中一位歌手准备邀请某说唱歌手加入他的阵营，结合古典与说唱做一些新的尝试。他走过去试探性地询问某说唱歌手的意见，得知对方并不排斥之后很雀跃，开始滔滔不绝地陈述。他自信满满地说："对于说唱歌手说唱的概念，我想要翻新。"坐在对面的某说唱歌手满脸疑惑，不知他想要表达什么内容，甚至他的内心可能产生了些许不快和质疑——一个从未体验过说唱的人提出要对自己熟悉、擅长的说唱领域做一些创新，他到底明不明白说唱？坐在旁边的第三方连忙帮忙解释："是在可行的范围内、合理的空间里进行突破。"这迅速缓和了紧张和尴尬的氛围，让某说唱歌手理解这个"创新"的理念是可以互相协商，"创新"的结果也是可控的。接着，这位歌手又说道："不做愤怒与敌视这种类型的说唱，我们希望做的是 Lay Back（说唱）。从容、对人生抱着说故事的态度，（这种类型的说唱可以）很轻松地跟古典做嫁接。"眼看这段话可能不小心冒犯某说唱歌手，第三方再次急忙解释："在不影响各自风格的情况下，你的风格和我们的风格能形成强烈反差，更凸显各自独立的风格。"听完第三方用自己能够接受、理解和感兴趣的方式重新解说邀约歌手的想法，某说唱歌手总算完全理解，也发现了其中有趣和可操作的空间，也期待在反差之中迸发出新的火花，很快同意形成同盟，加入合作。

（2）为了便于对方理解我们的意思，我们学习遣词造句，学习简洁清晰的表达，学习类比、比喻等修辞表现手法。例如，为了向学生们描述我每天保持一个稳定的状态处理大量工作的感受，我打了个比方——"就像每天醒来面前都是一大桶白饭，我坐在前面，无论饿或不饿，只是一勺一勺往嘴里塞，有时都快要吐出来了，稍微停一停，还是继续吃。一个月、两个月都这样吃下去。"这时，学生们自然就明白了稳定承担超负荷工作量的滋味。随后，为了说明认真负责、不怕吃苦的工作态度，我沿用"吃饭"的例子继续说下去："如果吃之前我问自己：'今天饿不饿？'那我肯定会说：'不饿。'然后走开。如果我问自己：'好不好吃？'那我肯定会说：'没什么好吃的。'又走开。如果我问自己：'今天能不能吃？'那我肯定也会说：'不能吃了，吃不下了。'还是走开。假如我一狠心，不管饿或不饿，好不好吃，能不能吃，接着吃下去，我会发现，原来我还是吃得下去的。因此，我们需要懂得，原先随时可能放弃的事情，其实可能在自己胜任的范围之内。只要我们想放弃，随时随地都可以找到理由。"

此外，我们也学会了问："您觉得怎么样？"通过征询对方的意见使其参与决策的制定，增加对方接受和支持该决策的可能性。例如，假如你和爱人逛家具店，你不时询问爱人："这布艺沙发放在我们房间，你觉得怎么样？""我们买这种金色的吧椅，你认为合适吗？"通过类似询问，把采购变成共同决策，爱人也会做出反馈："这布艺沙发会不会太长了，我们卧室的空间容纳不了？""金色吧椅放在我们家里会不会很突兀？"接着你可以继续分析自己的看法，直到两个人在购买决定上达成共识。我们还可以在实际的沟通中尝试比较一下不同提问的沟通效果："你听明白了吗？""我刚才说清楚了吗？"

（3）为了引起对方的兴趣，我们需要学会在说话时增加"爆点"和悬疑。就像电视剧中两个仇人突然见面，彼此怒目而视、身体前倾时赶紧插进一段广告，观众的心都悬起来了，忍不住去想："接下来会发生什么呢？"我们在说话时也可以适当地问对方："你猜怎么着？""你说接下来我看到了什么？""你绝对不敢相信他会这么做！"听到这些，沟通对象心中自然充满了问号和感叹号，从而关注事态的发展。

例如，某一期的《文涛拍案》中，主持人先介绍了一位女士顺利生下女婴后出院回家，躺在床上呼呼大睡时出现了低血糖症状，医生丈夫为她实施紧急抢救也没用，女士的父亲悲痛莫名。这时，主持人问："低血糖也不是多难救治的病，怎么就死了呢？"正好有一位在医院工作的亲戚提醒女士的父亲要把急救时所用的针药收起来。主持人接着说："这究竟是正常死亡，还是一起医疗事故呢？"他开始描述女士的父亲打电话回家，叮嘱家人把针剂、针筒等收起来，却被告知这些物品已经被女婿扔进垃圾桶了。说到这里，主持人加重语气说："女士的父亲赶紧回家，从垃圾桶里搜出这一袋物品，经化验，针筒里装的居然是胰岛素！"在整段介绍中，主持人用倒叙的手法拨开"层层迷雾"，中间穿插提问和语气的强化，给人一波三折、层层推进的感觉，从而把观众牢牢吸引在电视机前。概括地说，调动沟通对象的大脑运作和情感共鸣能够持续激发沟通对象的兴趣。

2. 运用同理心

简单地说，同理心就是把自己当作他人，站在他人的角度考虑问题，体会他人的情绪反应，理解他人的感受。我国有"将心比心"和"设身处地"，《圣经》马太福音中有"所以无论何事，你们愿意人怎样待你们，你们也要怎样待人"。

在美国，曾经发生过这样的一件事情。

有一位小学学童，因为身体感觉不适，经医师详细检查后，确认他患了癌症。

接踵而来的，是一连串更详细的检查与治疗。当然其中也包括了人人闻之色变的化疗。

在不断地使用化学针剂治疗之后，癌细胞的蔓延受到了控制。但化学治疗强烈的副作用也伴随着产生，这位小病童的头发开始大量掉落，一直到他的头上不留一根头发。

随着出院的日子一天天接近，小病童的心中除了欣喜之外，更有着一丝隐隐的担忧——考虑自己是否应该戴上假发回学校上课。一则为了自己光秃的头而自卑，再则也怕自己光头的新造型吓坏了同学。

回学校那天，母亲推着轮椅，送他走进教室那一刻，母亲和他不禁张大了口，惊喜得发不出声音来。

只见全班同学全都剃光了头发，连老师也是大光头，热烈地欢迎他回来上课。

我们的小病童一把扯去假发，大叫大笑，从轮椅上一跃而起。

事实上，想要真正做到感同身受却非常不易。《禅宗公案》里讲述了两个爱抬杠的小和尚的故事。这两个小和尚常常因为小事争辩不休，互相不服气。第一个小和尚找师父评理，师父回答他："你是对的！"第二个小和尚也去找师父评理，结果师父也是说："你是对的！"两个人都满意而归。在旁服侍的第三个小和尚感到不解，心想："平时师父都教导我们要诚实，刚刚两个师弟明明意见不合，争执不下，为什么师父都说'你是对的'？"于是，他将心中疑惑与师父交流。师父答道："你是对的！"这个小故事打破了人际沟通中的一个常见障碍——固执己见，运用同理心要求我们在理性分析上客观地看到对方正确的一面，反省自己的不足，在感性的心理上友好、真诚地理解对方，宽容对方的错误。那么，具体地说，如何才能在沟通中表现同理心呢？

（1）敏锐地理解自己的感受，并将其映射到对方身上。假如你坐在办公室里，访客谈完事情出门，随手把门"嘭"地大声带上，你被吓了一跳。那么下次你出去拜访别人，随手关门时便知道要"轻轻地"。假如你有事在忙，电话铃声响不停，一接电话，对方滔滔不绝地说着自己认为重要的事情，你却完全插不上话，这种电话打扰是不经意的。因此，下次打电话给别人时，你会问："您现在方便吗？我能跟您谈一谈市场调查的基本情况吗？"

（2）多为对方着想，体现深层的同理心。绝大多数人都有发微信的经验，有些人会为以下这些情况感到为难："会不会对方还在等待回复，而我们却没有继续发微信？""对方是否在忙，我继续发微信会不会打扰到他？""究竟以哪一条微信作为沟通的终止才恰当？""由谁来停止微信沟通比较合适？"简单举例来说，你与同事发微信谈完正事，为了表示对他的感谢，你发了一则微信："感谢您所提的建议，对我的帮助很大！希望有机会我们还能继续学习、交流。"如果对方正在忙，想回复你"不客气"却没有时间，不回复又好像没有礼貌，这给他带来了困扰。这时，假如你站在对方的角度考虑，你可能会在这则微信后面补上一句："忙即免复。"这简短的四个字轻易解除了对方的困扰，给予他根据具体情况进行选择的权利。

3. 慎用"我理解你"

有一次，我看到父亲牙痛，愁眉苦脸，食不下咽，痛苦异常。于是我对父亲说："我懂你的感受，但是你无论如何也得吃点东西。"父亲抬起头，努力地挤出几个字："你不可能会明白！"是的，我从未遭遇过牙痛，只是听说过牙疼起来是要命的。从这件事中我懂得了：当某些人找我们诉苦时，他们并不一定期望我们说"我懂你""我理解你"，特别是他们遭受深沉的痛苦和悲伤时。我国有句俗语"站着说话不腰疼"，表达了外人很难完全理解自己的遭遇和感受。因此，在说话时要慎用"我理解你"。

《蔡康永的说话之道》一书中也提到类似的观点——一个人很难了解"另一个人所受的苦"。书中风趣地谈到，一对夫妻一起看奥斯卡颁奖典礼，妻子看见茱莉亚·罗伯茨脸上略见皱纹，想到岁月催人老，很自然地就联想到自己也是人到中年。假如丈夫这时回答"我懂你受的苦，我了解你被岁月摧残了"，那么，妻子应该会火冒三丈吧。

概括地说，"我理解你"表现在"处处为别人着想"的措辞和实际行动上，也表现在"感同身受"的态度上。在日常生活和工作中，当我们在面临纠纷、矛盾和两难困境的时候，"怎么说"这一问题显得尤为重要。例如，在一次四个人一组的表演合作中，队长希望各队员能够发挥各自所长，让两位善于跳舞的组员一起跳舞，创造一个完美的舞台。但这两位队员却不乐意，他们更希望走出自己的舒适区，挑战相对没有表演经验的唱歌。这时，队长和队员之间就产生了分歧。团队中的第四个人很自然地就走到了中间人的位置上，需要协调队内矛盾。队长想要扬长避短，发挥集体合作的最大效用，对观众负责的考虑是能够被理解的；擅长跳舞的队员想要挑战自我，给观众带来新鲜感，为自己的表演创造更多可能也是能够被理解的。那么，作为中间人，他要如何有效地说呢？他没有立即决定自己的立场，而是选择先去详细询问队员的意见，随后主动邀请队长面对面沟通。他微笑而委婉地转达队员的想法："因为他们的舞蹈很适合我们这次表演的风格，但是我们可能相对较少考虑他们参加表演是为了什么，哪怕他们觉得自己唱得不够好，他们仍然想要挑战自己，尽力去学习和演绎。"值得注意的是，他选取的是"我们"这个词，让队长在沟通时没有感觉到对方是在否定自己，站在自己的对立面，而是将他们拉到同一个阵线上考虑如何解决分歧，尽快达成一致。他并没有滔滔不绝地告诉队长可以怎么做，也没有将自己的意愿强加于人，让对方感觉不到半点可商量的余地，而是发挥了一个收集、整合和传递信息的功能，让队长能够更好地理解队员的想法和分歧产生的原委。沟通的效果就是队长很快也意识到自己考虑不周的问题，重新安排队员的分工，并且为了一个更好的舞台呈现而主动倾尽自己所学去帮助擅长舞蹈而不擅长演唱的队员更迅速地进入状态，掌握歌唱的技巧。

第三节　五种说话技巧

我们随时都可能遇到棘手的沟通问题，例如，面对相貌平庸、体态丰腴的作家，该如何恰当地赞美？面对热烈追求的爱慕者，该如何拒绝其三番五次的邀约？在这一节中，我们从赞美、说服、批评、拒绝和认错等五个常见的沟通情境中探讨说话技巧。

一、赞美

玫琳凯化妆品公司的创始人玫琳凯·艾施（Mary Kay Ash）认为，"世界上有两件东西比金钱和性更为人们所需——认可和赞美"。美国著名的心理学家威廉·詹姆斯（William James）也持有类似的观点，他指出："人性最深刻的原则就是希望别人对自己加以赏识。"马克·吐温说："只凭一句赞美的话，我可以多活两个月。"每个人都渴望被赞美，渴望自己的努力和成长得到别人的认可和赏识。赞美是人际关系的"润滑剂"和工作效率的"催化剂"，能够增强他人自信心和愉悦感，激励他人持续努力。那么，我们应该如何赞美呢？

（1）赞美要真诚。发自内心的赞美才能真正打动人。电视剧里常常通过如何赞美别人来表现人的阿谀谄媚，如"我对你的敬仰有如滔滔江水连绵不绝，又有如黄河泛滥一发不可收拾"，这类赞美其实是恭维和溜须拍马。戴尔·卡耐基曾经指出赞美与恭维之间的差别："赞美是发自内心的，而恭维是从牙缝挤出来的；一个被天下人所欣赏，另一个为天下人所不齿。"

（2）赞美要具体。赞美要具体化为"在哪些方面值得赞美"，而不是用空洞的词语表达。在广东，人们常常将年轻人称为"靓女"和"靓仔"，习惯这种沟通文化的人渐渐不再因为这样的称呼而愉悦，知道这就如口头禅一样普遍。某著名的访谈节目上，主持人习惯用"您太可爱了"称赞受访者，用得多了，被称赞人也就不放在心上。因此，当我们想称赞一位作家的书时，与其说："您的书写得很精彩！"不如说："您的书中在描述主人公梦回故乡那一幕，写得十分细腻感人，特别是写到主人公的梦境里模糊的母亲面容和黄土堆里的孤坟，看到这里我的心都揪成一团了。"

（3）赞美要恰当。每个人都有特别希望别人赞美的特质。台湾著名的女作家廖辉英提到，有些人有事相求时，见到面便说："廖老师，你在电视上怎么这么年轻，而且身材超好的！"听到这些话，她的感受是："你说的都是我没有的！"这样的赞美等于提醒对方注意自己的不足。与此不同的是，有些人会说："廖老师，你的书写得太好了！"她认为："这类话听得多，没有感觉了。"说到底，赞美需要选择合适的时机，针对合适的地方说恰当的话。例如，你注意到对方戴了款新手表，可以这样赞美她："你这款手表款式好新颖啊！是最近刚买的吗？我能看一下吗？"仔细看一会儿后说："特别是这表带的造型好别致啊！颜色选得也很好，蓝白，你是不是考虑搭配我们上班穿的套装啊？"赞美所带来的愉悦效果源自对方得到认可和受到关注。相反，想夸一位朋友有才，你说："看不出来啊，你小子，真是人不可貌相。"虽然表达出对对方能力的认可，但是却有讥讽对方长相不佳之嫌，失去了赞美的原意，有失分寸感。"与人交，推其长者，讳其短者，故能久也。"

二、说服

《牛津管理评论》提出说服的六种基本原理，分别是好感原理、互惠原理、社会影响力原理、言行一致原理、权威原理和稀缺性原理。在此基础上，我们重点分享一种方法——"让想法成为他自己的"。

在大量的工作场合中，我发现想要说服一个人接受另一个人的想法是不容易的。第一层障碍在于"如何分析利弊"。在看不清利弊的前提之下，很多人都会坚持自己的观点和做法，从自己的角度出发考虑问题。第二层障碍在于"如何提出解决方法"。我们应该如何陈述自己的解决方案，从而使对方相信这是合理且恰当的？同时也让对方相信我们对此持宽容、开放的心态，我们能够接受其他替代的方案或者不同的看法。更重要的是，我们在沟通过程中要洞悉对方的看法和倾向，并且让对方表达出来。第三层障碍在于"如何给对方台阶下"。有一些人，即便心理上接受了我们的建议，但是却碍于面子不愿意改变自己的做法，这时候我们应该怎么办呢？其中，很有效的一点是"让想法成为他自己的"。

（1）第一环节

A：今天下午一个部门同事打电话来说明情况，那个人很拽的样子，真烦！随后我与直接上级聊了一下，准备写篇文章，待会儿发送出去。（很气愤）

B：那就好啊。

A：可是很烦啊！（非常烦躁和气愤）

B：别这样烦啦，有些人是这样的。

A：那么多的上级部门，每个部门都有一大群无聊的人，每个人都要找事折腾下面的，到最后就是一群人折腾我一个。（还是烦躁和气愤）

B：别往心里去，你发泄发泄就好了。

(2) 第二环节

A：去年的时候，这个人因为一个表格的事情在电话里发火，我之前已经和他通过电话说明情况了，没过几天，他居然找上级给我们公司的老大打电话。烦透他了！（更加烦躁和气愤）

B：素质不同，涵养不同，眼光不同，别生气。

A：真的很烦他，他还真以为自己是根葱啊！（更加烦躁和气愤）

B：他真以为啊！

A：有什么好这么拽啊？真是的！（稍微缓和）

B：是啊，有什么好拽的！

(3) 第三环节

A：你还真配合啊！（笑）

B：遇到这样的人，是谁都会生气的！（也笑了）

A：算了，我待会写完稿子，迟些发给他。

B：我想你最终不会为这些无谓的人和事情生气的。你说，这样的人，会不会只是咱们一两个人认为他是小人呢？

A：是啊，肯定不止咱们有这样的看法。没必要跟他较真。我还是写自己的东西，待会你提醒我 10 点左右发过去。

B：好！我会提醒你的。

人物 B 的沟通目标是说服对方不要生气，做好自己的工作。在第一环节中，人物 A 非常气愤和烦躁，B 尝试从理性的角度直接说服对方，但是发现对方仍然处于发泄情绪的非理性状态中。于是在第二环节中，B 尝试从对方的角度出发，运用同理心复制对方的情绪和反应，使对方说出自己的看法。等到对方情绪平稳之后，B 在第三环节中表示对对方的理解，通过设问让对方说出说服的内容，即"我们不需要为这样的人感到困扰，做好自己的工作最重要"。从整个沟通过程看，最终的理智选择都是 A 自己的看法。

三、批评

许多探讨批评艺术的文章中都提到，成功批评别人的关键在于批评的态度。《下决心的过程》一书中有一段话被频繁引用："人，有时会很自然地改变自己的想法，但是如果有人说他错了，他就会恼火，更加固执己见。人，有时也会毫无根据地形成自己的想法，但是如果有人不同意他的想法，那反而会使他全心全意地维护自己的想法。不是那些想法本身多么珍贵，而是他的自尊心受到了威胁……"在这里，我们重点分享批评的两种心态。

1. 把批评变成共同探讨问题

（1）为了让对方更能接受批评，我们要选择适当的时机和场合，分别包括及时批评和单独批评。也就是说，批评的时机选择取决于沟通双方能够准确回想起具体的事实。例如，有的人批评时说："你那时还踩了我一脚。"可是对方无论如何也回想不起这件事，那么，批评之后存在两种可能：①对方被迫接受批评，却无法做到心悦诚服；②对方因为不清楚来龙去脉而直接拒绝接受批评。

（2）对事不对人。在批评前要尽可能搜集具体的事实，在批评时也要保持开放的心态继续积累相关事实，尽量避免用绝对肯定的口气为对方"贴标签"。在措辞上，要学会共同探讨问题，而不是评价对方。例如，经理这样批评下级："你这样的工作能力，一辈子都不能成功！""你别总是像一条哈巴狗一样黏着客户，那是没用的！"更换了批评的心态和措辞之后可以这样表达："我们现在一起来探讨一下你在工作方面的难处，看看有什么地方可以帮助你提高。""我们团队在经营客户关系上存在一些问题，今天我们一起来讨论一下如何改进。"

2. 把批评变成提建议和解决问题

我们要经常问自己两个问题："批评别人究竟是为了什么？""我们是否只是为了批评而批评？"事实上，批评很大程度上是为了改进和提高，因此，我们应该学会把批评变成提建议和解决问题。许多上级把下级叫到办公室里，迎面就是一顿批评，把对方做错的地方一一数落，之后，下级默默地退回到自己的座位上。即便这样的批评能够有效地使下级意识到问题的存在，但是，批评的关键，即"应该如何恰当、合理地解决问题"却常常被忽略。因此，成功的批评不仅能让对方心悦诚服地接受，也能让对方迅速地找到解决的办法，知道如何避免再次犯错误，以及如何改进。

四、拒绝

你是否曾经答应别人一起共进午餐之后感到极度后悔？你是否曾经勉为其难同意为对方翻译一篇文章，最后却在时间上很难安排？你是否曾经在推销员的销售攻势下勉强买下自己并不满意的商品？在面对表白时，你是否曾经因为委婉地回答"我暂时不想谈恋爱"而使对方长久地等待？我们每个人的时间和能力都是有限的，常常需要拒绝某些请求，但是我们却发现，说"不"（拒绝）远远难于说"是"（接受）。因此，我们需要学会拒绝的第一件事就是认识到拒绝是非常正常的。

学会拒绝的第二件事是要珍惜时间，清晰掌握自己的日程表。我们常用"时间不允许"作为拒绝的原因，有时是客观存在的事实，有时也是托词。假如对方问："你明天有时间和我们一起吃饭吗？"当你无法接受这一邀约时，请直接告知对方。如果可能，你可以把明天的安排与对方进行简单交流，体现沟通的真诚。然而这时，有的人却喜欢问："有谁一起吃饭？"对方回答之后，他才说："不好意思，我没有时间。"这是不必要且不恰当的沟通，因为这可能使对方认为"没有时间"是托词，而真正拒绝的原因是一起吃饭的人选问题。

学会拒绝的第三件事是恰当解释理由。许多人害怕拒绝的主要原因是不知道用什么理由表达拒绝。首先，我们可以表达对对方的提议十分感兴趣，简单说明感兴趣的原因；其次，进一步分析拒绝的原因；最后，把探讨的重点放到未来的共同行动上，在沟通双方之间构建积极的关系。这是拒绝的主要思路。

例如，当销售员积极推销最新的办公用品时，直接拒绝："谢谢您的介绍！公司政策不允许我们随意更换办公用品供应商。"间接拒绝："谢谢您的介绍！我对您介绍的这些产品十分感兴趣。可惜我们上周才购入办公用品，近三个月内不需要另外采购。假如有需要，我会与您保持联系。"

在解释理由时，我们常常用一群人而不是一个人说"不"。在这个案例中，拒绝由"个人决策"转变为"公司层面的群体决策"（公司政策），这表明，在个人意愿层面上，我们十分乐意采购对方的产品，然而在现实层面上存在客观限制。例如，我们拒绝别人邀约时可能会说："我的父母不同意。"

学会拒绝的第四件事是明白自己的底线，恰当提出限制条件。这种拒绝的技巧是把选择权交到对方手上。例如，当对方希望你开车帮他送货，而你今天挤不出时间时，可以这样回答："不好意思，我今天一天都很忙，假如可以的话，我能不能明天帮你送货？"这时，对方可以根据我们提出的时间限制条件自主选择。又如，当对方向你推销最新的玩具，而你对产品的某一部分感到不满意时，你可以这样回答："假如你能够把这辆玩具小汽车上的弹簧去掉，增加安全性的话，我会购买这批产品。"这种拒绝的技巧重点在于与对方共同讨论如何解决问题，如果条件无法满足，拒绝自然形成。

除此之外，还可以运用非语言技巧传达拒绝的信息，如摇头、摆手或中断微笑等。

五、认错

戴尔·卡耐基曾经说过："如果你是对的，就要试着温和地、有技巧地让对方同意你；如果你错了，就要迅速而热诚地承认。这要比为自己争辩有效和有趣得多。"一直以来的教育告诉我们要学会说"对不起"和"我错了"。当我们意识到自己犯错了，认错一定要及时。要知道，争辩、企图逃避责任之后再认错会使本来正常的认错演变成一出滑稽的闹剧。例如，在"华南虎事件"中，当事人始终不肯承认虎照有假，甚至不惜"以人头担保照片是真的"。随着年画虎和更多专业人士的介入，虎照作假证据确凿，当事人以诈骗罪被判处 2 年 6 个月有期徒刑。

认错前，我们要理清楚以下三个主要问题，并在认错时清楚回答这些问题：

（1）"我犯了什么错？"我们不但要主动、及时地承认"我错了"，而且需要说清楚究竟错在哪里，避免因为认错不当造成错上加错。理清楚这一问题意味着我们客观、认真地进行反省，形成理性分析的氛围。例如，在处理版权问题上出错时，应说明自己的错误所在："因为电子邮箱发生变动，我没有及时告知授权出版商关于图书出版时间变动的问题，我感到非常抱歉。"

（2）"我的错误给你带来什么麻烦？"为了使对方能够接受我们的认错，我们需要站在对方的角度分析这一问题。例如，同样在处理版权问题时，可以这样说："我的错误使图书无法在计划时间内出版，也使您需要额外安排时间处理出版商的邮件，真的很抱歉。"

（3）"我能想到什么解决方法？"害怕认错的原因之一是担心对方对自己失去信心。用解决方法代替单纯的承认错误正是为了减少这一结果出现的概率。例如，在解决版权问题时，可以附上后续做法："为了处理这一问题，我计划在今天给所有授权出版商发送一封邮件，告知他们出版时间已经更改，并询问原有的版权授予信息是否需要随之更改。此外，我将重新整理版权联系的信息，制作表格，统一发给您检查。"

本章小结

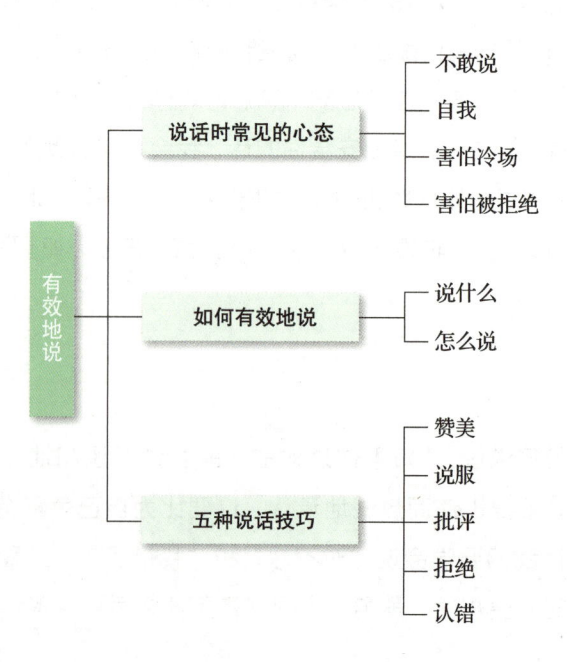

- 有效地说
  - 说话时常见的心态
    - 不敢说
    - 自我
    - 害怕冷场
    - 害怕被拒绝
  - 如何有效地说
    - 说什么
    - 怎么说
  - 五种说话技巧
    - 赞美
    - 说服
    - 批评
    - 拒绝
    - 认错

情绪小测试

测试说明：这一测验包括15道选择题，每题有A、B、C三个备选项目。请你在理解题意后，尽可能快地选择最符合或接近你实际情况的那个项目，填在问题的括号内。请注意，这是要求填写自己的真实想法和做法，而不是问哪个答案最正确，备选项目也没有好坏之分。不要猜测哪个答案是正确的或哪个答案是错误的，以免测验结果失真。

1. 你烦躁不安时，你知道是什么事情引起的吗？（　　）
   A. 很少知道　　　　　　B. 基本知道　　　　　　C. 有时知道
2. 当有人突然出现在你的身后时，你的反应是：（　　）
   A. 感受到强烈的惊吓　　B. 很少感受到惊吓　　　C. 有时感受到惊吓
3. 当你完成一项工作或学习任务时，你感觉到轻松吗？（　　）
   A. 没有什么特别的感觉　B. 经常有这种体验　　　C. 有时有这种体验
4. 当你与他人发生口角或关系紧张时，你是否能感觉到自己的不快呢？（　　）
   A. 能　　　　　　　　　B. 不能　　　　　　　　C. 说不清楚
5. 当你专心致志地从事某项活动时，你知道这是你的兴趣所致吗？（　　）
   A. 知道　　　　　　　　B. 不知道　　　　　　　C. 很少知道
6. 在你的生活中遇到过令你非常讨厌的人吗？（　　）
   A. 遇到过　　　　　　　B. 没遇到过　　　　　　C. 说不清楚
7. 当与家人或亲朋好友在一起的时候，你感到幸福和快乐吗？（　　）
   A. 感觉不到　　　　　　B. 说不清楚　　　　　　C. 是的
8. 如果别人有意为难你，你感觉如何？（　　）
   A. 没有什么感觉　　　　B. 觉得不舒服　　　　　C. 感到气愤
9. 假如你排队买东西等了很长时间，有人插到你面前，你感觉如何？（　　）
   A. 没有什么感觉　　　　B. 觉得不舒服　　　　　C. 感到气愤
10. 假如有人用刀子威胁你把所有的钱都交出来，你会感到害怕吗？（　　）
    A. 不害怕　　　　　　　B. 害怕　　　　　　　　C. 也许害怕
11. 当别人赞扬你的时候，你会感到愉快吗？（　　）
    A. 说不清楚　　　　　　B. 愉快　　　　　　　　C. 不愉快
12. 你遇到特别令你佩服和尊敬的人了吗？（　　）
    A. 遇到过　　　　　　　B. 说不清楚　　　　　　C. 没有遇到过

13. 假如你错怪了他人，事后你感到内疚吗？（   ）

A. 不知道　　　　　　B. 内疚　　　　　　C. 不内疚

14. 假如你认识的一个人低级庸俗，但却好为人师，你是否会瞧不起他？（   ）

A. 不知道　　　　　　B. 是的　　　　　　C. 不会

15. 假如你不得不与你深爱的人分手，你会感到痛苦吗？（   ）

A. 说不清楚　　　　　B. 肯定会　　　　　　C. 不会

（评分标准）

下面，请你根据自己的选择，填写下面计分表（见表6-1），算出自己的得分：

表6-1　计分表

题目	1	2	3	4	5	6	7	8	9	10	11	12	13	14	15
A	1	3	1	3	3	3	3	3	3	1	2	3	2	2	2
B	3	1	3	1	1	2	1	2	1	3	3	2	3	3	3
C	2	2	2	2	2	1	2	1	2	2	1	1	1	1	1

诊断结果分析：你可以根据自己的分数高低，识别自己属于哪种类型。

敏感型（36~45分）：这一水平的特征是能够准确、细致地识别自己的情绪，并能认识到情绪发生的原因。但可能会出现下面几种情况：

- 悲观绝望型：虽然清晰地识别到自我情绪状态，但采取"不抵抗主义"，被动地接受各种消极情绪，典型的将发展为抑郁症。
- 乐天知命型：整天总是乐呵呵地对各种情绪采取轻描淡写的态度。
- 沉溺型：被卷入自己情绪的狂潮中，无力自拔。

适中型（26~35分）：这一水平的特征是能够识别自己情绪的变化，能够区分各种基本情绪，但不能区分一些性质相似的情绪，如不能区分愤怒、悲哀、嫉妒等不同的情绪，只是感到难受。导致情绪区分模糊的原因有：

- 体验情绪强度不够。
- 不能准确地识别引发情绪产生的原因。
- 掌握情绪词汇的数量太少。测验结果表明大约有60%的人处于这一水平。

麻木型（15~25分）：这一水平的特征是很少受到情绪冲动，对喜、怒、哀、乐等基本的情绪缺乏明确的区分。这种类型的人通常表现为冷漠无情，不能与他人进行正常的情感交流，是一种病态症状。如果你在这一测验中少于25分，建议去找心理医生咨询一下。

第七章　开会的规则
Chapter Seven

互联网上流传关于开会的"谣"有各种形式，将无效会议的形态展现得淋漓尽致：

> 开会再开会，不开怎么会，本来有点会，开了变不会。
> 有事要开会，没事也开会，好事大家追，出事大家推。
> 上班没干啥，一直忙开会，大会接小会，精神快崩溃。
> 销售我没学，企划我不会，问我啥本领，专长是开会。
> 上午有早会，午后有午会，下班不能走，还要开晚会。
> 每周开周会，每月有月会，随时检讨会，年底是年会。
> 赴会要及时，小心选座位，最好靠边边，以免遭口水。
> 虽然在开会，谁也不理谁，有人忙协调，有人无所谓。
> 主席一上台，自称大掌柜，扯东又扯西，全凭一张嘴。
> 内容没准备，听来活受罪，离题十万八，大家还说对。
> 台上说什么，没人去领会，手机不时响，怎还不散会。
> 牛皮拼命吹，发言不干脆，时间过好久，不知轮到谁。
> 有人穷训话，有人打瞌睡，有人瞎附和，有人掉眼泪。
> 小声像催眠，令人真陶醉，大声不必怕，就当狗在吠。
> 打盹有技巧，脑袋不能垂，不然被逮到，就要倒大霉。
> 会开一下午，实在是够累，没听两三句，水喝好几杯。
> 说来真惭愧，开会千万回，快要退休了，还是不太会。
> 唱了大半天，到底会不会，你若还不懂，就要多开会。

显然，开会多是一件耗费时间和精力的事情。19世纪美国南北战争时期，陆军中尉亨利·罗伯特（Henry Robert）主持一个会议，会上争论不休，意见分歧非常大，于是，罗伯特发誓要认真研究一个好的开会办法来改变这种无效率的混乱状态。他潜心总结了英国议会、美国国会、市政委员会及民间社团的经验之后，于1876年出版了《罗伯特议事规则》一书，书中囊括了会议组织的规则体系、议事程序、发言与辩论规则、表决流程、纪律惩戒程序等具体内容，对全世界开会的效率和原则问题产生了深远的影响。但是时至今日，无论在政府还是企业，无效会议仍然比比皆是。

经济学人智库（Economist Intelligence Unit）对全球总市值超过 10 亿美元的企业进行研究之后发现，大约 80% 的会议时间用来探讨与企业长期价值相关性低于 20% 的问题；只有 5% 的受访者认为在企业严格的程序规则下，他们能够关注高潜在价值的关键议题；60% 的受访者表示，他们在开会时常常因为紧急事务而无法就重要议题形成一致意见；22% 的受访者表示他们在会议上通常没有时间提及关键议题。

美国 Net Meeting 对 4000 名白领上班族进行调查发现，受访者每周平均要参加 10 个会议，经理人员每周花在开会的时间超过一半。然而，平均一半的会议属于浪费时间的行为。

《海口晚报》曾对 400 名受访者进行问卷调查，调查对象主要是企事业单位的员工和公务员。调查结果显示，50% 的受访者平均每天要开 1~3 次会议；79% 的受访者表示在开会时做着与会议无关的事情，其中，13% 的受访者在开会时阅读报纸、杂志等；24% 的受访者在开会时听音乐、玩手机游戏、上网看小说或者短信聊天；更有 42% 的受访者选择在开会时睡觉。

那么，我们如何才能打破开会的低效率现状，有效地发挥开会应有的积极作用呢？2012 年，中共中央政治局召开会议，审议通过了《十八届中央政治局关于改进工作作风、密切联系群众的八项规定》（以下简称中央八项规定）。其中一项主要内容就是"精简会议活动，切实改进会风，严格控制以中央名义召开的各类全国性会议和举行的重大活动，不开泛泛部署工作和提要求的会，未经中央批准一律不出席各类剪彩、奠基活动和庆祝会、纪念会、表彰会、博览会、研讨会及各类论坛；提高会议实效，开短会、讲短话、力戒空话、套话"。随后为了贯彻落实中央八项规定，2017 年十九届中共中央政治局召开会议，审议通过了《中共中央政治局贯彻落实中央八项规定的实施细则》。其中，针对精简会议活动和文件简报的部分，摘录如下。

二、精简会议活动和文件简报

5. 减少会议活动。各地区各部门要本着务实高效的原则，严格清理、切实减少各类会议活动，能不开的坚决不开，可以合并的坚决合并。各部门召开本系统全国性会议，每年不超过 1 次。未经中央批准，不在地方任职的中央政治局委员一律不出席各类剪彩、奠基活动和庆祝会、纪念会、表彰会、博览会、研讨会及各类论坛等，在地方任职的中央政治局委员出席上述活动也要从严掌握。要严格会议活动审批程序，以党中央、国务院名义召开的全国性会议和举行的重大活动，由中央办公厅、国务院办公厅统筹安排。中央各议事协调机构及其办公室、中央和国家机关各部门召开的全国性会议和举行的重要活动，须经中央办公厅、国务院办公厅审核后报批，涉外会议和重要活动还须送中央外办、外交部审核。

6. 控制会议活动规模和时间。严格控制各类会议活动规模，减少参加人员。各部门召开的全国性会议，只安排与会议内容密切相关的部门参加，人数不超过300人，时间不超过2天，不请各省（自治区、直辖市）党委和政府主要负责同志、分管负责同志出席。中央政治局常委不出席各部门召开的工作会议。要坚持开短会、讲短话，力戒空话、套话。各类会议活动不安排中央政治局委员接见会议代表并合影。

7. 提高会议活动效率和质量。各地区各部门要充分运用现代信息技术手段改进会议形式，提高会议效率。全国性会议可视情采用电视电话会议形式召开，在不涉密且技术条件允许的情况下，有的会议可直接开到基层。电视电话会议的主会场和分会场都要控制规模、简化形式，不请外地同志到主会场参会，各地分会场布置要因地制宜、精简节约。需要安排讨论的会议，要精心设置议题，充分安排讨论时间，提高讨论深度。中央政治局委员会见外宾的形式、地点可灵活安排，注重实效。

8. 严格控制会议活动经费。各地区各部门举办会议活动，要严格执行有关规定，厉行节约，反对铺张浪费。严禁提高会议用餐、住宿标准，严禁组织高消费娱乐、健身活动。会议活动现场布置要简朴，工作会议一律不摆花草、不制作背景板。严禁以任何名义发放纪念品。

9. 减少各类文件简报。凡国家法律法规和党内法规已作出明确规定的，一律不再制发文件。没有实质内容、可发可不发的文件简报，一律不发。由部门发文或部门联合发文能够解决的，不再由中共中央、国务院（含中央办公厅、国务院办公厅）转发或印发。未经党中央、国务院批准，中央和国家机关各部门、各议事协调机构不得向地方党委和政府发布指示性公文，不得要求地方党委和政府报文。各地区各部门要严格按程序报文，不得多头报文。各部门报送党中央、国务院的简报原则上只保留1种。各部门内设机构和下属单位的简报，一律不报送党中央、国务院。

10. 提高文件简报的质量和时效。各地区各部门应严格按照中央办公厅、国务院办公厅的有关要求，对文件和简报资料的报送程序和格式进行规范，加强综合协调和审核把关，切实提高运转效率。文件要突出思想性、针对性和可操作性，严格控制篇幅；简报要重点反映重要动态、经验、问题和工作建议等内容，减少一般性工作情况汇报。各地区各部门要加快推进机关信息化建设，积极推广电子公文和二维条码应用，逐步实现文件和简报资料网络传输和网上办理，减少纸质文件和简报资料，降低运行成本，提高工作效率。

本章根据会议组织的流程，从开会前、开会时和开会后三个环节探讨如何开好会。

第一节 开会前

- "我根本不知道要开会！"
- "这个会议是为什么开的？"
- "这次会议需要占用我多少时间？"
- "我需要准备什么内容？到时我应该做什么？"

一次没有准备好的会议常常使与会人员产生上述的困惑。假如与会人员不知道何时要开会，会议缺席的现象便屡见不鲜；假如他们对开会目的一知半解，他们如何自行做好充分的准备，并在开会过程中积极参与讨论？假如他们无法得知会议的持续时间，接下来的工作如何安排？

在这一部分，我们从会议的目的、会议的议程、与会人员的角色分工以及会务组织四个方面探讨开会前的准备工作。

一、会议的目的

美国英特尔公司的创始人安迪·格鲁夫（Andrew Grove）认为："会议是管理工作得以贯彻实施的中介手段。"概括地说，会议的目的主要包括以下六种。

1. 信息传达与共享

管理者通过会议将组织政策、经营数据、工作业绩和最新指示传达给员工，使多个员工在同一时间得到相同的信息，避免信息在层级传播过程中出现偏差。与此同时，各部门或各员工之间能够及时反馈信息，交流意见。例如，研发部门提出新产品的设计方案，生产部门沟通生产的进度和困难，销售部门分析市场占有情况和市场需求，财务部门进行成本核算、财务预测和分析等工作，人力资源部制定人力资源规划和培训组织等。会议的讨论有助于各部门之间打破信息不对称和"信息孤岛"的限制。

2. 员工指导与培训

培训会议的好处体现在培训覆盖面大，培训者在集中的场地对培训对象进行知识传授，培训对象之间可以现场交流技能和工作经验。培训员工常用的讲授法、讨论法、案例研究和角色扮演等方法一般都以会议为载体。

3. 员工激励与动员

会议的信息传达与平等参与功能本身是激励的一种方式。在会议上，管理者能够通过慷慨激昂的发言、振奋人心的组织业绩和真心诚意的致谢调动员工的工作积极性；通过对组织目标的清晰阐述，使员工进一步认识工作的意义、努力方向和具体的行动计划。

4. 矛盾协调与解决

"圆桌会议"是平等协商、对话的代名词。在会议上，每一位与会者都有平等的发言权，可以围绕共同的议题表达自己的观点，及时倾听对方的反馈，在全面了解具体事实和各方观点的前提下达到协调沟通的目标。

5. 决策改进与创新

与会人员能够通过共同参与激发新的想法，整合多种观点的优势，更为系统、全面地看问题。在此基础上，决策得以完善。

6. 联系构建与维持

会议实现的是面对面的沟通。管理者和员工都能够通过会议及时沟通信息，了解其他与会者的看法，进而加强联系。

二、会议的议程

议程是会议的关键要素，应包括何时开会、在何地开会、具体讨论什么议题、每项议题的商讨持续多长时间，以及具体的参加者有谁等内容。此外，我们需要通过议题的重要性、紧急性、与组织目标的相关性等因素确定议程的优先顺序。

1. 何时开会

议程将标明报到时间和每场会议的具体时间安排，有时也包括茶歇的时间，让与会者能够了解工作的具体安排和工作量。其中，会议组织方需要考虑，在通常情况下，与会者在一天中哪个时间段状态最佳。

2. 在何地开会

议程需要明确会议地点。与会者可以结合会议材料中的交通路线说明准确找到会议室，减少因为交通指示不明带来的麻烦。

3. 具体讨论什么议题

简洁而准确地描述讨论的议题有助于与会者有效地组织思路，提前搜集资料，准备具体的发言内容，了解沟通的重点，从而更好地发挥会议面对面交流与倾听的积极作用。

4. 每项议题的商讨持续多长时间

这一点有利于与会者树立更加明确的时间观念，了解发言时间的限制，帮助组织方更好地把握和控制会议的时间，尽量避免人为打断与会者的发言。

5. 具体的参加者有谁

在议程中标明具体的参加者是一种礼貌行为，同时也方便与会者进行沟通对象策略分析，知道参加者的工作经历和背景、对某个议题所持的态度，或者从以往的相互沟通经验中了解对方的沟通特点，结合对讨论内容的准备，制定好沟通策略，包括："我要与他就哪个问题进行交流？""我的什么观点可能与他的观点不同？""他可能帮助我解答什么疑问？"

一份完善的议程能够帮助与会者预览会议的概况，预测自己可能在会议过程中提供什么、获得什么，并且计划怎么去实现它。会议议程示例见图7-1。

8月5日（星期四）	
全天报到	X大学专家楼一楼会议厅（广东省广州市A路B号）
8月6日（星期五）	
8:00～8:30	广东代表注册
9:00～9:10	开幕式
主持人：王红　X大学Y学院院长 1. 宣布学术研讨会开幕 2. 介绍与会嘉宾	
9:10～10:10	主题报告
1. 中国企业管理沟通的发展现状（9:10～9:40） 周伟　A大学B学院教授 2. 管理沟通的公私之辨（9:40～10:10） 张琳琳　A大学D学院教授	
10:10～10:30	全体代表合影，茶歇
10:30～11:45	专家报告
主持人：朱晓辉　X大学Y学院副院长 1. 商务写作中常见的逻辑错误分析（10:30～10:55） 刘光明　C大学D学院教授、中国管理协会副会长 2. 商务写作的定位决策分析（10:55～11:20） 陈晓曦　E大学F学院教授 3. 走出商务写作误区的技巧（11:20～11:45） 马敏依　E大学F学院副教授	
11:45～12:00	与会者提问
12:00～12:10	主持人总结发言
12:10～13:10	午餐
……	

图7-1　会议议程示例

三、与会人员的角色分工

与会人员的选择及其角色分工对会议的效果起着至关重要的作用。詹姆斯·奥罗克（James O'Rourke）提出，与会人员一般应包括下列人员："那些必须贯彻或执行会议决策的人；那些可以提供有价值的信息或好主意的人；那些能够赞成会议结果的人；那些能够支持小组意见的高层管理者；那些持分歧意见或者与传统意见相悖的人；那些对决策的成功而言不可或缺的人。"根据上述条件，我们结合会议要求和目标选定参加会议的人选。

人选确定后，一方面，从与会者的角度看，他们会问自己："我在会议中要扮演什么角色？发挥什么作用？"迈克尔·哈特斯利（Michael Hattersley）在《管理沟通：原理与实践（原书第3版）》一书中对这一问题做出了详细的阐述，见表7-1。

表7-1 角色扮演策略

1. 开玩笑者		通过恰当的幽默打破会议僵局，缓解紧张气氛和冲突的人
2. 看门人		试图遵守会议议程，确保议程顺利执行的人
3. 魔鬼代言人		明确指出即将达成的会议共识的不足，有助于形成更好的可替代方案的人
4. 评论家		从别人的意见中看出问题但又提供不出更好的解决办法的人
5. 确定议程者		定期把新的意见和事项放到会议上讨论的人
6. 建立共识者		发现即将达成的共识，并且集思广益提出行动方案的人
7. 摇旗呐喊者		善于指出对立双方的实际共同点，对好的观点进行鼓励和赞美的人
8. 模仿者		应声虫，简单附和他人言论的人
9. 偏执狂		在会议上重复讨论同一话题或意见的人
10. 局外人		与会议进程相脱离的人
11. 领导者		以经验和权威主持会议，拥有最终发言权的人

（资料来源：哈特斯利，麦克詹妮特. 管理沟通：原理与实践：第3版［M］. 葛志宏，陆娇萍，刘彧彧，译. 北京：机械工业出版社，2008.）

另一方面，从三大主要参与者（主持人、秘书或记录员、会议成员）的角度看，他们会问自己："我在会议整个过程中需要做什么呢？""我对会议的贡献在哪里？"相关情况见表7-2。

表7-2 主要参与者的会议贡献

	会议前	会议时	会议后
主持人	1. 提出和理解讨论的项目 2. 批准议程草案 3. 确保与会者获知会议目标、时间、地点和议程等 4. 保证会务工作顺利开展	1. 准时开始 2. 介绍与会嘉宾 3. 清楚阐述会议议程 4. 获得有力的发言 5. 有效的决策	1. 核实秘书或记录员准备的备忘录草稿 2. 监控进展
秘书或记录员	1. 就计划讨论的内容搜集资料并整理 2. 起草会议议程 3. 得到主席批准 4. 发送会议通知和议程	1. 提前到达 2. 布置会场 3. 提供所有必要文件 4. 记录进程 5. 协助会议主持人	1. 起草备忘录 2. 交主持人批准 3. 向与会者分发备忘录 4. 必要时根据备忘录和监督者的要求发布公示
会议成员	1. 告知秘书/主持人需要列入议程的事项 2. 阅读所有文件 3. 准备自己的支持性文件 4. 向秘书说明需要纠正的论点	1. 准时出席 2. 按照会议要求发言 3. 根据会议发言参与讨论 4. 记录会议决定及需要采取的行动	1. 阅读、审核备忘录 2. 执行行动计划，必要时汇报情况

（资料来源：康青. 管理沟通［M］. 6版. 北京：中国人民大学出版社，2022；杜慕群，朱仁宏. 管理沟通［M］. 2版. 北京：清华大学出版社，2014.）

四、会务组织

会务组织是一项琐碎而细致的工作。列出会务清单有助于有序并准确无误地做好组织工作。其中，最重要的是开会地点的确定，影响因素包括地理位置、气候、安全性、标识、费用、房间大小、座位质量和舒适度、会议桌以及开会设备等。会务清单见表7-3。

表7-3 会务清单

项目名称	是	否
1. 会议的地点是否确定好？		
2. 与会者的房间是否安排好？		
3. 会议室是否预订好？		
4. 会议室是否有足够的椅子？		
5. 会议室的座位安排是否准备妥当？		
6. 视听辅助设备是否调试好？		
7. 分发的材料是否准备充足？		
8. 签到台和签到簿是否准备好？		
9. 茶水、点心等供应是否完备？		
10. 是否备好记录本、纸张、铅笔和名片等？		

(续)

项目名称	是	否
11. 与会者到达开会地点的交通方式是否确定?		
(1) 机票是否预订好?		
(2) 停车位是否足够?		
12. 到达开会地点的交通信息是否已经提供?		
13. 会议室、大堂、签到台等的指示牌是否准备好?		
14. 接送与会者的车辆是否安排好?		
15. 应急电话号码和咨询电话号码是否已经提供?		
16. 签到程序和相关设备是否已经准备好?		
17. 是否需要翻译人员?		
18. 是否需要摄影师?		
19. 是否需要准备参会的纪念品?		

第二节　开会时

准备充分的会议是好的开端。然而，一旦会议开始，我们又要面对新的问题，例如，会议的大概流程是什么？如何处理突发事件，如天气突变或与会者突然生病等问题？如何制定会议的预算及其控制？如何鼓励与会者的积极参与？如何促进会议共识的形成？

会议的成功标准之一是"达成共识"，因此，我们需要从程序上、从会议预算及成本上、从危机应对的角度确保会议取得成效。

一、会议的基本程序

本章开篇所提及的《罗伯特议事规则》一书强调的正是程序正义的重要性，包括会议组织的规则体系、议事程序、发言与辩论规则、表决流程、纪律惩戒程序等，这些技术层面上的思考使得有效会议具有可操作性。亨利·罗伯特在序言中引用了一句话："这些形式在一切事例中是否最合理并不真正重要，重要得多的是应当有一条通用的规则，以便有一致的开会程序，而不决定于主席的奇想，或会员们的苛责。在一个庄严的公共团体中保持秩序、礼仪和正规是极重要的。"

确定会议的基本程序有助于更好地保证会议顺利开展，有效控制会议中可能出现的障碍。会议大致分下列步骤进行：

（1）阐述会议的主题及其目的，使与会者明确对会议具有高相关性和潜在价值的信息。

（2）介绍与会者，使与会者之间有基本的了解。

（3）解释会议议程，使与会者清楚讨论的规则和时间限制。

（4）确保每一位与会者具有平等的发言机会，展开充分的讨论。

（5）及时处理会议的干扰（如外界杂音等），激发与会者的兴趣和参与性。

（6）随时控制会议进程，提醒发言时间，避免讨论偏离主题。

（7）在每个议题讨论结束后，对意见统一和有分歧的观点加以总结或评论，引出下一个议题。

（8）在每场会议结束后总结会议达成的共识或取得的成果。

阿代尔在《人际沟通》一书中从目的、计划、引导、成形、行动五个方面介绍了召开有效会议应注意的内容，见表7-4。

表7-4 召开有效会议应注意的内容

目的	1. 准时开始 2. 清晰地列出目标 3. 强调问题/情况/理由 4. 定义约束和限制 5. 阐明会议的任务
计划	1. 准备议程 2. 草拟议程 3. 确保议程上的项目都需要优先考虑 4. 留出足够的时间
引导	1. 确保讨论有效 2. 介绍讨论主题 3. 引出观点、意见和经验 4. 培养群体人员的兴趣和参与性 5. 保持讨论不偏离主题 6. 使用时间约束保持讨论的相关性
成形	1. 引出结论 2. 认识到与会者投入程度和观点的变化 3. 总结大家意见统一和有分歧的观点 4. 立即陈述达成的结论 5. 检查大家的理解和接受程度
行动	1. 获得接受和委托他人 2. 清晰地总结和强调结论 3. 委托某人实施行动计划 4. 确保所有人都正确理解 5. 准时结束

（资料来源：阿代尔. 人际沟通［M］. 燕清联合，译. 海口：海南出版社，2008.）

二、合理控制会议预算

哈尔滨国际会展体育中心的经理估算，中心环球剧场一年举办 60 多场大型会议，每次会后倒掉六七桶水，按照每桶水 10kg 计算，一年的会议会浪费 4000kg 水。除了低效率问题，开会的浪费现象同样应引起重视。为了实现对会议预算的合理控制，我们需要明确会议的直接成本，进而加强对会议经费使用情况的监控。会议的预算具体包括下列四个方面：

（1）交通费用。为了开会，与会者往返出发地与会议地点的交通费用是多少？会议期间，与会者所用的交通费用是多少？包括住宿地到开会场所的接送费用等。

（2）会议设施费用。会议室的租赁费用是多少？视听辅助设备（包括多媒体系统等）的租赁费用是多少？会场的布置费用是多少？会议资料的复制和打印费用是多少？

（3）餐饮费用。每位与会者一日三餐的费用是多少？开会茶歇期间的食物费用是多少？

（4）杂费。重要人物的安保费用是多少？翻译与向导的费用是多少？会议纪念品的费用是多少？

我们需要通过制定会议预算表详细记录和追踪会议经费的使用状况，同时，随时检查和监督各个项目的落实情况。

三、成熟的危机管理

- 浓雾天气影响飞机航行，与会者无法按时到达会议地点，我们应该怎么办？
- 与会者超出预计人数，我们应该怎么处理？
- 与会者突然生病，我们应该怎么办？
- 投影仪突然故障，我们应该怎么办？

全球 50 位管理大师之一理查德·帕斯卡尔（Richard Pascale）说："21 世纪，没有危机感是最大的危机。"会议过程中突发状况层出不穷，为了应对，我们需要有成熟的危机管理体系进行动态的调整和控制，其中最重要的是要有危机意识。

（1）预测可能碰到的危机，针对具体的危机情境制定详细的危机处理预案。

（2）重视沟通的作用，获取负责人的联系方式，注意与各设备和服务供应商保持密切联系，要求各供应商出现特殊情况时提前给出通知。

（3）了解酒店突发事件的应急部门及其工作程序，如酒店附近的医疗服务等。

（4）密切追踪酒店入住情况。

（5）在会议议程中标明紧急情况的联络号码和联络人。

（6）在登记表中询问与会者是否具有特殊需要，如轮椅服务等。

（7）在与各供应商的合同条款中详细提出服务要求，标明特殊情况下的让步条款。

例如，某次会议前一周，天都是阴沉沉的，开会期间有出行安排，会务组织人员担心下雨给参会人员带来不便，于是在纪念品中增加了带有主办方和此次会议标记的雨伞，既方便了参会人员在微雨的情况下出行，还起到宣传的作用。总的费用增加了3000元。

再如，与会者报到当天，由于酒店突然失火，有18位与会者必须到另一家酒店登记入住。首先，为了尽量减少这种情况发生的概率，应认真选择合适的酒店，了解在开会期间各酒店往年的正常入住率；保持与酒店方面的联系，在类似情况发生时能够尽早得知具体信息。其次，为了尽量避免与会者入住不同酒店，可以做多种尝试，如合并会务用房等。最后，如果与会者实在无法在同一间酒店入住，会务组织人员应及时向他们详细地解释原因，征得他们的理解，同时安排他们就近入住，提供两个酒店往返的专车接送服务。

第三节　开会后

会议结束后，备案、追踪会议决议的落实情况以及评估会议就成为主要的工作内容。

一、会议备忘录

通过备忘录的整理及分发，与会者能够清楚地了解会议所讨论的议题、达成的共识、存在的意见分歧以及后续的行动方案，明确各自在未来的行动方案中所承担的责任。会议的备忘录也是下一个议题讨论前的资料储备和分析基础。会议备忘录理清了下列几个问题：

（1）会议的主题是什么？

（2）会议的时间、地点和与会者的具体信息是什么？

（3）会议的主要发言内容是什么？

（4）会议达成了哪些共识？存在哪些意见分歧？

（5）未来有哪些行动？每项行动各由谁负责？具体的时间安排如何？

（6）下次会议讨论的议题可能是什么？

会议备忘录的基本结构见表7-5。

表7-5　会议备忘录的基本结构

会议名称：	
会议时间：	会议地点：
出席者：	
缺席者：	缺席原因：
主持人：	记录人：
会议的主要议题：	
发言的主要内容：	
会议的主要结论：	
未来的行动方案：	
下次会议：	

编写好会议备忘录后，要将备忘录提交给会议主席审核，在会议结束后1~2天内分发给与会者，起到让与会者回顾会议内容和了解后续行动计划的作用，同时有助于会议主办方在未来的时间里追踪各行动方案的执行情况及各负责人履行职责的概况。

二、会议评估

会议评估有助于及时总结已有的经验，从会议的准备、执行和会后的效果等多角度评价会议的质量。常用的会议评估方法是问卷调查、访谈和现场观察等。杰拉尔丁·E. 海因斯在《管理沟通：策略与应用》一书中介绍的会议评估表立足于下列九个要素：①会议目标的清晰度；②解决问题的系统性；③与会者的出席率；④干扰的有效处理程度；⑤会议形式的恰当性；⑥会前细节的安排；⑦时间安排；⑧不开会是否能够达到确定目标；⑨会议目标的实现程度。

按照会议组织流程，我们可以从开会前、开会时和开会后三个环节对会议进行效果评估，会议评估表见表7-6。

表7-6　会议评估表

指标	5	4	3	2	1
1. 清晰定义会议的目标					
2. 会议议程清晰全面，发放及时					
3. 开会期间的信息沟通及时、准确					
4. 开会期间各项指示牌指示清晰、便利					
5. 开会期间住房安排得当					
6. 开会期间餐饮安排得当					

(续)

指　标	5	4	3	2	1
7. 会议地点安排得当					
8. 会议场地设备良好					
9. 会议准时开始					
10. 与会者准备充分					
11. 主持人准备充分，组织有序					
12. 会中干扰得到有效处理					
13. 与会者之间平等交流，气氛和谐，沟通效果良好					
14. 会中时间得到很好的安排					
15. 会议有效达成共识，实现目标					
16. 会中安排了会议记录					
17. 对会议的成果和不足进行及时总结和恰当评价					
18. 会议后及时分发会议备忘录					
19. 会议后未来的行动方案明确可行					
20. 我对此次会议很满意					

注：1~5的分值分别表示非常不同意、不同意、一般、同意和非常同意。

向与会者发送会议备忘录的同时附上这份调查问卷，回收全部问卷后整理数据，统计分析，有助于及时总结会议组织的经验和存在的问题。

本章小结

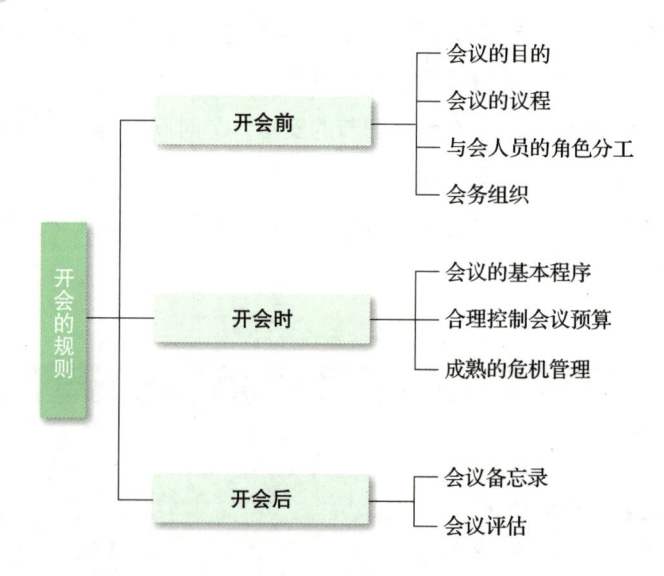

```
                    ┌─ 会议的目的
            ┌─ 开会前 ─┼─ 会议的议程
            │        ├─ 与会人员的角色分工
            │        └─ 会务组织
            │
开会的规则 ─┤        ┌─ 会议的基本程序
            ├─ 开会时 ─┼─ 合理控制会议预算
            │        └─ 成熟的危机管理
            │
            │        ┌─ 会议备忘录
            └─ 开会后 ─┴─ 会议评估
```

第八章　学会用信息技术
Chapter Eight

我所经历的年代没有烽火狼烟、飞鸽传书或者驿马速递，也不是"摇把子"电话和电报盛行的年代。1985年以前，北京电报局的公众电报业务量最多时每月达到300万份，当人们都在讲当年电报惜字如金的时候，我的记忆里有的是"哔哔哔"的BP机声音和像半块砖一样笨重的"大哥大"。20世纪八九十年代，大街小巷里不时听见："有事您呼我！""腰别BP机，手拿大哥大"已经成为时代的典型缩影。据说，那时的"大哥大"重达776g，市面价格在三万元左右，但是一转手最高可以卖到五万多块钱。80年代末，我家装了第一台电话，花了四千多块钱。回到学校，我最得意的事是告诉同学我家的电话号码，当时能和我交换号码的人寥寥无几。因为刚装电话不久，我爸还闹了笑话。朋友打电话到家里找他，他接了电话，突然对朋友说："不好意思，我现在不在家。"我们都笑了，他才反应过来，原来他当是公用电话呢。80年代我家的大事还有购入了一台录音机，后来又买了彩色电视机。

90年代，我第一次接触到英文打字机，随着手指一按，带有符号字模的字锤就会敲打在纸上；我和弟弟为了一台小霸王学习机省吃俭用了整整两年，第一次接触五笔输入法。再过六年，我买了垂涎已久的松下的随身听。两年后，我又在香港购入韩国产的MP3，花了1300多块钱。中学时，我们在计算机课上苦学DOS和WPS，用的是3.5英寸软盘。大学时，我终于拥有了人生第一台属于自己的电脑，系统是Windows XP，用的是U盘，从16M到16G；同时拥有了人生第一部手机。后来为了文件备份，我又有了移动硬盘。再过两年，我换掉了原来的电脑，开始使用IBM的T43笔记本电脑。计算机的更换速度越来越快，其性能也越来越优化。

90年代，我每周都要写信，交"笔友"，每寄出一封信就焦急得盼望回信，常常一等就是一个星期。现在我们常常听到的是微信、微信公众号和政务App等，分享的信息越来越即时，范围越来越广。

我上小学时学的是珠算，在算盘上"噼里啪啦"地敲打，嘴里不停地念着"一上一，一下五去四，一去九进一；二上二，二下五去三，二去八进一"。现在的小学生首先学会的是如何使用计算器。现在，计算机走进千家万户，幼儿园的小朋友对屏幕、键盘、鼠标和网线等已不再陌生。

这是我真实的生活。信息科技在全世界的发展更是日新月异。1837年，美国人塞缪尔·莫尔斯（Samuel Morse）发明了世界上第一台电磁式电报机。1875年，在苏格兰人亚历山大·贝尔（Alexander Bell）的研发下，世界上第一台电话机诞生了。1925年，美国无线电公司研制了第一部实用的传真机。1946年，美国人普雷斯珀·埃克特（Prespen Eckert）和约翰·莫利奇（John Mauchly）发明了世界上第一台电子计算机。20世纪60年代末，出现了互联网，随后出现了世界上第一封电子邮件。

在我国，1950年年底出现了第一条有线国际电话电路。20世纪50年代盛行"摇把子"电话。1956年，北京长途电话局开通会议电话业务。1979年，上海出现了第一部汽车自动电话。三年之后，中国第一批投币式公用电话投入使用。1983年，上海开通国内第一家寻呼台。1985年，深圳发行了我国第一套电话卡。1987年9月20日，在维纳·措恩（Werner Zorn）的帮助下，中国从北京向海外发出了第一封电子邮件："Across the Great Wall we can reach every corner in the world."同年，广州拥有了我国第一个移动电话局。1999年，手机第一次连上了网络。

中国工业和信息化部公布，2021年，我国电话用户达到18.24亿户，较2020年增加了0.48亿户，同比增长2.70%。其中，移动电话用户达到16.43亿户，较2020年增加了0.49亿户，同比增长3.06%，移动电话普及率达到平均每百人拥有116.3部。在互联网运用方面，中国互联网信息中心在北京发布第50次《中国互联网络发展状况统计报告》显示，截至2022年6月，我国的网民规模为10.51亿人，互联网普及率达74.4%。在网络接入环境方面，网民人均每周上网时长为29.5小时，较2021年12月提升1小时。网民使用手机上网的比例达99.6%，使用台式电脑、笔记本电脑、电视和平板电脑上网的比例分别为33.3%、32.6%、26.7%和27.6%。短视频用户规模达9.62亿人，即时通信用户规模达10.27亿人，网络新闻用户规模达7.88亿人，网络直播用户规模达7.16亿人，在线医疗用户规模达3.00亿人。

信息科技的每一次巨大飞跃都对我们的沟通方式产生了深远的影响。电报、电话和互联网的出现打破了面对面沟通在空间距离上的障碍，提高了信息传播和反馈的效率，直接或间接地促进了现代沟通网络的扁平化。随着新的沟通方式出现，我们对信息与人际关系的理解却悄然发生着变化。有人认为，手机和互联网实现了"天涯若比邻"；也有人指出，信息科技的发展给我们带来的消极影响不容忽视，"手机使我们联系方便了，可是人与人之间却疏远了"。

那么，在信息时代中，沟通主体和沟通效果到底发生了什么变化？电子邮件、电话录音、视频会议和电话这些常见的信息科技形式对我们的沟通产生了什么影响？我们如何运用演示文稿展示我们的沟通内容？本章将对此一一做出解答。

第一节 信息时代的沟通

信息时代改变了我们的沟通方式和沟通效果。拜年是中国人的传统习俗，人们通常选择在这一重要的时间节点互相表达美好的祝愿和感谢。20世纪五六十年代的拜年方式主要是上门拜年。例如，20世纪50年代的《北京日报》常见学生在春节期间到烈属、军属、农民家中拜年的报道，他们动手帮忙打扫卫生，擦窗户，送上拜年祝福。20世纪90年代，随着寻呼机（BP机）和电话的普及，电话拜年、BP机拜年兴起。有统计数据表明，截至1993年，北京平均每40人就有一人携带BP机，每五人拥有一部电话，通信发展为"电话拜年热"或"空中拜年热"提供了可能性。1995年2月17日《北京日报》的报道指出，1995年春节期间，北京市公众寻呼业务量高达110万次，全北京的长途电话使用量达到近200万次。20世纪90年代末，计算机互联网迅速发展，网上拜年的兴起实现了另一种形式的拜年。电子邮件降低了长途电话、传真费的开支。进入21世纪，手机的普及使短信、微信等拜年方式应运而生。2003年2月8日《北京日报》刊登了《拜年不登门，手机发短信》的报道，调查显示，当年春节期间采用手机短信拜年的人占被调查者综述的35.1%，成为人们首选的拜年方式。2004年仅除夕一天，北京移动和北京联通公司的短信发送量超过1亿条。2005年大年初一至初五，北京市民发出的节日祝福短信飙升至2亿多条。到2011年除夕，北京地区一天的手机拜年短信、彩信数量超过10亿条。近年来，微信拜年的新方式缓解了"短信塞车"的现象，以效率更高、成本更低的方式迅速普及。2014年2月7日《北京日报》刊登了《除夕夜拜年微信每分钟千万条》的报道。

科技从来都是一把"双刃剑"，为我们的沟通带来便捷和无限美好遐想的同时，也给我们制造了新的沟通困境和障碍。就拿微信拜年来说，一方面，我们能够在短时间内为数百位朋友发送新年的祝福，体现信息传播的高效率；另一方面，正是这种高效率，我们需要花更多的时间回复或阅读经过无数次被转发、群发的类似信息。有人表示，这反而成了烦恼和负担。此外，信息内容的雷同也使真心诚意的拜年打了折扣，忽略了沟通对象独特的期望、偏好和人生经历。"短信或微信拜年究竟使人际关系更亲密还是更疏远"成为辩论的话题。

那么，信息科技的发展到底为沟通带来了哪些积极或消极的影响呢？

一、对沟通主体的影响

关掉手机24小时，你会不习惯吗？有人说："如果关机24小时，我肯定会焦虑不安的，做什么事情估计都不在状态。"也有人说："平时有事没事我就习惯翻看手机，要是手机关机了，我肯定很害怕，坐立不安的。"越来越多的现代人患上"手机依赖症"，甚至是"手机焦虑症"，手机每天都要处于开机状态。

手机的使用使我们之间的沟通变得越来越便捷，但为什么有人却始终感觉人与人之间的关系反而疏远了呢？其中一个重要的原因便在于手机联系多了，面对面的直接沟通和书信来往随之减少。人与人之间的关系有时变成了一串手机号码，缺乏没有手机的时代所拥有的亲近感。

《南国都市报》曾刊登过检验自己是否患有"手机焦虑症"的小测试，见表8-1。

表8-1　您有"手机焦虑症"吗？

1. 你常把手机放在身上吗？
2. 你会不会总有我的手机响了的幻觉？
3. 接听电话时，你是不是总觉得耳旁有手机的辐射波环绕？
4. 你是不是经常下意识地找手机？
5. 你是不是总害怕手机自动关机？
6. 你晚上睡觉也开着手机吗？
7. 当手机经常连不上线、没有信号时，你会对工作产生强烈的无力感吗？
8. 最近经常有手脚发麻、心悸、头晕、冒汗、肠胃功能失调等症状出现吗？

注：如果上述问题的作答有一半以上是肯定的，你可能染上或已经患上"手机焦虑症"。

当我们在探讨信息科技如何影响我们的沟通方式，进而改变我们对生活和世界的看法时，不禁想起一个问题，即处于沟通网络中的我们是否也因为信息科技的发展而出现一些新的问题？在这里，我们重点探讨两个问题，分别是焦虑感和疏远感。

1. 焦虑感

设想一下，你每天早晨打开电子邮箱，未读电子邮件显示四五十封。你花上两小时一一做出回复和处理，这时看到垃圾电子邮件，你会有什么感受？我的亲身体验是，恨得牙痒痒，立即彻底删除。在电子邮件满天飞的时代，一旦某天我们上不了互联网，查收不了电子邮箱，可以想象这会累积多少未能及时处理的工作，能不焦虑吗？

我们有了手机，每天都处于"联系"的状态。有一次监考，我让学生们把手机都关上。教室里非常安静，只听见钢笔在纸上滑过的声音。突然间，我发现一位学生猛然抬起头，脸上现出不安的神情，一直盯着书包堆。随后，我听见书包堆里一阵音乐铃声越来越响，有一些学生也抬起头，然后迅速低下头继续作答。几十秒后铃声戛然而止。事后我与这位学生攀谈,问:"那是你的手机在响吗?"他回答:"是的。"我说:"你的反应很迅速。"他突然说:"铃声响后,我差点就坐不住了,想提前交卷。真害怕是不是有急事联系不上我。"

这使我想起"铃声焦虑"一词的发明者——加利福尼亚州专业心理学学院的大卫·拉腊米耶(David Laramie)说过,"当我听到跟自己手机铃声类似的音调时,'我的大脑会自动把它补全'"。有的人出现手机铃声幻听,无论手机是否开机,总感觉手机在响,总听到熟悉的铃声,每隔几分钟翻看一次手机,有时情绪低落,有时异常紧张。2019 年英国一项针对上班族的调查发现,76% 的"80 后""90 后"在手机铃声响起时都会产生焦虑情绪,在出生在婴儿潮时代(1946 年—1964 年)的受访者中,40% 存在电话焦虑的情况。电话为何会给我们带来焦虑?可能的原因是沟通者在打电话时缺乏手势、肢体语言和眼神的交流,无法准确把握沟通对方的情绪和态度,无法及时调整自己的措辞,担心自己的沟通"不合时宜"。

计算机又产生什么新问题呢?微软公司的前任董事长比尔·盖茨(Bill Gates)曾经说过:"计算机天生就是用来解决以前没有过的问题的。"计算机帮助我们处理了数以亿计的信息和数据,然而它也常常使我们头痛,正如美国电视红人安迪·鲁尼(Andy Rooney)所说,"计算机使很多事情更容易做到,但其中大部分并不是必需的"。加拿大卫生部委托两位教授对加拿大 100 个大型机构的 31500 位员工进行调查后发现,计算机、手机、互联网和电子邮箱等技术在带来便利的同时增大了人们的工作量,计算机使 1/4 的加拿大人每周工作超过 50 小时。

有了手机,我们可能"24 小时待机",凡是单位或客户的来电都需要及时回复;有了电子邮箱,我们需要同时处理的信息增多了,单个人拥有的电子邮箱数量就远远超过一个;有了互联网,我们要从信息的海洋中准确检索到有价值的信息,需要花费更多的时间和精力。在科学管理时代,早期泰勒制的推行引发了工人极度的担忧和恐惧——砸机器、破坏厂房,同样,今天的科技巨变随时都可能让我们焦虑不安。

2. 疏远感

过去,新人常常在结婚宴客之前悉心准备好请帖,亲自登门邀请。有些朋友早已搬家,旧址作废,新人总是要打一通电话询问新住址,然后当面发放请帖。借结婚宴客契机,双方有机会面对面沟通,真诚互问近况,彼此之间传递着浓浓的喜悦,倍感亲近。近几年,我时常收到婚宴邀请微信:"诚意邀请您参加 A 和 B 的婚礼——某年某月某日,某某饭店某某厅。感谢您一直以来的支持与关爱,我们携手期待着您的到来!"一条普通的微信代替了过去宴客前的直接交流,人与人之间的亲近感也悄然发生变化。有时我想,与其收到礼貌的邀请微信,还不如直接听到对方在电话那头说:"喂,老朋友,某月某日下午 6 点到某某饭店某某厅一起聚一聚，我要结婚了！"

因此，我们可以清楚地看到，信息科技为沟通提供了多种便利的渠道，但也带来了一个难题——我们应该如何根据具体的情况选择合适的沟通渠道？电子邮件虽然快捷，短信沟通虽然即时，但是我们却开始怀念书信，那种用心书写、耐心等待和长期保存的价值提升了沟通的质量；怀念面对面交流，沟通不但以语言为载体，而且依赖于视觉、听觉、触觉、味觉、嗅觉等多种感官渠道。

杰拉尔丁·E. 海因斯（Geraldine E. Hynes）在《管理沟通：策略与应用》一书中提到，"两个相距一臂的人面对面沟通具有较宽的带宽"，可以通过多种感觉器官发送信息，信息容量大。也就是说，当面对面时，我们看到对方的神情放松、平静，头发上淌着汗水，身上穿着篮球运动服，与对方握手或依偎时感受到对方的善意和关心，听到对方的声音轻柔、舒缓，闻到对方身上有一股汗味，我们能够猜想到对方刚打完球回来。通过多种渠道捕捉信息，我们能够更为准确地做出受众分析，沟通的内容更能体现出亲近感。

二、对沟通效果的影响

你是否遇到过同样的情境？

- 两位同个宿舍的舍友周末待在房间里，各自对着计算机屏幕，或玩游戏，或看电影，或上网聊天，两个人一整天都说不上三四句话。
- 你和朋友喝茶，喝到一半，朋友拿起手机回复微信，一来二往，十多分钟，忙得不亦乐乎。
- 过去，一家人吃完饭围坐一圈聊聊自己的事；现在，一家人面对着电视机，聊的都是剧情。

信息科技让我们感受到一个极富想象空间的世界，沟通不再受距离的局限，然而，它在延长沟通直径的同时增加了信息处理量，在提高信息获取的即时性的同时改变了沟通效率和个人隐私的概念。

1. 信息量

假如要研究沟通，打开百度网检索"沟通"二字，大约有 1 亿条信息出现，用时 0.076 秒。过去，我们每天都通过报纸了解天下事；现在，只要打开网络、电视、收音机，甚至手机，每隔几秒钟就有新的消息充彻耳间。面对这一信息量爆炸的时代，我们在沟通过程中已经从追求信息的数量和信息更新过渡到追求信息的质量和准确性。例如，在报刊领域，有人开始关注"厚报"时代的"泡沫版面"现象。

Coremail 联合奇安信正式发布了《2021 年中国企业邮箱安全性研究报告》，指出在全国企业邮箱用户收发的电子邮件中，正常邮件占比约为 44.3%，普通垃圾邮件占比为 39.8%，钓鱼邮件占比为 4.5%，病毒邮件占比 8.0%，谣言邮件占比 2.8%，色情、赌博等违法信息推广邮件约占 0.6%。2021 年，全国企业邮箱用户共收到普通垃圾邮件 3042.1 亿封。根据卡巴斯基最新的垃圾邮件和网络钓鱼报告，截至 2021 年，将近一半的发往收件箱的电子邮件被归类为垃圾邮件。垃圾邮件显然已经成为全球的"噩梦"。

面对如此大的信息量和无效信息，处于数字时代的我们不仅感受到信息所带来的丰富多彩，也深深感受到信息所带来的压力和负担。

2. 即时性

站在公交车站，拿着手机通话的人随处可见；坐在计算机前，向大洋彼岸的客户发送电子邮件，一两分钟就收到对方回复的产品目录，花上几秒下载，选择确定后再通过电子邮件发送自己的需求，如此反复沟通，交易就完成了；打开公司的自动化办公系统，只需轻轻点击鼠标，通知、报告、培训课程、考核结果和薪酬信息等一应俱全。近年红火起来的微博和微信将强大的即时信息沟通功能发挥得淋漓尽致。

信息科技所带来的沟通即时性也引起了学者们的注意。澳大利亚莫纳什大学经过研究发现，青少年经常使用手机发微信容易变得冲动和急躁，逐渐失去深思熟虑的能力。新加坡心理学会会长林国光博士指出，现代人使用电话、传真机和手机已经形成渴望更多选择和马上要得到满足的"即刻性"心态，同时，在沟通变得越来越方便和即时的情况下，人们会把更多的时间花在聊天上，谈些不重要的话题，看似忙碌，却往往忽略真实的沟通。还有一批学者开始关注工作场景中应用即时通信工具处理工作的影响，指出即时通信工具因同步性和灵活性等优势有利于促进组织成员间便捷而广泛的信息共享，交互性增强，但是工作中频繁的即时通信需求会使员工或多或少体验即时通信过载，员工接收和发送的即时通信信息超过其有效处理和利用的范围，对即时通信产生失控感，也会导致员工工作注意力分散，影响工作任务的最终完成。

三、信息技术类型的选择

那么，我们在沟通时如何恰当地对待信息科技的利弊呢？如何结合具体情境选择合适的技术辅助沟通呢？在一般情况下，信息的特点以及时间、成本的局限是我们在沟通中选择信息技术的关键影响因素。

（1）信息。杰拉尔丁·E. 海因斯从信息敏感程度、信息消极程度、信息复杂程度和信息说服力四个维度探讨如何采用技术辅助沟通。信息的敏感程度、消极程度和复杂程度越高，信息的说服力越低，全方位获得受众对信息的反应就越关键，因此，我们更倾向于选择面对面沟通,其次是正式书面沟通、电话沟通,最后才是电子邮件沟通等。

(2)时间。时间越紧迫,对沟通渠道的即时沟通功能需求越高,因此,电话、手机短信、传真和电子邮件等优先选择,假如沟通主体距离较近时,面对面沟通也是有效的方式。其次是书信和报刊。

(3)成本。要结合每种沟通渠道的费用进行选择。

综上所述,信息技术类型的选择见图8-1。

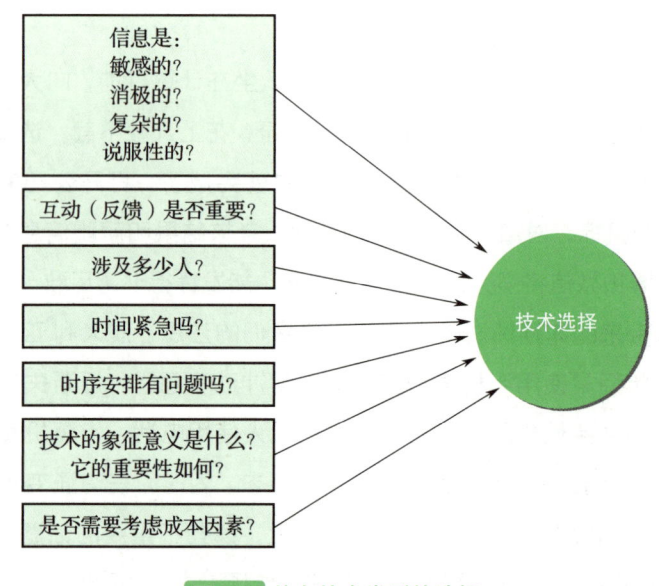

图 8-1 信息技术类型的选择

第二节 如何运用信息沟通技术

下面以电子邮件、电话录音、视频会议和电话这四种主要沟通工具为例,探讨如何运用信息沟通技术。

一、电子邮件

本书第二章已经介绍了如何使用电子邮件,这里简要分析在使用电子邮件之前需要考虑的问题。

（1）沟通对象是否习惯使用电子邮件？有的销售员给客户发电子邮件后，一旦没有收到回复，他就以为对方对该产品不感兴趣，事实上是因为对方没有登录电子邮箱或使用电子邮件的习惯。

（2）沟通对象是否非常忙碌？沟通是否存在时间限制？从我们成功发送电子邮件到对方做出回复，通常存在时间间隔。我们在选择电子邮件作为沟通渠道时需要将这个因素考虑进去。假如对方非常忙碌，为了确保对方尽可能及时查收邮件，我们可以在成功发送邮件之后再给对方发送一则短信："王红，您好！我发送了一封电子邮件到您的163邮箱，请您方便时查收！"

在发送电子邮件之前，我们还需要考虑下列问题：

（1）电子邮箱地址是否正确无误？群发或转发的对象是否合适？认真检查细节才能发送，电子邮件一旦发出就没办法撤回。有的人习惯将电子邮件群发，这是特别危险的行为。

（2）邮件主题是否明确？内容是否简洁？表述是否清楚？

（3）针对受众分析，电子邮件的内容是否过于随便？例如，在给尊长、上级等发送电子邮件时，尽量避免用过多的标点符号和语气词，如"你要记得尽快回复我啊！！！！！！！"或"哇哈哈哈"等。

（4）是否准备发送附件？

除此之外，要避免过分依赖电子邮件，但要养成每日定时查收邮箱并集中时间回复的习惯。

二、电话录音

电话录音在我国并没有得到普遍使用。有研究分析存在两个主要原因：①我国移动电话网络的发展速度比固定电话网络快速，许多人实现"手机24小时待机"，随时随地接听，这使得电话录音无法派上用场；②许多人不习惯留言，也不习惯查听电话录音，每次转到提示音"请在听到嘀的一声后留言"，许多人的条件反射动作就是挂掉电话。

那么，我们如何合理地使用电话录音呢？首先，我们要运用同理心了解打电话一方的感受。当需要电话录音时，对方不想碰到什么情况呢？第一，没完没了的问候型留言；第二，没完没了的提示信息。因此，我们在设置电话录音留言时要做好：

（1）留言简洁、清晰，让对方从声音中感受到温暖。例如，"您好！我是王红，请留言，我会给您回电话"。

（2）慎用开玩笑式的留言。有人喜欢在电话录音的留言中发挥"幽默"的特色，例如："您好，你拨打的电话已欠巨额费用，如果您知道机主的下落，请通知××派出所，联系电话是×××××。举报有奖！"

（3）提示打电话一方如何跳过提示信息，避免对方长时间听提示音产生不耐烦的情绪。

当我们准备录音时，一般会碰到什么情况呢？①思路不清，表达含糊不明；②信息遗漏，重复拨打和录音。为了避免出现上述情况，在电话录音时，我们要尽量做到：简单表明身份，解释联系对方的原因，一般在挂电话前重复自己的电话号码。例如，"您好！我是××公司的客服代表王红，联系您想要确认产品是否按规定送到，您对产品是否满意，假如存在什么问题，请随时与我联系。我的联系电话是×××××"。

三、视频会议

詹姆斯·奥罗克（James O'Rourke）在介绍视频会议时提到，视频会议存在双重问题，即"高成本和低质量"。他是这样描述的："屏幕上翻动着经过昂贵的双向电信系统传送过来的令人讨厌的失真、有斑点的图像。从扬声器里传出来的声音听起来似乎是人被困在了大桶里。"这是多么形象、生动的描绘啊！

在第七章中，我们详细地分析了整个会议的流程，这同样适用于视频会议。然而，参加视频会议前，我们要考虑下列视频会议的特点：

（1）摄像头可能放大与会者的细节，如拨弄头发、皱眉头等。

（2）发言时，声音的传播可能延时或断续。

（3）并不是每一位与会者都一定在摄像范围内。

结合这三个主要特点，我们提出下列建议：

（1）注意自己的穿着、表情和动作。詹姆斯·奥罗克认为，衣着的颜色和图案值得用心挑选，"避免过多的白色、红色或黑色"，同时选择单色简单的图案。在表情上，我们要尽量保持微笑，避免挤眉弄眼等。此外，要避免出现过多小动作，否则会分散他人对谈话的注意。

（2）发言时，语速要适中稍缓，吐字要清晰明朗，在发言结束时要加以提示。在他人发言时，保持安静，耐心倾听。

（3）每一位与会者要简要进行自我介绍，说明开会时的所在地。对没有在摄像范围内的与会者同样要加以介绍，使其具有参与感。

四、电话

电话，对很多人来说已不是稀奇的名词。刚学会走路，咿呀学语的孩童就知道拿起电话按键。谈起如何打电话，很多人都说："这还不容易吗？按键你会吧？有电话号码，按照上面的数字一按，一拨通，该说什么说什么。"但是，现实生活中打电话失败的案例却不少见。

例如，一位姓陈的同学想要邀请王红老师担任演讲比赛的评委，打了这样一个电话（打电话时间为13：00，正是午休时间）：

陈：是王红吗？

王：是的。请问您是哪位？

陈：王红，我是陈斌。

王：您好！请问您有什么事吗？

陈：星期五晚上七点，我们有个演讲比赛，让你来当评委吧。

王：不好意思，我没时间。

第一，这位同学直呼其名，缺乏基本的社交礼仪。第二，自我介绍不明确，邀约时没有征询对方的意见。因此，王红老师的拒绝也就理所当然了。

那么，电话该怎么打呢？

（1）注意电话礼节。及时接听电话，善用礼貌用语，在打电话过程中控制好情绪。切忌直呼姓名、请求时持"理所当然"的语气。

（2）选择打电话的合适时机。第一，切忌在用餐时间、休息时间、早晨七点之前、晚上十点之后打电话，不得已需要在这些时间段打电话时，需要向对方表示歉意，并简要说明事情紧急的原因："选择在这个时间给您打电话，真的很抱歉，因为下午一点出版社要定稿，我们发现第三章有一个案例存在争议，特别打电话征询您的意见。"第二，切忌在对方工作忙碌的时候打电话。为了避免打扰对方正常工作，我们在做完自我介绍之后可以委婉表达："您现在方便吗？我能否就产品质量的问题和您交流三分钟？"

（3）交谈热情委婉，积极倾听，重要的信息点注意重复确认。在电话沟通中，我们只能依靠听觉了解对方的反应，因此，打电话时的措辞、语气、声调等在很大程度上都会影响沟通的效果。我们要善于运用开放性的问题和积极的措辞，善于运用笑声制造沟通的良好氛围，主动提供有用信息，并且下意识地重复重要信息。

（4）多从对方的角度考虑。例如，谈话结束时，应尽量等对方先挂电话。

第三节　如何运用演示文稿

演讲时,演示文稿中的图表和文字有助于沟通受众理清演讲思路、提高兴趣和接受能力、理解信息量大的图标和文字、加深对演讲中信息点的印象。本节不详细介绍演示文稿的制作方法,而是借鉴蒙特和汉密尔顿在《管理沟通指南》中对视听辅助工具的分析思路,从演示文稿如何在演讲中发挥作用这一角度出发,探讨演示文稿的总体设计、每张幻灯片的设计以及具体的操作演练等。

一、总体设计

演示文稿的总体设计基于三个关键因素,分别是模板选择、颜色和逻辑结构。

1. 模板选择

演示文稿制作软件提供的模板通常都非常丰富。许多组织在内外部沟通中都倾向于选择带有组织背景图片和LOGO的特色模板,可以起到强调演讲者的身份和工作背景、有助于互动和宣传的作用。此外,我们也可以选择契合演讲主题的模板。例如,介绍世界地理时,我们可以选择地球图案作为模板。

多位演讲者分主题演示时,我们可以根据演讲者的主题选择不同的模板,在演示文稿上做出区分。

模板的选择要基于演示的情境,在商务沟通或学术交流的场合中,切忌选择花哨、复杂或过于活泼的模板,宜选择较为正式、稳重和简洁的模板。

2. 颜色

演示文稿模板的颜色选择也极为重要,选择不当会影响视觉效果。在光线较为昏暗的会场不宜选择黑灰或亮白的颜色,一个太模糊,另一个太刺眼。模板背景色用鲜艳的亮绿色容易造成视觉疲劳和昏眩。

另外,我们还要了解颜色和情绪表达的关系。例如,暖色系的红、橙、黄容易使人感到温暖和热情,心情舒畅和兴奋,冷色系的青、灰、绿和蓝容易使人感到稳重和冷静。更具体地说,红色象征热烈和活跃;黄色使人振奋,象征健康;绿色使人感到稳重,缓解人的心理紧张,帮助他人克服疑虑;蓝色表示冷静、清醒和镇定;淡蓝色可以带来海一样的清爽感觉;橙色象征活力、乐观和成熟;粉色代表温柔和梦幻;黑色表示态度严肃和严谨等。除此之外，色彩心理学家的研究表明，黑色容易分散人的注意力，产生郁闷和乏味的感觉。

美学家和心理学家都一致认为颜色具有神奇的作用，对人的心情、注意力甚至是智力发展都可能产生影响。因此，要慎重选择演示文稿的颜色。

3. 逻辑结构

为了清晰体现演示的逻辑结构，要考虑下列几点：

（1）设计一张议程表幻灯片，相当于展现演示的目录，让沟通受众知道接下来演示的主题、层次结构和逻辑思路，见图 8-2。

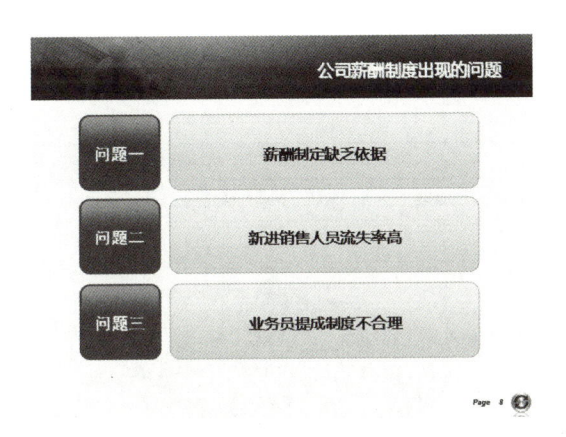

图 8-2 议程表幻灯片示例

（2）使用有效的标题，要具有较强的概括性和"独立意义"，如"科学管理是劳资革命"，或"信息技术类型的选择"。

（3）通过反复使用议程表幻灯片，或突出显示、加框、跟随标题等形式，实现幻灯片之间的过渡。举例说明三种不同的过渡形式，见图 8-3、图 8-4、图 8-5。

图 8-3 运用"突出显示"作为过渡

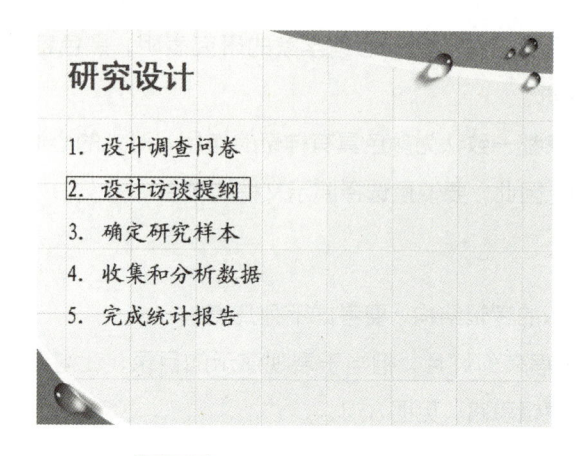

图 8-4 运用"加框"作为过渡

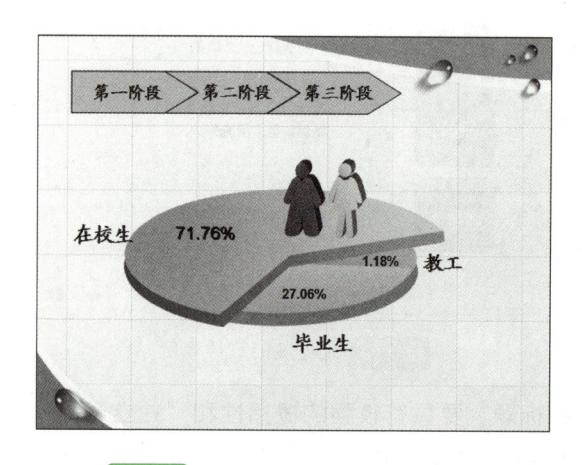

图 8-5 运用"跟随标题"作为过渡

二、每张幻灯片的设计

对演示文稿的总体设计完成之后,接下来需要针对每一张具体的幻灯片进行设计,从文字、图表到排版都需要用心考虑。

(1)善于运用图表表示数量关系(见图 8-6、图 8-7),用图解的方式表示非数量关系(见图 8-8),从讲稿中提取关键文字。例如,我们通常运用饼形图表示数量比例,用柱状图体现更多层次的数量比例关系,用曲线图表示变化趋势或走向。

(2)提取关键文字,切忌把讲稿内容一字不差地照搬进幻灯片中,切忌把尽可能多的概念和观点都写进幻灯片中。同时,注意每张幻灯片的容量。蒙特和汉密尔顿引用演讲专家林恩·拉塞尔(Lynn Russell)的"六六规则"指出:每张幻灯片上最多六行文字,每行文字平均六个字。

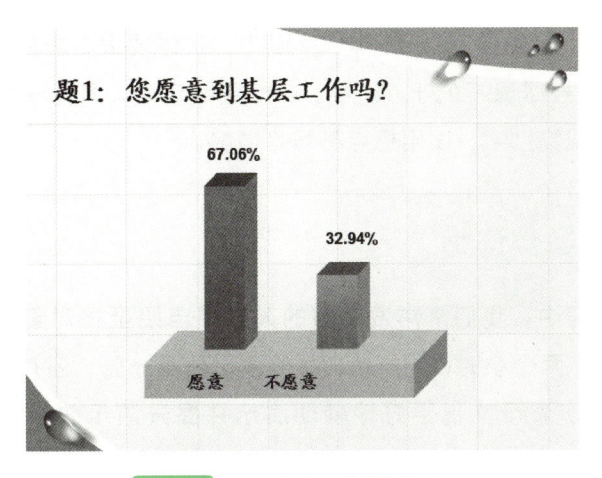

图 8-6 用图表表示数量关系一

图 8-7 用图表表示数量关系二

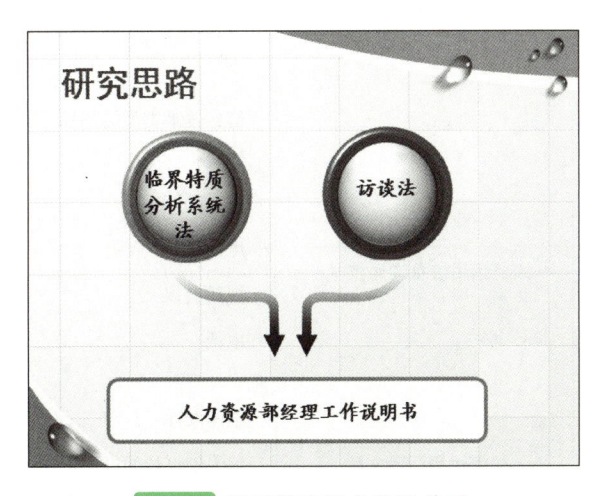

图 8-8 用图解表示非数量关系

（3）注意排版。标题控制在 5~9 个字以内，字体要大，加粗，标题字号一般是 28~44 号。正文字号尽量不低于 18 号。在检查细节时，避免一个字或标点符号单独占一行，或者出现错别字、误用标点符号等情况。

三、具体的操作演练

在具体演示过程中，我们常常发现有的人习惯自始至终对着演示文稿"照本宣科"；有的人演说了两个小时，幻灯片却始终演示着第一张；还有的人操作演示文稿时手忙脚乱。为了使演示文稿更好地辅助演示并提升演示效果，我们要注意下列问题：

（1）演示之前，先熟悉演示文稿，特别注意图表的具体阐述和幻灯片之间的过渡。

（2）演示时，我们要让视听辅助工具服务于演示，而不是喧宾夺主地占据演示的主要位置。基于此，我们要尽量面向沟通受众，保持目光交流。讲到需要强调和引起重视的地方，重复演示文稿中的某一要点，加以补充说明。

（3）在熟悉演示文稿的基础上，重视幻灯片和演示内容之间的衔接过渡，运用过渡语和议程表幻灯片加以辅助。

（4）对复杂的图表或观点要详细解释，并且留给沟通受众必要的理解和思考时间。

本章小结

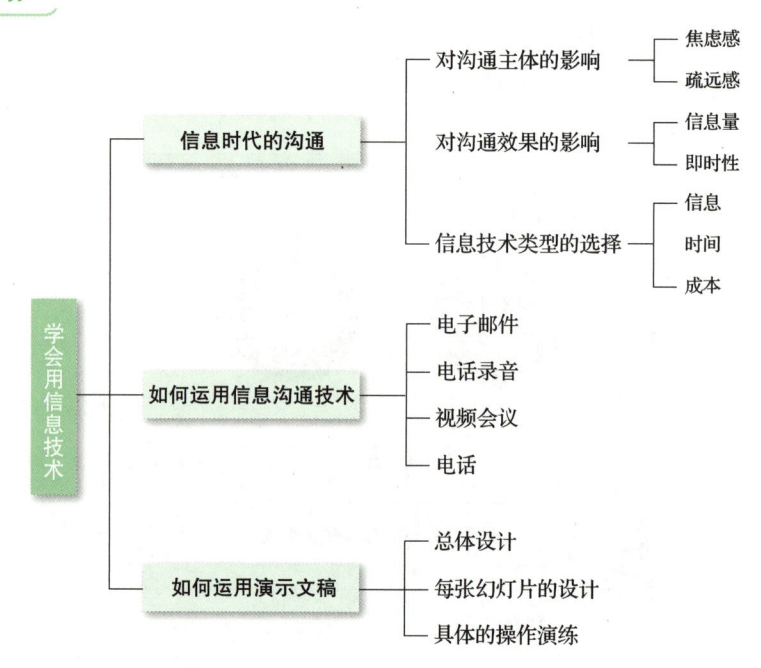

学会用信息技术
- 信息时代的沟通
  - 对沟通主体的影响
    - 焦虑感
    - 疏远感
  - 对沟通效果的影响
    - 信息量
    - 即时性
  - 信息技术类型的选择
    - 信息
    - 时间
    - 成本
- 如何运用信息沟通技术
  - 电子邮件
  - 电话录音
  - 视频会议
  - 电话
- 如何运用演示文稿
  - 总体设计
  - 每张幻灯片的设计
  - 具体的操作演练

第九章　说出效果
Chapter Nine

　　沟通的例子无处不在。我有一个学生A，在学生会某部门担任部长职务。有一天放学后，A来找我，原来他最近碰到了一个头疼的问题。他任职的部门中有一位干事B。B非常热衷学生工作，在学生会、团委和社团中都担任职务。B平时非常热情、积极，但是手中的工作太多了，经常应接不暇，为此多次耽误了部门的工作。A希望说服他主动辞去本部门的职务，安排了三次面谈，都收获甚微。B每次面谈时都反应激烈，不但拒绝了A的好言相劝，而且情绪起伏非常大，大吵大闹，根本听不进A的解释和分析，最后一次面谈还拍桌子走人了。A应该怎么办呢？为此他非常苦恼。

　　现任某著名国企人力资源部经理的C曾经与我分享过一次令她印象深刻的招聘面试。那时，C非常忙碌，但是当招聘方打电话通知面试的时间和地点时，她兴奋得都要跳起来了，下定决心要好好珍惜这次面试的机会。她坐了两个多小时车，辗转来到指定的地点，又花了近两个小时等待，好不容易等到面对面交流的时候。面试者跟她说："简单自我介绍一下。"C在自我介绍时，发现对方一直在看她的简历，自始至终没有把头抬起来。接着，面试者低着头问她："您为什么要申请这个职位？"在她分析申请原因时，房间的门突然打开了，有一位中年男子走进来。进门的中年男子把一个文件夹递给面试者，并开始和他轻声说话。这时，C不知道该继续说下去还是暂停一下，于是她不由自主地停下来了。过了一两分钟，面试者突然抬起头看着C，然后说："咦，你干吗停下来？继续说，继续说……"C又继续刚才的分析，直到全部内容都说完了，坐在一旁等候，默默看着面试者和中年男子谈话。又过了五六分钟，中年男子出去了，面试者重新拿起C的简历，突然问："我们刚刚谈到哪里了？"C答道："我刚刚分析了我的应聘理由。"面试者"哦"了一声后，接着问："你在学校的成绩怎么样？为什么没有写在简历上？是不是成绩不好？"C回答："我拿了两次一等奖学金，一次二等奖学金，成绩排名第二。这是我的成绩单。"面试者扫了一眼C递上去的成绩单，放下后说："行！我们就谈到这里吧，如果有第二次面试，我们会通知你的。"当C走到门口时，看了一下手表，这次面试一共花了18分钟，其中包括中年男子进来的8分钟。当然，这次面试后，C没有收到任何的通知。

我们总会有机会经历各种各样的面谈。从招聘面试、绩效面谈到离职面谈，当工作中需要交流信息、提供资料和建议、探讨问题的解决方案时，面谈通常都是必不可少的环节。

回想一下，你是否有过糟糕的面谈经历？你是否仔细想过失败的原因在哪里？例如，从结果看，第一个案例就是糟糕的面谈经历，不但解决不了问题，没有实现沟通的目标，而且无法引导对方控制好自己的情绪，影响沟通的气氛。你是否曾经在招聘面试中因为过度紧张而没有发挥应有的水平？你是否曾经听过这样的评语——"你的态度很不行，我不想跟你谈"？是否曾经有人在面谈中说了诸如"你真的很蠢"或"你不可能成功的"之类伤害你的话，令你至今记忆深刻的？

面谈是一种更为正式且具有一定目的性的直接沟通行为，很大程度上依赖于面谈主体之间的有效互动和交流。本章先从面谈的心理效应入手，探讨面谈主体的心理效应如何影响面谈的效果；然后提出如何有效进行面谈。在此基础上，以招聘面试和绩效面谈为例，详细分析如何在这些面谈实践中说出效果。

第一节 面谈的心理效应

- "我特别害怕领导找谈话，每次接到类似的通知，我都紧张得手心出汗，全身发抖，恨不得装病不来上班。"
- "新官上任三把火，新领导刚来就立刻给我下马威，一下子要我把过往的销售报告都提交给她，一下子又要我们检查工作服，说是要给客户一个专业服务的形象，我们都烦透了！"
- "这产品适合我吗？哦，就是王×当代言人的那支洗发水啊，那我可以考虑试试。"
- A："我不会原谅他的，昨晚他冲我很大声地发火了，他凭什么对我发火？"
  B："你们以前不是挺好的吗？他一直很关心你，家务活都他包揽了，你一生病，他都几天几夜不敢睡觉地守着你呀。"
  A："反正他很坏。"

这些都是面谈中常见的反应。第一个例子代表的是对权威极度恐惧的心理。第二个例子反映的是首因效应（Primary Effect），领导通过第一印象对下级以后的认知产生影响，形成心理定式。第三个例子凸显的是名人的晕轮效应（Halo Effect），由名人的银幕形象和歌唱水平扩散到对名人整体的评价，在这种名人光圈下形成偏见。最后一个例子展现的是近因效应（Recency Effect），通过最近、最新的信息形成深刻印象，淡化原有印象。这些心理效应都容易造成面谈主体在认知和判断上形成偏差，进而对面谈的信度和效度产生消极作用。

为了达到更好的面谈效果，我们在培训面谈者时通常都要分析面谈过程中的心理效应，在认识的基础上探讨如何有效地运用或避免出现这种效应。本节主要立足于对首因效应、近因效应和晕轮效应的介绍，为第二节"如何有效进行面谈"打下扎实的基础。

一、首因效应

20世纪70年代中期，日本关西地区每年的搬家开支达400多亿日元，其中大阪市就达150亿日元，夺田千代乃夫妇审时度势办了一家搬家公司。正当夺田千代乃为如何宣传即将成立的搬家公司绞尽脑汁时，手里的电话号码簿为她带来了灵感。日本的电话号码簿是按行业分类的，同一行业中的排列顺序又是以企业的日语字母为序。于是她便给自己的公司起名叫"阿托搬家公司"，并很快被编入同一行业的首位；同时它还拥有一个好记的电话号码——01234。一般来说，平时人们在号码簿上找搬家公司的电话，排在第一位的公司总是很容易被发现并记住。夺田千代乃利用这个规律为自己公司做了一个免费的广告，很快吸引了大批用户，逐渐成为同行业中的佼佼者。

上述案例中涉及的心理效应是首因效应，即第一印象所带来的最初信息对总体印象构成更大的影响。因此，阿托搬家公司在电话簿中的优势位置有效促进其在潜在客户心中形成深刻印象，吸引潜在客户足够的注意。在参加重要的会议、会见重要的人物，甚至是出席重要的聚餐时，男士一般西装革履，头发经过精心打理；女士薄施淡妆，裙装得体，举止优雅，这都是为了塑造有利的第一印象，巧妙地运用首因效应形成良好的社交效果。

首因效应是由美国社会心理学家所罗门·阿希（Solomon E. Asch）于1946年首度提出的。亚伯拉罕·陆钦斯（Abraham S. Luchins）著名的实验证明了首因效应和近因效应的存在。他提供了两段材料描述同一位叫吉姆的学生。在第一段材料中，吉姆和朋友一起走在充满阳光的路上，走进店铺和熟人聊天，还与新结识的女孩子打招呼。在第二段材料中，吉姆放学后一个人步行回家，走在背阴的路上，即便遇到熟悉的人，他也是安静地走着，不与他人打招呼，坐在靠墙边的椅子上喝完饮料就离开了。第一段材料描述的吉姆是一位热情外向的人，而第二段材料中的他正好相反——冷淡内向。

陆钦斯提供了四个实验情境：第一个情境将热情外向的材料放在前面，将冷淡内向的材料放在后面；第二个情境改变材料的顺序，将冷淡内向的材料放在前面；第三个情境只展现热情外向的吉姆；第四个情境只展现冷淡内向的吉姆。接着，陆钦斯邀请中学生在这四个情境中阅读材料并做出评价。

究竟有多少比例的中学生认为"吉姆是一位热情外向的人"呢？在第一个情境中，有78%的人认为吉姆是一个外向的人，其他三个情境中持相同观点的比例分别是18%、95%和3%。这个实验证明了最初的信息对认知的影响。

从消极的角度看，只是通过第一印象就轻率地给出总体评价，可能造成评价公平性和科学性的缺失。如果一位员工第一天上班就迟到了，人们可能会由此认为他是一位缺乏时间概念的人，责任感不强。在这种偏见的影响下，即使这位员工一直兢兢业业，也很难打破人们最初的印象。

从积极的角度看，在经营好最初印象之后，我们能够有效运用首因效应的特点，为自己获得更多的机会和信任，从而把注意焦点放在实质性的自我能力提高上。首因效应是心理学中一个重要的概念，在现实生活中应用甚广。例如，我们与人初识时，会特别在意首次见面的着装、妆容和礼节等，尽量展现有助于形成积极评价的特质。在管理和人际交往的实践中，不少人善于利用首因效应，及时主动出击，"新官上任三把火""恶人先告状""下马威"等都是形容通过营造深刻的第一印象为自己未来的行动设置铺垫。

二、近因效应

陆钦斯重复了原先的经典实验，唯一改变的是在两段材料的阅读中间引入新的活动，拉长阅读间隔再做评价。例如，当中学生读完第一段材料后，先安排其做数学题、听故事等，再让其读第二段材料。实验结果发现，对总体评价具有更大影响的是最后阅读的材料，这正是近因效应在发挥作用。

与首因效应相反，近因效应突出的是最近、最新的信息对总体评价产生更大的影响。随着信息量的增加，原有的印象慢慢淡化，而后面出现的信息在总体评价上占据了主导性地位。俗话"好头不如好尾"也正是此意。

有的人因为最近的一次冲突而忘记了多年的友谊或相濡以沫的婚姻关系，最终两人分道扬镳。有的人虽然爱岗敬业了大半辈子，却因为退休前一次疏忽而留下骂名，反过来也就有了所谓"安全退休"的提法。有的人一直很叛逆，游手好闲，一旦开始做一份正经工作，人们对其就有了"浪子回头金不换"的评价。有的人通过更改语序从而改变表达的效果，如"屡战屡败"与"屡败屡战"，或"在祈祷时抽烟"和"在抽烟时祈祷"。这些例子将近因效应发挥得淋漓尽致。

三、晕轮效应

20世纪20年代，美国心理学家爱德华·桑代克（Edward Thorndike）借用月亮的光环提出了"晕轮效应"的概念，形象地表明事物的某一特质非常突出，使人印象深刻，从而导致人们对其他特征的忽视，片面下结论。

美国心理学家哈罗德·凯利（Harold H. Kelley）以麻省理工学院两个班级的学生为研究对象进行了心理实验。他分别向两个班的学生介绍了同一位临时代课的研究生。在第一个班级中，凯利将这位研究生描述为热情、勤奋、务实、果断的人，而在另一个班级中，将介绍词中的"热情"换成"冷漠"，其他因素不变。实验结果表明，学生对"热情"和"冷漠"这一组单词的反应比较灵敏，第一个班的学生与该研究生关系亲密，而第二个班的学生却冷淡回避。这一结论进一步证实了晕轮效应的存在及其影响。

把这一心理效应放到日常生活中进行检视，印证了我们平时常说的"以偏概全""爱屋及乌""一白遮百丑"以及"情人眼里出西施"等。有一次，我认识了准备应聘白天鹅宾馆服务生的小李，她说："我真是羡慕你们读大学的，平日里学学功课就行了，我们累死累活的，铺床铺不好还挨骂，你们多好啊！"我和她分享了暑期打零工、当流水线工人的经历，结果她说："你不像大学生。"这就是晕轮效应。在小李的认知中，大学生的"学习"特征非常突出，掩盖了其他特征，在总体印象和评价的形成中具有关键性影响。

你是否曾经因为不敢和别人主动打招呼而被认为"没出息，以后难有大作为"？你是否曾经苦苦追求一位美丽的女子，当真正走在一起时却因为"性格不合"而分开？你是否曾经因为某个人说了一句贴心话而认为他一切都好？生活中晕轮效应的例子数不胜数，对这种认知偏差的正视也不断提醒着我们要全面、客观地看问题。

第二节　如何有效进行面谈

对面谈中的心理效应有了基本的认识之后，我们需要通过对问题清单的思考设计全面的面谈策略，并在具体的流程安排中规避心理效应带来的负面影响，提高面谈效果的信度和效度。

那么，在面谈的准备过程中，需要注意哪些具体的问题呢？面谈策略的问题清单见表9-1。

表 9-1 面谈策略的问题清单

面谈目的	1. 你希望实现什么，是寻求信息、说服还是解决问题？ 2. 你需要的是什么信息？ 3. 你希望解决的问题是什么？ 4. 你希望对方给出的理想反馈是什么？ 5. 假如无法得到理想反馈，你是否有可替代的选择方案？
面谈时间	1. 面谈在一天中的哪个时间段进行？ 2. 你是否详细了解过面谈对象的日程表？ 3. 你是否留给面谈对象足够的准备时间？ 4. 面谈需要持续多长的时间？
面谈地点	1. 你希望面谈的氛围如何，轻松的还是严肃的？ 2. 面谈需要什么样的保密程度？ 3. 面谈的最佳场所是什么，咖啡厅、办公室还是会议室？ 4. 面谈的场所是否受到干扰？
面谈对象	1. 你是否知道面谈对象是谁，包括姓名、工作和其他个人信息？ 2. 你与面谈对象的关系如何？ 3. 面谈对象的沟通特点是什么？ 4. 面谈对象参与面谈的能力如何？ 5. 面谈对象对面谈内容的可能反应是什么？
开始面谈	1. 你的穿着打扮、言行举止想给面谈对象留下什么印象？ 2. 你希望以什么话题开始面谈？ 3. 你的开场白是什么？ 4. 面谈对象可能希望以什么方式开始面谈，直接的还是间接的？ 5. 面谈对象对你的开场白可能有什么反应？ 6. 开始多长时间内，可以切入主题？
面谈过程	1. 面谈的主题是什么？ 2. 你是否需要向对方介绍事情的全部信息，还是略做提示？ 3. 你是否需要通报最新情况？ 4. 你需要提出的问题有哪些？ 5. 面谈对象可能提及的问题有哪些？ 6. 你有哪些信息不方便在面谈中透露？ 7. 提问的最佳顺序是什么？ 8. 你应该如何注意措辞？ 9. 你应该如何注意倾听和反馈？ 10. 你对面谈内容的控制程度如何？
结束面谈	1. 你是否对主要信息做出总结？ 2. 你是否对面谈对象表示感谢？ 3. 你是否给面谈对象提供了补充信息的机会？ 4. 你是否与面谈对象建立了互信、友好的积极关系？

（参考资料：海因斯. 管理沟通：策略与应用：第 6 版［M］. 朱超威，熊珍琴，译. 北京：中国人民大学出版社，2020；康青. 管理沟通［M］. 6 版. 北京：中国人民大学出版社，2022.）

表 9-1 提供了准备面谈的基本思路,接下来重点探讨如何营造良好的面谈氛围、如何制定提问策略。

一、营造良好的面谈氛围

你是否有这样的感觉——当在咖啡厅或者家里靠着沙发聊天时,更容易与他人谈得投机?当端坐在办公室、会议室或摄像机镜头前,西装革履地与他人面对面谈话时,更容易紧张?当听到他人用"小 ×"称呼我们或者直呼姓名时,感觉比较亲近,也比较容易说心里话?当接过他人名片,听到对方喊我们为"× 小姐"或"× 女士"时,脑海中会自然地闪过一个念头——"这是正式社交场合,要严谨"?

有太多的工作或生活情境都告诉我们,面谈氛围在不同程度上左右着面谈主体的情绪、状态、防备心理或者谈话的思路。营造轻松、自然的面谈氛围就像为整场面谈添加了"润滑剂",使面谈主体能够谈,敢于谈,甚至是乐意谈。为此,我们应该做些什么呢?

1. 放松自己的状态,让对方感觉这是你期待已久的一场"朋友式"面谈

有的人面对面谈对象时,神经容易紧绷,生硬地和对方握手,手心沁着汗珠,脸上露出僵硬的笑容,说话时不断清喉咙,声音小而短促,无论站立或坐下都不知所措。这些表现都容易让面谈对象感到局促不安。

那么,我们如何才能放松自己的状态呢?首先,根据面谈策略的问题清单做好充分的准备。其次,在称呼上体现亲密关系,对师长和上级采用尊称,对下级或同事尽量直呼其名,甚至对那些有共同生活、学习或工作背景的人采用"老同学""校友""老同事"和"老乡"等称呼。再次,在空间距离上反映平等交流,如双方轻松坐在沙发上。最后,运用送茶水、递纸巾等动作拉近彼此的心理距离。

2. 开场轻松、自然,运用同理心

研究表明,第一印象的确立通常在 45 秒左右,一般情况下 4 分钟的接触已经能够形成基本稳定的评价。因此,我们要善于运用开场白奠定面谈的基调和彼此的沟通关系。在准确、充分地了解面谈对象的基本信息之后,我们可以这么说:"你最近还加班吗?肯定很忙很累吧?"或者"上次那个绿岛项目进展顺利吧?我听说你们团队非常用心啊!"通过这些询问,一方面引导对方谈论自己熟悉、擅长或感兴趣的问题,有利于对方"打开话匣子";另一方面让对方感受到自己被关注和重视,在心理上更能接受我们下面的建议或说服。

3. 简单交流与面谈主题相关的背景信息

交流背景信息时,可以简单介绍面谈双方发现的问题,可以引用面谈对象关于面

谈问题的已有看法，还可以借用上级部门的通知或规定说明自己的难处和想法，把面谈定位于沟通双方"共同解决问题"上。

二、提问策略

面谈一般分为结构化面谈和非结构化面谈。在结构化面谈中，面谈的问题事先经过周全的计划和组织，每一道问题都准备了相应的标准答案。面对每一位面谈对象，交流内容和方式基本上是标准化的。在非结构化面谈中，一般都是围绕面谈的目的和主题准备提问的基本思路，问题一般是开放性的，没有标准答案。无论是结构化面谈还是非结构化面谈，都需要熟悉提问方式，结合具体情境尝试深入沟通。

面谈的提问策略见表9-2。

表9-2　面谈的提问策略

1. 封闭式提问	通常只有一个明确的答案	1. "你所在的部门有多少人？" 2. "你新接手的项目是哪一个？"
2. 是非式提问	限定在两个可能答案上	1. "你的顾客满意度调查完成了吗？" 2. "新的原材料已经准备好了吗？"
3. 引导式提问	提问带有倾向性	1. "你难道不认为运用360度考核方法进行绩效评估太费时费力吗？" 2. "按照你们这样的工作进度一定会在9月份顺利完成任务的，难道不是吗？"
4. 开放式提问	最大自由度的提问	1. "你对这次绩效评估的建议是什么？" 2. "你认为我们应如何开展薪酬调查？"
5. 提示性提问	帮助面谈对象打开思路	1. "你可以根据自身的工作经历，谈谈如何提高顾客满意度。" 2. "我们的工作流程是否存在问题？你可以从最近的一次项目经历谈起。"
6. 重复性提问	重复或总结面谈对象的回答	1. "根据你刚刚提到的建议，你支持'空降兵'计划，是吧？" 2. "听你这么说，你在行政部工作得很愉快，是这样的吧？"
7. 探究式提问	提出进一步问题	1. "你认为在你刚刚所提到的方案中，哪一个方案是最合理的？" 2. "刚刚你提到对工作氛围不满意，能不能举一些具体的例子？"
8. 假设式提问	设计假设情境	1. "假如你现在晋升为销售经理，你将如何提高顾客满意度？" 2. "假如我们现在有足够的资金，你会把这笔资金投入到哪一个领域？"

（资料来源：康青. 管理沟通［M］. 6版. 北京：中国人民大学出版社，2022.）

第三节 招聘面试

这是朋友 A 的故事。他毕业于某大学交通工程专业，曾经在 A 证券公司人力资源部实习，毕业后在 B 证券公司人力资源部任助理，工作了一年多离职的原因是工作压力大，工作时间过长，工作氛围不和谐，经理采取的是"大棒"的领导方式。准备应聘的工作是某人力资源管理咨询公司，招聘面试时，招聘面试者问："你为什么离职？"他应该如何回答呢？

这是招聘面试常见的场景。面试双方意图不同，一方面，招聘面试者希望挖掘的信息是应聘者离职的真正原因，减少应聘者接受工作后由于相同原因再次离职给公司带来的损失；另一方面，应聘者的顾虑在于：假如他回答离职原因是工作压力太大，那么面试者是否会认为他是一位心理承受力不高的员工？假如他提及原因在于工作时间过长，那么面试者是否会认为他不够勤奋，上进心不够强？假如他说明原因是工作氛围不和谐以及经理的领导方式有问题，那么面试者是否又会认为他不善于处理人际关系，不擅长沟通，或者喜欢推卸责任呢？假如应聘者把全部真实的原因告诉对方，不被录取的概率几乎接近100％。因此，他需要将离职原因与职业生涯发展规划结合在一起。

为了说出效果，招聘面试者希望获得有关应聘者的尽可能多的真实信息，应聘者希望展现尽可能多的满足岗位需求和面试者期望的信息。

一、招聘面试者

为了获得尽可能多的真实信息，招聘面试者需要从面试氛围、工作分析、面试问题的设计以及全面的信息收集四个角度入手。

（1）面试氛围。良好面试氛围的营造在第二节已有详细阐述。另外，面试者要善于向应聘者表现友好和尊重，保持目光接触和适当的微笑，尽量引导应聘者多说话，表现出对应聘者谈话内容的强烈兴趣。

（2）工作分析。面试的最终目标是选择最适合岗位的人，而不一定是最优秀的人。工作分析是面试问题设计的主要依据。面试者需要熟悉招聘岗位的工作职责、工作内容以及基本的岗位任职资格，包括对知识、技能、能力和工作经验等的要求。

（3）面试问题的设计。以招聘岗位的工作分析为基础，从求职动机和意愿、个人基本信息以及任职资格条件等多个角度设计面试问题。无论采取结构化面试还是非结构化面试，面试者的提问都不能偏离岗位的基本要求。

（4）全面的信息收集。在面试问题的基本框架下，要避免出现前面所探讨的心理效应，防止过早下结论，综合考虑语言信息和非语言信息。为了获得有价值的信息，可以围绕重点信息，倾听之余适时追问具体细节。

常见的面试问题见表9-3。

表9-3 常见的面试问题

类别	问题
个人信息	1. 您有哪些优点？ 2. 您有哪些缺点？ 3. 到目前为止，您已经取得的最大成就是什么？ 4. 您如何看待自己缺少工作经验这一情况？
企业认知	1. 您为什么希望到我们公司工作？ 2. 您为什么选择这一行业？ 3. 您认为能够胜任这份工作的理想人选应该具备什么特点？ 4. 为什么您是胜任这一岗位的最好人选？
工作动机	1. 您为什么想换工作？ 2. 您为什么选择这一份工作？ 3. 您希望从事什么类型的工作？ 4. 假如您被录用，您希望在这一岗位上实现什么目标？
教育背景	1. 您为什么选择这所学校？ 2. 您为什么选择现在的专业？ 3. 您在大学时期最大的收获是什么？ 4. 您认为学习成绩能否反映您全部的能力？为什么？
工作经历	1. 您是否有在类似岗位任职的经验？ 2. 您在上一家公司的具体工作内容是什么？ 3. 您的工作收获是什么？ 4. 您如何评价上一家公司？ 5. 您是否在工作中有过被斥责的经历？假如有，请具体描述一下。 6. 您喜欢什么类型的工作氛围？
技能/能力	1. 您更倾向于自己独立工作，还是团队合作？为什么？ 2. 您认为工作中哪一类人最难相处？ 3. 您如何看待工作中的错误？能否举出具体的例子加以说明？ 4. 您为什么希望成为一位管理者？ 5. 目前，您成为一位管理者的最大障碍是什么？ 6. 您的职业生涯规划是什么？ 7. 为了实现职业目标，您已经做出什么努力？取得了哪些成效？ 8. 择业时，您考虑的主要问题是什么？

(续)

其他信息	1. 您愿意经常出差或者承担外派工作吗？ 2. 您愿意经常加班吗？ 3. 如果您被录用，能否马上上班呢？ 4. 您期望的月薪是多少？

二、应聘者

如何在招聘面试中获得令人满意的表现？如何告诉面试者"我就是最佳人选"？如何展现自己具备不可替代的特质？如何说服面试者相信我们的应聘诚意、对企业和工作的兴趣和信心呢？在这里，我们提出三个建议。

（1）认识自己。从撰写简历开始，整个应聘的过程其实是一个自我认识的过程。撰写简历时，我们整理了自己的教育背景、工作和社会实践经历，以及获得的荣誉等基本信息，我们常常会发出这样的感慨——"原来我已经经历了这么多！"从投简历的过程中，我们会对目标企业和职位进行适当筛选，或者对已投企业和职位进行优先排序，我们会发现——"原来我喜欢这种类型的企业！ 原来我愿意承担这样的工作！"例如，有的人青睐外企，有的人倾向于选择具有挑战性或薪资水平较高的工作。从面试中，我们认识到自己对简历信息的熟悉程度，自己的沟通能力以及反应能力等。甚至是在等待通知的过程中，我们进一步了解到自己的心理承受能力、耐性和毅力等。总而言之，自我认识越深入，我们的选择和判断就会越明确，在面试的沟通过程中也会越自然、越有信心，言谈越具有说服力。

（2）认识目标企业和岗位。对目标企业和岗位了解越多，我们越清楚面试者期望的任职资格条件，从而在沟通过程中相应地从自己身上提取这些特质，间接告诉对方——"我正是你们正在寻找的合适人选！"即便面试官没有直接就目标企业和岗位提问，我们也可以在阐述其他问题时巧妙地融合自己用心了解过的信息。举例来说，面试者围绕简历中"曾经参与过诺基亚企业文化本土化的研究"提问时，我们不但可以描述参加过的这一实践活动，还可以将目标企业的企业文化与其他企业做比较。

（3）打开回答问题的思路。在熟悉自己和目标企业的基础上，我们要突破一些思维局限，例如，为了展现领导力，是否只有在学生会和社团的任职经历具有说服力？为了表现自己的学习能力，是否只有学习成绩能够说明一切？通过深入地回顾自己的经历，从中提取有效的要素，我们发现自己的领导力特质还体现在小组的领导作用以及对宿舍关系的协调上，而学习能力也体现在论文的写作过程中。

第四节　绩效面谈

（还有五分钟下班，客服经理王明正整理一天的文件，准备下班后去幼儿园接孩子，吴总走了进来）

吴总：王明，你现在不忙吧？考核结果你也知道了，我想就这件事与你谈一谈。

王明：吴总，我下班后还有点事……

吴总：没关系，我今晚上也有个应酬，咱们抓点儿紧。

王明（无奈地）：那我就来。

（总经理办公室，办公桌上文件堆积如山。王明心神不宁地在吴总对面坐下）

吴总：王明，绩效考核结果你也看到了……

（电话铃响，吴总拿起了电话，"喂，谁？啊，李总呀，几点开始？好，一定……"）

吴总（通话用了五分钟。放下电话，笑容满面的脸重新变得严肃起来）：刚才我们谈到哪里了？

王明：谈到我的绩效考核结果。

吴总：喔，你上一年的工作嘛，总的来说还过得去，有些成绩还是可以肯定的。不过成绩只能说明过去，我就不多说了。我们今天主要来谈谈不足。王明，这可要引起你的充分重视呀，尽管你也完成了全年指标，但你在与同事共处、沟通和保持客源方面还有些欠缺，以后得改进呀。

王明：您说的"与同事共处、沟通和保持客源方面还有些欠缺"具体是指什么？

（电话铃声再次响起，吴总接起电话，"啊，李总呀，改成六点了？好好，没事，就这样。"吴总放下电话）

吴总：王明，员工应该为领导分忧，可你非但不如此，还给我添了不少麻烦！

王明：我今年的工作指标都已经完成了，可考核结果……

吴总：考核结果怎么了？王明，别看我们公司人多，谁平时工作怎样，为人处世如何，我心里可是明镜似的。

王明（委屈地）：我觉得您可能对我有些误会，是不是因为在上次销售报告会议上我的提议与李部长发生冲突，弄得很不愉快……

吴总：你不要乱琢磨。你看看陈刚，人家是怎么处理同事关系的。

王明（心想：怨不得他的各项考核结果都比我好）：吴总，陈刚是个老好人，自然人缘好；但我是个业务型的人，比较踏实肯干，喜欢独立承担责任，自然会得罪一些人……

吴总：好了，李总又该催我了，今天就这样吧。年轻人，要多学习，多悟！

王明（依然一头雾水）：……

吴总自顾陪客人吃饭去了，留下王明一个人愣在那里。

(资料来源：钱路. 绩效反馈面谈，不容粗糙的艺术 [J]. 人力资源，2007（3）.)

许多研究表明，缺乏绩效面谈和反馈是绩效考核失败的重要原因之一。然而，不成功的绩效面谈所造成的消极影响有时会更大。就像上述案例中，吴总没有选择合适的面谈时间和地点，并且在面谈过程中扮演"审判官"的角色，没有给被考核者充分的沟通机会，面谈之后往往会引起被考核者的不满或挫败感，却不知如何改进。

在绩效考核之后，管理者围绕绩效考核的结果与被考核者展开交流，不但应该关注被考核者过去的绩效表现，并且应该立足于未来探讨其如何提高绩效水平和改进不足。在绩效面谈中，管理者的目标是使员工认识到自己的成就和不足，就有待改进的方面与被考核者达成共识；被考核者的目标是获得绩效考核结果的具体信息，了解管理者对此的看法，为绩效水平有待提高的地方解释原因或探讨改进方案，找到下一步行动的目标和计划。在这样的目标框架下，管理者和被考核者具有充分、深入沟通的共同基础。

那么，应该如何有效地展开绩效面谈呢？

一、准备阶段

在绩效面谈开始之前，需要做好充分的准备。

首先，在面谈时间上征询面谈对象的建议，选择面谈双方都有空闲的时间，尽量避免接近下班时间。

其次，熟悉被考核者的基本个人信息、工作职位说明书以及具体的绩效考核结果等资料。例如，被考核者主要负责什么工作？在此次考核中，他的绩效表现处于哪个水平？哪些绩效表现优秀？哪些方面还有待提高？另外，熟悉被考核者的个人信息有利于在开场时营造出轻松自然的面谈氛围。有的面谈者没有事先阅读这些资料，在面谈过程中频频出错。例如，"小李啊，请坐请坐。哎呀，不好意思，你是小林吧？"又如，"小李啊，你的老母亲最近身体可好？"小李很为难，支吾道："主任，我的母亲已经去世多年了。"

最后，要计划面谈内容，例如：

- "我准备告诉被考核者哪些信息?"
- "在面谈过程中我希望实现什么目标?"
- "面谈对象可能对结果存在哪些疑问?"
- "我是否已经准备好充分的事实证明自己的观点?"
- "被考核者应该如何改进绩效表现不足的地方?"
- "被考核者的下一步工作目标应该是什么?"
- "关于下一步工作目标的衡量标准是什么?"

二、面谈阶段

在绩效面谈过程中,应该注意:

(1)把谈论焦点放在具体的可控制行为上。第一,与被考核者共同探讨过去的绩效表现时,应尽可能具体化,用相关的事实和数据佐证,增加说话的可信度和说服力。第二,与其把时间花在无法控制的行为上,如世界性经济危机的影响,不如关注可以控制和改进的行为上,如市场调查出现问题、销售报告因为粗心大意而数据出错等。

(2)对事不对人,不随便"贴标签"。在探讨绩效表现不足的地方时,要围绕具体的行为和事例做出分析,切忌给他人"贴标签",避免极端化的字眼,如"你就是不负责任才会出现这样的问题"或"你根本没有把心思放在工作上"。

(3)进步与不足兼顾。在客观分析和评价中,要善于告诉被考核者哪些地方表现良好,哪些地方取得了进步,哪些地方还存在不足,使被考核者对自己的表现有全面、系统的认识。有的考核者在面谈时扮演"老好人"的角色,只说好的一面,使被考核者无法意识到需要继续努力的方向;也有的考核者扮演的是"挑剔的审判官"或"报复者"的角色,光说不好的一面,使被考核者感到不公平。

(4)把眼光集中在未来。发现不足的目的是为了修正不足和解决问题,确立未来的绩效目标,形成具体的行动计划,最终推动整体绩效的持续改进和提高。戴维·奥斯本(David Osborne)和特德·盖布勒(Ted Gaebler)在《改革政府》一书中提到:"假如无法评估结果,我们就无法区分成绩与不足;假如无法发现成绩,我们就无法给予奖励;假如无法对取得的成绩给予奖励,我们就无法惩罚不足;假如无法看到成绩,我们就无法从中学习;假如无法认识错误,我们无法对错误做出修正;假如无法表明绩效考核的结果,我们就无法获得公众支持。"

（5）鼓励面谈对象多说话，避免"一言堂"。要尽量提出开放性问题，善于控制面谈的进度，引导面谈对象发表自己的看法，实现双向互动。例如："您认为哪些工作还需要加强？""您接下来的工作计划是什么？"

本章小结

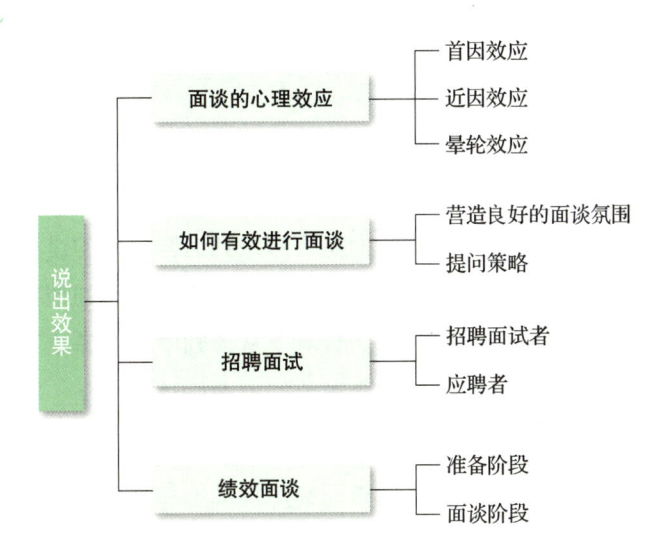

```
                    ┌─ 面谈的心理效应 ─┬─ 首因效应
                    │                  ├─ 近因效应
                    │                  └─ 晕轮效应
                    │
                    ├─ 如何有效进行面谈 ─┬─ 营造良好的面谈氛围
        说出效果 ───┤                    └─ 提问策略
                    │
                    ├─ 招聘面试 ─┬─ 招聘面试者
                    │            └─ 应聘者
                    │
                    └─ 绩效面谈 ─┬─ 准备阶段
                                 └─ 面谈阶段
```

第十章　尝试谈判

Chapter Ten

人们每一天都面对谈判，有时是和自己心中的期望谈判，有时是两人之间的谈判，有时是和多个当事人谈判。不论我们是否意识到这些谈判的过程，都在意谈判的结果。久而久之，我们形成了自己的谈判风格，有了自己熟悉的谈判方式，甚至我们开始介意和一些人谈判，喜欢和另一些人谈判。从谈判中我们养成了做人做事的某些习惯，也形成了风格。本章，我们有机会学习如何做好谈判准备，将各种信息、专业知识、可以运用的人作为谈判筹码，不自觉地利用情绪取得谈判的成功。

总之，通过这一章的内容，希望读者能够从理性的角度学习谈判的基础知识，尝试理性谈判，让谈判成为陪伴我们一生的伙伴。

掰手腕练习：

在以往的掰手腕游戏中，我们在较力或是为了获得某项利益而争胜负。但在这次的课堂练习中，我们采用不完全相同的游戏规则，请务必遵守。

游戏规则：

1. 自由选择对手，组成对子。之间不许说话，保持课室肃静。
2. 各位选手在30秒的游戏中力争取得尽可能多的胜数。
3. 教师或指定观察员维持纪律，选手只关注计算自己的胜数。

当第一轮游戏结束之后，教师将有效的结果按照性别（如女生对子，男生对子，男女生对子）分别公布在屏幕或黑板上。并向每一对选手提问如下的问题：

1. 你对结果满意吗？为什么？
2. 你对选择的对手满意吗？为什么？
3. 如果练习再次进行，你会选择另外的对手吗？为什么？
4. 如果练习的成败和物质奖励挂钩，你希望对手是什么样的？为什么？

第一节　提高谈判筹码的方式

谈判因为解决利益的分配而变得越来越重要；谈判也因为获得信息的途径减少而变得越来越不容易；谈判更因为职场上人际间冲突的增加变得越来越重要。有研究表明，管理者每天80%的工作时间用于沟通，20%的工作时间集中在解决冲突上。可见掌握谈判的知识、提高谈判筹码十分重要。下文介绍提高谈判筹码的四种能力。

一、沟通的能力

没有沟通，谈判就不能进行。谈判中的沟通并非易事，即便谈判双方有相同的价值观、相似的家庭背景、相同的教育背景，冲突也会出现。同一家公司的市场部和技术部会因选择购买什么功能的售后服务跟踪系统而争执不下，这是因为他们对产品有不同的需求，冲突需要通过谈判解决。一起生活的夫妻，每天也难免产生误会。晚餐吃什么，谁多做了家务，谁把房间弄乱了等无关紧要的小事都会引发争吵。为什么会成这样呢？因为双方从就事论事变成了立场之争。由此可见，同事之间、朋友之间、家人之间沟通不畅是很常见的，每个人都应做好准备，不论你说了什么，遭受不理解、误会甚至打击，都可以通过谈判解决。几乎没有什么冲突不能通过谈判解决。

谈判中存在三个沟通的障碍。

（1）听的障碍。听不难做到，但是做到听得明白却并非易事。在紧张的谈判中，让自己和对方都听得明白就更难了。其实，让对方明白你能听懂他的意思本身就是一个最有效的让步，对方会因为有人倾听并明白其意而感到满足。更进一步，听的时间越长，其效果将更好，会大大增加对方根据实际情况进行建设性对话的可能性，也大大地减少对方认为被误会的可能性。

（2）说服的障碍。说服对方并不是和对方辩论某个话题以求是非，也不是审判对方的失误，而是要和对方达成共识，解决问题。切记：没有对方的合作，我们的目标价值是无法实现的。说服的技巧之一是只谈自己，不说对方，有的放矢。"谈自己"指的是谈自己的动机和意图，谈事情对自己的影响。谈论自己的感受是必要的，清楚地表达自己的感受有一箭双雕的效果。例如，教师劝说学生要认真对待课堂学习和成绩，而学生说终究要走进社会，而且不少成功的师兄师姐们都忘光了在课堂上学的知识。这时的教师应该怎么说服学生呢？在最后一章中我们详细地介绍劝说的技术。在此，只提醒不能说如下几个方面：①不能威胁学生会报告给家长；②不能用成绩作为筹码；③不能说不在课堂上好好学习将来一定一事无成。

（3）不直接交流的障碍。有时人们选择不直接交流是一种策略，沉默本身是一种谈判的力量。这里所指的障碍是放弃直接交流，不努力与对方达成共识，而是企图击倒对方；不说服对方采取更具建设性的步骤，却是力图说服对方与自己统一立场。如果各方都这样做，结果是激化矛盾。

【课堂案例】

曾经有位学生William，供职于一家跨国打印机公司的华南分公司，职位是分公司经理，上司是亚洲区经理。一天，William收到上司的一封只有一句话的邮件："我的侄女需要一台打印机，请帮个忙。"William的直接反应是把公司经营的各种打印机的信息发给上司的侄女。可是自己没有上司侄女的联系方式，怎么办呢？直接向上司索取吗？还是……William越想越复杂。

想想你如果是William，你会怎么办？在此，只有一个建议，不要逃避直接交流。但是如何进行直接交流就需要思考和抉择了。

（编者按：该案例为一名中山大学岭南学院的2004届毕业生在课堂上分享的经历。这个被称为"一句话"的案例在许多课堂上使用过，课堂讨论始终激烈，涉及学习范围之广远远超出了课程内容本身，深受各种类型、不同国家的学生喜欢。）

二、判断对方利益的能力

人们习惯性地认为金钱是利益的核心，围绕金钱的谈判准备工作一般都是足够的。但人们往往忽视在实现各自核心利益的同时产生的冲突与潜在的需求。这些需求盘根错节、相互作用往往又表现出另外一些冲突，影响着谈判者的判断，甚至还误导谈判者的基本认知。于是提高判断对方利益的能力就显得至关重要。在确定对方利益的时候，要回归人类的根本需求，充分给予对方面子，也是争取谈判成功的重要一环。

1. 确定对方的利益

有这样一个例子，两个人在图书馆吵架，一个人要把窗户打开，另一个人要把窗户关上。图书管理员走了进来，问其中一个人为什么要开窗户，回答说："为了呼吸新鲜空气。"管理员又问另一个人为什么要关窗户，那人说怕有穿堂风。管理员想了一下，把隔壁房间的一扇窗户敞开，这样既有了新鲜空气，又避免了穿堂风。这个例子说明判断利益有助于协调利益的冲突而不是改变各自的立场。但如何去理解和判断立场背后的利益呢？不妨试试以下两个提问：

（1）"为什么"。最基本的办法是站在对方的立场上问自己对方为什么会这样做。如果非得直接问对方为什么这样做，最好表明询问的目的是打算了解对方的担心和希望。

（2）"为什么不"。这是帮助判断对方需求的最有效的办法。问自己对方不这么做会影响他们的哪些利益？眼前利益还是长远利益？得到了满足还是消除了恐惧？

2. 潜在利益的基本需求

照顾到这些需求，就增加了与对方达成共识的筹码，甚至提高了其日后遵守协定的可能性。人类的基本需求包括：安全感；经济利益；归属感；获得他人的认可；能主宰自己。尽管这些需求是人类最基本的，但是它们经常被忽视。对谈判的当事人如此，对各种组织、民族、国家也是如此。只要有一方认为自己的基本需求没有得到满足，谈判就不会取得进展。例如，中国和美国恢复邦交时，曾着手谈判两国直航的问题。日本作为中美直航必须经由的第三国，日本认为中美谈判没有考虑到日本，日本的经济利益没有得到保障，于是谈判僵持了多时，直到日本获得满意的经济利益后，中美两国直航谈判才结束。

3. 保全面子

保全面子对人际关系的维护十分重要。在谈判中免不了要利用情绪达到目标，也常常要做好被情绪影响的准备。在激烈的谈判过程中，情绪本身也许比言语更有影响力。不难看到，每场谈判都可能陷入争执，谈判者不能冷静地面对共同的问题寻找解决方案，紧张的情绪导致恐惧或引发愤怒；而愤怒演变成新的恐惧，甚至使谈判迅速步入僵局或者破裂，于是保全面子成了保全谈判的前提。

理解自己和对方的情绪，把情绪表现出来，并承认有情绪是正常的。问问自己情绪产生的原因及自己的短板。如果让情绪宣泄出来是有利于问题的解决还是会导致前功尽弃呢？

制造机会让对方发泄情绪，让对方重新走回谈判桌。因此，说服自己面对对方的发泄，静静地听着，恰当地让他继续，直到他把话说完为止。

保持面对冲动情绪的冷静。面对对手的冲动和逼问，要有耐心；不要对情绪的冲动做出回应，但可以表示象征性的姿态。

【课堂案例】

公司的戴总近来听到传闻：生产运营部门和研发部门在闹矛盾，还有激化的趋势。他问人力资源部的未明是怎么回事。未明说这是一件黑白分明的事，公司是行业的"领头羊"，推出新产品是制胜的关键，而研发部门直接根据客户的需求及时推出新产品的设计，可是生产运营部却不好好按照设计方案生产，还说有的设计人员很差劲。戴总问道，"你觉得问题出在能力上还是沟通上呢？"未明不解，无语。

戴总找来生产运营部经理郝鸣和研发部经理杨阳，让两人面对面交流，自己坐在一旁似听非听。一个小时过去了，戴总让两位经理先回去工作，并于第二天的同一时间再来。第二天两位经理又来见戴总，戴总都如法炮制，两位在戴总的办公室里面对面讨论，可是声音不如前一天大了，话题也从互相指责转向讨论一些建设性的话题，其中不少是共同向戴总提出要求，如要增加预算等。戴总仍然坚持前一天的做法，一个小时后请两位经理回去工作，并邀请他们第三天再来。

可以分组讨论一下：

1. 戴总是如何判断郝鸣和杨阳的需求的？
2. 戴总沟通的特点、优势什么？
3. 猜猜最后的结果。猜猜未明、郝鸣和杨阳之后的关系如何？

（编者按：该案例来自现实咨询案例，经整理并征得当事人的同意，案例可用于课堂和与教学相关的活动。）

三、选择谈判方案的能力

谈判有两个层次。

第一个层次是解决问题本身，也称作目标价值，例如要求加薪的谈判。

第二个层次是问题本身存在的环境，也称作主题价值，例如加薪的环境。第二个层次容易被忽视。心理学家丹·吉尔伯特（Dan Gilbert）指出，或许你认为，中彩票将比下半身终生瘫痪更幸福，但经验证据显示，这只是缺乏想象力：实际上，彩票中奖得主不比截瘫患者更快乐。丹·吉尔伯特的实验说明，人类擅长于"合成幸福"——简而言之，我们会说服自己喜欢我们所选择的，厌恶我们所拒绝的，不管当时这一选择曾让我们感到多么痛苦。

成功的谈判让双方都喜欢共同选择的方案。为了提高谈判的成功率，我们需要关注谈判的四个基本要素，从而帮助我们更有效率地在谈判方案上达成共识。

谈判的四个基本要素几乎适合职场上各种谈判的主题价值和目标价值，四个要素分别如下：

1）人：把人和事分开。
2）利益：着眼于利益而不是立场。
3）选择：为共同利益创造选择方案。

4）标准：坚持使用客观标准。

将人和事分开目的是创造一个可以沟通的机会。因为人，面对同样的事情有不同的感知，感情容易与客观利益纠缠在一起。

谈判中着眼于利益而不是立场的目的是提高解决问题的效率。因为立场不是通过谈判就能够妥协的，而谈判的目的是解决利益问题。

当自己的利益目标只能通过对方的决定实现时，利益冲突公开化，沟通变得更困难。此时做出决定的结果往往是一赢一输，更多的是两败俱伤。因此，"为共同利益创造选择方案"是最明智的。以促进共同利益而协调冲突为前提，提出各种可能方案，不仅可以淡化立场冲突造成的不利因素，还有可能让对手了解我们的智慧和优点。

当然，谈判的结果存在许多的不确定性，各种类型的企业、组织都在不同的制度下运行，完美的制度是不存在的，最实用的制度能够包容人性中的缺点。这些道理在谈判中显得更有意义，能够让谈判者清醒，冷静地坚持采用客观的标准。

四、使用权力的能力

正如前文所述，谈判应针对利益而不是立场进行沟通。可是如果对方存心欺骗，或者采取不合作的态度，或者滥用权力，该怎么办呢？

（1）善用规则。人们可能运用不道德手段，目的都是获取实际利益。面对这种诡计式的谈判，你的办法是发现诡计、揭穿诡计、质疑诡计的合理性和可取性。如果对方确实需要达成协议，他们会妥协。

（2）提问与改变节奏。当谈判的节奏被对方掌控时，对自己是不利的。一方面，提问能获得一些答案；而另一方面，对对方的观点、方案提出挑战性问题，可以让对方直面这些提问，从而改变谈判节奏，随之而来的便是转机。

（3）运用底线。面对强大的对手，确定好的底线能够保护自己，抵御来自对方的压力。当然，运用底线也是有代价的，它限制了谈判中的应变能力。

第二节　常用的谈判策略

谈判的成败取决于准备工作是否充分，而大部分的准备工作是围绕选择适当的谈判策略展开的。当准备工作做充分了，合适的策略就会浮现出来。那么应该做哪些准备呢？

图 10-1 包括了谈判准备的六要素，彼此之间虽然没有严格的逻辑关系，但一般按逆时针方向运行，周而复始。

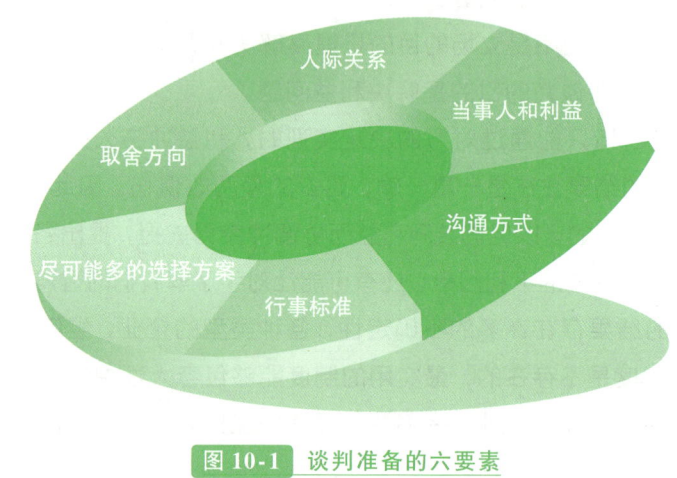

图 10-1 谈判准备的六要素

一、谈判准备

1. 当事人和利益

进行谈判准备时要仔细了解各方的利益。其中还包括可以共同分享的利益以及其他利益相关者的利益。

2. 人际关系

考虑人际关系是为了在复杂的谈判中将人和事区分开来。势必要列出一个清单，表明各个当事人间的利益天平、影响人际关系的长期因素、授权以及之间的矛盾关系。对可能介入谈判的第三方也要给予充分的考虑。

3. 取舍方向

取舍方向是在"谈"或"不谈"上做出的抉择，是谈判准备工作完成与否的一个标志。有时人们边谈判边抉择，这样容易错过谈判时机。什么时候拒绝谈判呢？第一是自己对原本有兴趣的利益失去兴趣了；第二是所有谈判的契机失去了；第三是可以利用的谈判筹码不存在了。一句话，是否拒绝谈取决于谈判手对可谈方案的满意程度。在公司兼并收购的谈判中，在劳资冲突的对峙中，中途拒绝谈判的情形很常见。

4. 尽可能多的选择方案

找出尽可能多的选择方案是谈判准备的核心，需要投入更多的时间和精力。例如，在一起贸易商标侵权的案例中，被侵权一方提出的选择方案有五个之多。其中三个选择方案代表公司的立场，分别是：诉诸法律，争取赔偿；组建合资企业共同经营；选择代理人。另外两项选择方案根据人际关系而定，其一是强硬的策略；其二是温和的策略。可见，谈判的准备工作充分，不论谈判手的资历深浅，都可以付诸实施。

5. 行事标准

有人把谈判比作游戏，游戏规则就是所谓的行事标准。参与订立行事标准也就使谈判有可能在当事人之间比较公平地进行；如果单方面地制定规则，那么谈判的话语权就被制定规则的一方牢牢掌握了，通常不公平谈判产生的原因都在于此。争取公平的谈判是从争取共同确定行事标准开始的。在正式的谈判中，缺乏经验的一方往往在细节上掉以轻心，如起草谈判议程实际上也掌握了行事标准。

6. 沟通方式

沟通是本书的主题，此处不赘述。

二、谈判中常用的策略

谈判中常用的策略见表 10-1。

表 10-1　谈判中常用的策略

互惠策略	同盟策略	单兵策略
• 与对手分享利益 • 建设性地考虑各种选择方案，力求争取更多的谈判资源 • 在妥协和零和游戏中寻找平衡点 • 鼓励建立积极的人际关系	• 从差异中寻求共同利益 • 引入合适的参与决策过程 • 鼓励同盟内的双边关系	• 提高目标价值 • 在不涉及自己利益的条件下找准对方的软肋狠狠出击 • 表现出志在必得和毫无兴趣 • 必要时采用各种手段，例如威胁、提出时间表和承诺等

1. 互惠策略

有一个故事讲的是两个孩子分一个橘子的谈判。两个孩子对同一个橘子感兴趣了，但要分得公平是不容易的。一个办法是让切橘子的孩子后拿，这样能达到某种公平，督促切橘子的孩子力求切得公平，不然受损失的是自己；可是这样做真的对两个孩子是互惠策略吗？显然不是。从旁观者的角度看，两个孩子对橘子的兴趣是想吃它。但这不是唯一的兴趣。互惠策略强调的是当事人要公开自己的利益诉求，猜测对方利益不能保证获取最大的利益。

还是孩子和橘子的故事，孩子用心地切开橘子，各自拿走了一半，一个孩子吃了橘子肉，把橘子皮扔了；另一个孩子把橘子肉挖出来扔了，用半个橘子皮烤蛋糕去了。可见分得公平，但结果并不能使双方获取最大的利益。

为什么会这样呢，怎么做才能让两个孩子都获取最大的利益呢？

第一，要让孩子说出来橘子能给自己带来的利益是什么，而不是想当然地认为公平是大家追求的目标。第二，不能沿着公平分割的思路，想当然地认为分是唯一的办法，为什么不能创造机会，扩大分的内容呢？显然孩子对橘子的需求不一样恰恰成就了分的资源。有人担心：花时间讨论分的办法是徒劳的，因为讨论的时间越长，结果只会更糟。其实不然，如果两个孩子说出各自对橘子的需求后，讨论的时间多数是在怎么切才能让各自的利益最有效率，最令自己满意。也就是说讨论的目的是减少资源的浪费和获取利益的最大化。第三，他们需要在零和游戏中找出一个平衡点。第四，双方要明确友好协商才能既保证自己对橘子的需求被满足，又能和对方建立起更长久的人际关系。因此，谈判中的互惠策略应用得当，会体现在利益和人际关系同时获益。

2. 同盟策略

谈判各方的利益差异显而易见，不然就没有产生纠纷的可能。人们总是以为差异会造成问题，却没有意识到差异也能解决问题。许多富有创造性的谈判协议正是反映了协议产生于差异的原理，利益和观念上的差异使谈判协议可以对双方都有利却不必付出什么代价。预期和风险意识的差异可能使谈判各方在达到目标之后再建立起良好的人际关系。例如，在本章末的"多方谈判练习：河岸罢工"案例中，各方的利益、观念、预期和风险意识都有差异，同盟策略是成功解决这场危机最重要的策略。下面做简要分析。

利益差异：公司、工厂、工人的利益差异是明显的。

观念差异：公司邀请第三方参与是观念转变的一个特征。在第三方介入危机之前，公司还是寄希望于内部人参与解决纠纷。同时，劳资双方的谈判是否有临时的工人代表参与也是目前各国劳资谈判的差异之一。

预期差异：在同一个劳资冲突中，同属劳工一方中，对解决方案的预期差异也是存在的，例如，男工、女工对福利的要求不同；"80后"工人、"90后"工人和"70后"工人对管理方式的预期大不相同。

风险意识差异：即使在参与谈判的资方代表中，也存在风险意识差异；首席资方代表关心的是工厂能否不关门，而其他资方代表更关心谈判筹码的大小。

一般地，采用同盟策略需要同时考量自己代价的最小化和对方利益的最大化。不论个人对谈判对方的厌恶程度有多高，谈判的环境有多差，我们多数人面临冲突时都需要采用同盟策略。

3. 单兵策略

单兵策略是任何策略的基本，不论谈判团队强大与否。

第一，不要急于确定谁更有实力，如果认为自己更有实力，也许会放松警惕，准备工作无法做足；如果认为自己的实力不如对手，软弱的情绪就会油然而生，挫伤了信心甚至分散了注意力。知己知彼不是为了消灭对手，而是为了做好充分的准备。事实上，即使谈判筹码悬殊，谈判手也不要轻易否定或轻视自己，要抱着正向的心态为自己积累谈判经验，在谈判中尽力放手一搏，告诉自己，谈判的结果哪怕不能使力量对比出现逆转，至少有机会改变现有的力量对比；有的谈判手更愿意认为自己势单力薄，这样可以爆发破釜沉舟的勇气。总之，信心最重要，要努力尝试，不尝试就看不见希望。

第二，从对方的短板下手，或者努力建立认知不一致的局面。当谈判双方的利益有巨大的差异时，不要全力应付问题，而要全力支持对方，继而消除矛盾。例如，学生的社团活动有时和正常的学习安排冲突，作为老师，可以先支持学生的社团活动，给学生建立与他们认知不一致的情况。由于老师的支持态度，学生会为了消除冲突，或者为了把冲突造成的损失降到最低，主动与老师一起客观地分析冲突，认识到冲突造成的负面影响，并寻找双方都愿意接受的解决办法。

三、谈判策略基石：信任

许多研究表明，在谈判中建立信任极其关键，谈判原本的目标是分配利益，但人们总是期望获取更多利益。当谈判结束时，那些谈笑轻松的人也许并没获取预期的谈判结果，那些若有所思的人可能获取了预期的利益，那些念念有词略带不满的人可能获取最大的利益。究其原因，他们之间在信任上的收获是不同的。但是信任是如何存在，又如何获得呢？

信任有三个层次，由低到高分为基于事实的信任、基于专业知识的信任和基于名誉的信任。在谈判中，若各方拥有高层次的信任，谈判就更顺利些，成果也更接近预期；谈判的过程综合性强些，涉猎面广些，建立更高层次信任的机会和可能性就多些。反之亦然。

1. 基于事实的信任

基于事实的信任产生于一贯的行为。例如，当事人一贯言行一致，做事的方式稳定、持续。由于这些行为来自平常，不能刻意形成，所以保证基于事实的信任的有效办法是惩罚。提高基于事实的信任的途径有：

1）明确表明自己能够帮助对方实现预期目标。

2）明确表明只有建立互信才能获得不断提升的预期目标。

3）明确表明获得预期目标的途径和方式与自己的实力紧密相连。

4）明确表明自己对谈判预期目标的确定。

2. 基于专业知识的信任

基于专业知识的信任产生于对专业知识的熟练掌握。这一信任更依赖于对信息的掌握和使用而不是行政管理的手段，如奖惩制度。但这一信任需要较长的时间或历史数据的记录，还依赖于谈判当事人之间心照不宣的需要。如何不断维护和建立基于专业知识的信任呢？途径有：

1）双方频繁地接触和交流。

2）扩大互相了解的范围，以利于从各方面寻找相似的喜好。

3）尽可能地预计对方的反应，之后观察对方的行为、态度等。

3. 基于名誉的信任

最高层级的信任是基于名誉的信任，它来自彼此在对方心中的预期目标。在这一信任基础上，双方完全清楚对方能做到什么，也清楚双方可能采用的方式和手段。如果谈判双方在这一层次上合作，结果是令人羡慕和向往的。因此建立在这一基础上的谈判常常不忌讳由第三方或代理人介入或替代，利益的分配也不必经历烦琐的谈判过程。可以试试从以下几个方面努力：

1）充分认识各方的利益及其多重性。

2）寻找共同目标或共同价值观的基础。

3）用对方喜欢、习惯的方式沟通。

4）使用与对方相同的行为标准和承诺方式。

第三节 谈判风格的类型

人们由于不同的追求目标和处理人际关系的习惯，自觉或不自觉地形成了特有的谈判风格，谈判风格也被视为解决冲突的策略。谈判风格主要有五种类型，见图10-2。

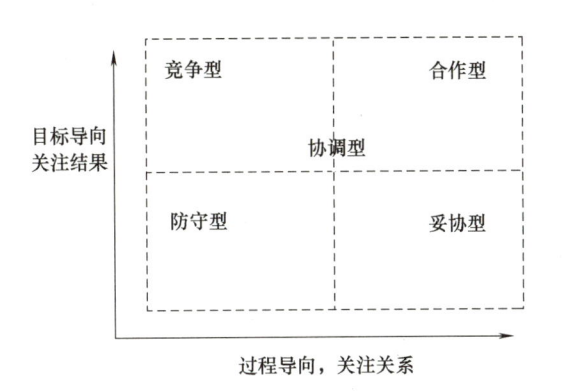

```
                ↑
    目标导向  | 竞争型    合作型  |
    关注结果  |      协调型      |
              |                  |
              | 防守型    妥协型  |
                ────────────→
                过程导向，关注关系
```

图 10-2 谈判风格类型

一、防守型

防守型谈判手在谈判中往往采用回避矛盾的态度，选择"让命运决定"，常说："我还需要时间，还需要了解更多的信息。"和这样的人谈判需要耐心，需要建立基本的信任。当然，如果谈判对手无比强大，采取防守型风格也未尝不可。总之，这是一个走向双输的办法。

二、竞争型

竞争型谈判手，对目标志在必得，关注自己的得失，相信"零和游戏"，习惯采用"分饼原则"，常说："来吧，市场就是战场，输赢乃兵家常事。"当谈判双方都采用竞争型谈判风格时，往往能建设性地提出更多、更好的选择方案，有可能实现双赢的谈判结果。

三、协调型

协调型谈判手给人适应性强、灵活性强、喜欢沟通的印象，他们更追求建立良好的人际关系，常说："如果我是你，我就会这样做。"他们擅长将许多看起来不相关的人和事都放在一起谈判，他们相信彼此有了更多的信任好办事。如果与其他风格的谈判手相遇，短时间内谈判会无果而终。

四、合作型

要成为合作型谈判手，需要具备三项基本条件：①掌控谈判资源；②掌握谈判的最佳时机；③准备了最佳选择方案。合作型谈判手遇上其他类型谈判手也未必能实现全胜。

五、妥协型

妥协型往往表现在谈判的最后时刻，而不是各方提出选择方案时。妥协型谈判手常说："只有大家好才是真的好。"他们有能力克制自己的情绪，有能力隐瞒一些关键信息或谈判的资源；他们总是以温和的姿态出现在谈判桌旁，有时他们给人委曲求全的印象。妥协型谈判手遇上其他风格谈判手时，结果都比较令人满意。他们有机会建立更长期的人际关系，在谈判桌上更富有创造力。

本章小结

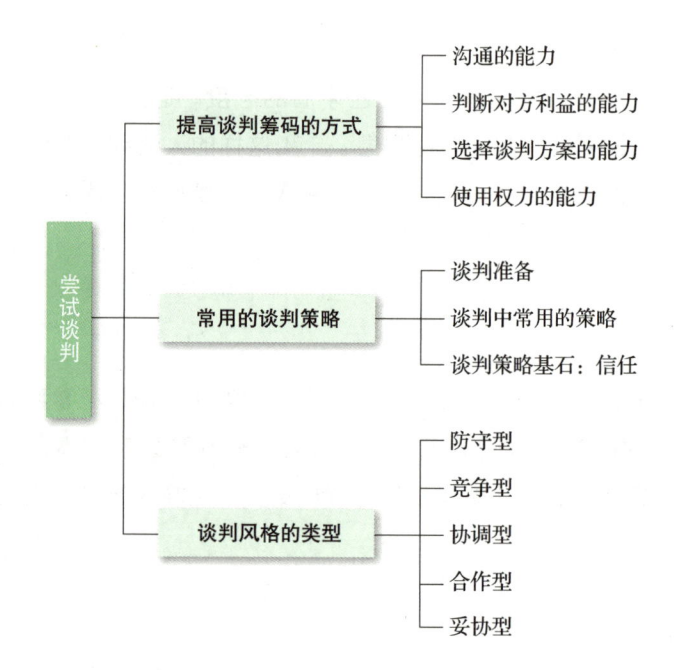

```
                        ┌─ 沟通的能力
              提高谈判筹码的方式 ─┼─ 判断对方利益的能力
                        ├─ 选择谈判方案的能力
                        └─ 使用权力的能力

              常用的谈判策略 ─┬─ 谈判准备
尝试谈判 ─────┤            ├─ 谈判中常用的策略
              │            └─ 谈判策略基石：信任
              │
              │            ┌─ 防守型
              │            ├─ 竞争型
              谈判风格的类型 ─┼─ 协调型
                           ├─ 合作型
                           └─ 妥协型
```

多方谈判练习：河岸罢工

河畔工厂，一家制造业大型现代工厂，被卷入一起管理层与劳工的冲突中。双方都希望能"战胜"对方。

经过数月的冲突后，工厂的经理路明说："合约还有几个月即将约满，冲突仍然存在。如果双方无法建立一个积极、有意义的关系，那将意味着另一次正面冲突。作为一个有生命力的经济主体，我无法想象工厂如何熬过另一次停工。不过我可以肯定，假如我们可以复工，一定不会是相同的人在管理和操作它。"劳资关系经理维力向路明建议，公司应该与劳方面对面解决问题。

可是这个面对面的谈判应该有哪些人参与呢？维力的报告得到了其上司庞斯的回复，称这个问题可以获得斯蒂夫的帮助。史蒂夫是英国人，在香港的一所大学执教多年，他推荐安原教授——本地知名大学的一位学者，担任协调人。就这样，安原教授开始了她的多方谈判、调解工作。

安原主持了第一次会议，资方有六位管理高层人员出席，劳方则有六位工人代表出席。协调人重申了会议的目标和程序。

- 目标

12 名谈判代表回答同一个问题："劳资双方是否能表个态，劳资关系现状是什么样的？相互怀疑还是彼此还有起码的尊重？"

- 程序

1. 单边会议

劳资双方分别开会，讨论工厂理想的管理办法（工资结构、加班选择和加班费支付、工作餐的补贴、住宿条件、休假制度、工伤保护和废水污染控制等）。

记录讨论的全部过程和详细内容。其内容用于稍后的共同讨论环节。

2. 双边会议

在共同讨论的环节，各方选出一位发言人陈述本组的观点。其余的代表请不要插话解释或补充意见。因为这样做不能使问题更清晰，通常会引起反效果，使问题恶化。

如果觉得有很重要的意见必须提出，则向协调人提出发言的请求。这些特别安排的发言是个人意见并不成为某方意见。

每一方必须分别描述现在劳资的真实状况。

3. 会后工作

双边会议后请各方写出一个实际的执行计划：如何摒弃现在敌对的状况，重新合作。计划必须列明细节，供日后探究、检查和重新评估。

设想一个理想的合作关系

开始时，资方似乎不能集中精神思考出一个理想的关系。安原了解到，鲍强是工人中的民间领袖，强悍、情绪激烈。他来自湖南，工厂里 1/3 的工人都是他的同乡，基本上是他从家乡带出来的。有人说，鲍强是利用工人的力量成就自己的目的，一心想离开生产线，挤进管理层。也有人说，鲍强并没有什么政治野心，只是面对工人，他希望更有面子。但实际上鲍强也不是十分清楚他最优先的利益是什么，他的内心可能十分矛盾吧。

人事经理小汤说："当鲍强个人喜欢某个管理方案时，他会在劳方代表面前把方案陈述得很好。如果他不想某个方案被通过时，他会强调方案的消极面，然后想尽办法让方案无法被通过。"在召开双边会议的早晨，安原在走廊上遇上来开会的工人，走在前边的是鲍强，他边走边说："我们不需要花时间和他们达成共识，听到了吗？"身边的工人点了点头。可是在会上，工人还是表现出合作的态度。

在会议中，发言人陈述了各自的观点和结论，也仔细询问了对方的观点。双方所提出的理想的合作关系远远不同于各自所认定的实际状况。

在会议结束前，安原让双方为对方的观点打分，四分制。并且要求双方都为自己的观点写上详细的解释。

四分制划分如下：

1. 我们同意这个观点。
2. 我们认为这个观点应该用以下方式表达。
3. 为了更加清楚这个观点，我们希望得到更多的相关信息。
4. 我们不同意这个观点，原因如下。

安原补充道，双方都可以让对方解释评分的理由，这样做有助于达成共识。

资方代表认为工人们越权，由此表现出工人们对资方代表不信任和不尊重的态度。

工人们则坚持，他们并不想"管理"这个工厂，他们可以提高工厂的生产效率，但必须是在他们被尊重的前提下。

此外，当双方在表达自己的观点时，他们都十分惊讶，彼此的裂痕竟然如此之深。认识到双方对理想合作关系的诠释有巨大差异，资方代表发现，不论自己如何认真地提出改进方案，工人们承认资方的态度有积极转变，措施也可行，但工人们仍然没有任何合作的迹象。

时间已经过去了一周，剩下的时间已经不多，工厂和所有人的前途危在旦夕。从公司高层传来的消息称，这样下去公司会关掉这家工厂。

劳资双方如何在双方分歧如此之大的情况下，在同一个工厂工作，为解决同一个问题而努力呢？此时，两方代表返回自己的会议室，讨论对方做出的努力，再次用四分制给对方的观点评分，四分制评分表样式见表10-2。最后把各方观点集合形成统一意见，汇总进表10-3，再让各方看这些经过总结的劳资关系的真正评价。

表10-2 四分制评分

观点	合作	信息	现行规章	关系	外部因素
资方					
劳方					
第三方					
注释内容					

表 10-3　观点集合

	统一的意见
合作	
信息	
现行规章	
外部因素	
关系	

当个别差异表现出来时，每个人都意识到自己的行为是如此具有破坏性。安原在结束讨论时说道："我们都很清楚需要做出改变的是自己。"

路明、维力和安原在河畔工厂和工人共同度过了一个月的时间。工人们并没有罢工，除了鲍强，所有人都认为工厂危机被成功地解决了。直到今天，工厂还在运行着，保持着行业的领先地位。

第十一章　有效地听

Chapter Eleven

2008年12月5日,《宝岛一村》在台北首演,此后每场演出盛况空前,爆满卖座,在大陆巡演更出现一票难求的景象。有人将这部来自台湾的话剧称为"近年来台湾剧场界最大的文化奇迹",有人认为这是导演赖声川和主创王伟忠的巅峰之作。有人说:"2008年有两部好戏勾起了台湾人无尽的回忆,一部是电影《海角七号》,另一部则是赖声川的话剧《宝岛一村》。"还有人不断地问:"为什么《宝岛一村》会这么火?"林青霞在看完该剧后发表感慨:"看得我如醉如痴,时而感伤,时而欣慰,有时大笑,有时哭得抽泣,泪还没干又破涕而笑,还没笑完又哭将起来。这是什么样的一出戏?把我弄得像个傻子一样。"

然而,很多人却不知道,这部反响空前的话剧是导演赖声川"听"故事听来的。王伟忠花了两年向赖声川讲了100多个故事。以下是赖声川接受凤凰卫视采访时的部分内容。

赖声川:那两年就是伟忠一直在讲故事,我一直在消化,然后我们各忙各的,他也很忙,我也很忙。

许戈辉:他着急了吗?他push(催)你了吗?

赖声川:他一直push(催),他随时打电话说,赖导回来没有,在不在,在,好,吃饭,然后吃饭就讲故事,这我听过,没关系,他再讲。就有时候会,有的故事我已经听五次了,可是就是这样,一直进去一直进去一直进去,然后我从来没有排斥任何一个故事或任何一个人物。

许戈辉:那你也蛮沉得住气的。

赖声川:也还好,我们是朋友,我了解他的心情,我也希望他能够了解我的心情,这么好的一段故事、一段历史,我们不能随随便便地做,为什么他讲两年故事,100多个故事,然后我一直不点头来做这个事情,可能外界就会揣测说我很大牌。其实我是因为太尊重这段历史,而且太尊重伟忠他的回忆,一个朋友来跟你说请你把我的童年回忆变成一部戏,其实这不能轻易做,就算你自己觉得我可以做,我不觉得我可以做,因为我做出来如果你不满意,你不懂,那你一辈子、你的童年回忆就被毁了，毁在我的手上。

许戈辉：100多个故事，但你说，你能够把他减到……

赖声川：我能够浓缩，然后减，然后分配，然后……这个等于是说三家不同的人我看到了，就是可以说脑子里看到舞台上的一个状态，这三家人并排住着，然后我可以把这100多个故事，塞到这三家人里面，然后这三家人就可以完全不一样，他们的第一代有完全不一样的遭遇，第二代又有完全不一样的状态。个性，每一个角色的个性，所以这么做出一个人物表，等于是每一个人物都有他很鲜明的一个个性，他可能融合了这些故事，可能100多个角色，100多个角色可能放到十几个人身上就有不同的个性，然后最后我觉得每个人都有他的特色的时候，我说可以了，这个戏可以做。

（资料来源：凤凰网，有改动。）

赖声川听清楚台湾眷村里所发生的悲喜故事，听懂了大时代变迁中人们关于家或文化的感受，听出了认同感，同时也在倾听中找到了创作的灵感。

然而现实生活中，我们常常因为听不进对方要说的话而导致误解和争执，伤害了原本亲密的关系。

作为"被忽略的艺术"，倾听究竟有什么意义呢？

你是否看见过这样一堆人——每个人都叫喊着："你能不能安静一下听我先说？""你没听明白！""你有没有听错啊？""谁说的？刚刚是谁说的？""你听我说……你听我说……"每个人都在吵吵闹闹，却没有一个人能够安静下来仔细听他人说一句话，或者不急于表达自己的意见。

作为"最容易获得好感的沟通"，倾听存在哪些障碍？

我时常思考，学生坐在同一个课室里，听着同一位老师讲课，读着类似的阅读材料，可是为什么成绩和收获千差万别呢？后来我发现一个重要的原因，那就是有的学生不会"听"课。回想一下，处于学生时代的你，是否知道老师的讲课特点？课程的重点在哪里？是老师的哪一种声调、语言或表情体现出来的？哪一部分需要下功夫补充材料的？某一理论观点的逻辑是什么？没有掌握好倾听技能的学生坐在课室里，完全不知道自己应该学习什么。

作为"被遗忘的技能"，如何才能做到有效地听？

这三个问题是本章要分享的关键点。约翰·阿代尔（John Adair）说过："如果想要成为更好的倾听者，接下来，你可能要从根本上回顾你面对生活和他人的方式。"因此，我们在这一章努力做到与其他各章一样，都希望在生活和学习中回顾沟通的经验，在沟通中学会更好地生活、为人处世或者只是认识我们自己。

第一节 倾听的意义

美国著名的人际关系学大师戴尔·卡耐基（Dale Carnegie）这样阐述倾听的重要性："如果希望成为一个善于谈话的人，那就先做一个致意倾听的人。"索尼、三星、中国人寿等知名企业都打出"倾听客户的心声"的口号，政府提出"倾听社会的声音"，社会呼吁"倾听弱势群体的需求"。倾听的意义在哪里？

一、倾听是获取信息的关键渠道

美国前总统乔治·布什（George Bush）这样写道："我希望自己的下属充分调查，并且希望听到他们真实的意见。我不希望他们只说我爱听的。我在努力创造一种气氛，让大家觉得无拘无束，可以自由发表各自的想法和意见。无论是讨论政策、人事任命，或是法律咨询，我经常会停下来，在房间来回走动，询问不同的人他们是怎么想的，以及为什么这么想。"如同布什一样，日本经营之神松下幸之助将经营诀窍概括为"细心倾听他人的意见"。

世界销售界的传奇人物乔·吉拉德（Joe Girard）创造了世界汽车零售纪录，连续12年平均每天销售6辆车，在15年的销售生涯里总共销售了13001辆车，他不断强调，"如果你想要把东西卖给某人，你就应该尽自己的力量去收集他与你生意有关的情报……不论你推销的是什么东西"。为了了解顾客的需求和期望，最重要的一项工作就是要学会倾听，倾听，再倾听！

美国有一项研究表明，经理人员的沟通时间安排如下：9%的时间用于书写，16%的时间在阅读，30%的时间选择交谈，而倾听的时间占据45%。经理人员运用这45%的时间倾听会议发言、下级的日常工作汇报、各项请求和建议，以及顾客投诉等。倾听是经理人员掌握组织内外信息的有效渠道。

回到生活中，你是否有这样的体会？我们在一段时间内倾向于说话，将之当成对外释放和检验所学内容的途径，超过45%的时间都在发言。渐渐地，说多了，开始乏味了，心虚了，于是选择不说了，安静地倾听，听他人阐述自己的观点，然后安静地思考和分析。倾听是一个厚积薄发的输入过程，帮助我们了解自我以外的新资讯和新观点。

二、倾听是提高可信度和认同度的有效方法

倾听可以令我们少犯错误，明白沟通对象的观点和感受，克服以自我为中心的心理倾向，减少主观偏见，恰到好处地传递感情，表达对沟通对象的尊重、关注和支持。

你是否见过这样两个人？第一个人能说会道，舌灿莲花，左右逢源，每次开会或聚餐从头到尾都能够听到他的声音，具有极好的领导才能。第二个人则默默无闻，每当别人说话时，总是专注地听着，时而微笑，时而点头，偶尔开口说一两句话，旁边的人都安静下来，想知道这个沉默寡言的人究竟在想什么，表达出什么想法。每次发完言，他都谦虚地说："我懂的实在不多，请多包涵。"当你心情郁闷想要找人倾诉时，你会选择哪一个人？毫无疑问，大多数人会选择第二个人，因为基本上他肯听我们说。假如我们习惯让某一个人看到自己低落或愤怒的状态，听到自己无法在公共场合说出的言论，那么这个人就极有可能慢慢成为我们的朋友。

乔·吉拉德讲过，世界上有两股非常伟大的力量，一是倾听，二是微笑。许多销售员为了获得认同，取得订单，滔滔不绝地向客户推销自己的理念和产品，但是结果却常常无功而返。凡是记录乔·吉拉德在销售领域取得傲人战绩的书都离不开探讨他如何有效地倾听，从而获得客户的好感和认同。然而，早年的他曾经也在倾听上犯错，失去一份即将到手的订单。原因在于当他的客户无限自豪地谈起他的儿子刚刚考上大学时，乔·吉拉德正兴高采烈地和同伴讨论篮球赛，致使客户一气之下掉头走了，拒绝掏钱付款。

和乔·吉拉德一样，日本一流的推销员青木仁志同样指出："听的能力可以大大增强说话的能力。"人们容易对认真倾听自己讲话的人敞开心扉，从而建立信任关系。推销之所以能够善始善终，也是由于倾听的能力发挥了作用的缘故。

许多成功的推销员和管理者都有类似的说法——成功的关键在于："我是世界上最好的听众！"

三、倾听是避免冲突和解决问题的重要手段

倾听不同的声音可以有效地避免冲突，减少对立情绪和自我主义对解决问题的干扰。例如，在婚姻咨询中，一开始，夫妻二人常常没说两句话就恶语相向，彼此看不顺眼，双方都埋怨："他（她）对我根本没有耐心！""他（她）不尊重我！""你看，才说几句话啊，他就恼羞成怒了。"通常情况下，咨询师扮演的角色是安抚双方的情

绪，假如双方能够坐下来探讨问题，在咨询师的协调下耐着性子听对方表达自己的观点，那么和解的可能性就很大。

许多冲突本身就是由不愿意倾听导致的。例如，母亲和你分享今天买菜时看到一种紫色的有机蔬菜、大蒜涨价了、卖鸡的阿姨没有出来做生意、基围虾不新鲜等，你爱理不理，埋头做自己的事情，或者随口"嗯嗯"。接下来她可能会无趣地走开，过几天情绪不好时直接说："你根本没把我放在眼里，我说什么你都不听！"或者当下就直接生气，寻求沟通，假如这时你仍然认为："你说的我不感兴趣，我不打断你，不听你的总行了吧！"这样不但不能解决问题，反而容易进一步激化矛盾。

倾听表现出对他人说话权利的尊重以及关注，这本身就是一种沟通的诚意；反过来，倾听他人也能获得他人的倾听。因此，冲突能够在倾听之余被扼杀在萌芽状态。凤凰卫视的著名节目《一虎一席谈》获得谈话类节目的多项殊荣。在节目中，不同利益代表在镜头前发表自己的看法，有时吵得不可开交，甚至愤而离场，主持人胡一虎一如既往地倾听各方观点，镇定自若地化解矛盾。他在访谈时提到："在节目现场，每个人的声音我都要倾听，每个人的表情我都要观察，我尽可能地集中自己所有的精力，通过倾听和观察来挖掘亮点，尽量不让亮点从不经意间漏掉。"胡一虎自称自己是"最会挑拨离间的主持人"，"挑"是"挑起每一个人说心里话的欲望"，"拨（播）"是"散播一个种子，倾听别人的声音"，"离"是离弃中国人过去人前不说话的怯弱性格，"间"是"同中有异，异中求同"。倾听让我们在充分获取信息的前提下，找到平衡各种矛盾冲突的方式，同时学会站在对方的角度考虑问题。

父母多倾听孩子的心声，在信任和理解下，孩子更容易正视自己的错误，并努力纠正；管理者多倾听员工的想法，在关心和支持下，员工更乐于理解工作的意义和目标，并在实际执行中严格要求自己；政府多倾听公众的诉求，才能获得更高的合法性和公众满意度；我们多倾听自己的内心，才能清醒地选择适合自己的道路，并不怕艰难困苦地持续奋斗。

总之，正如《世界上最会说话的人》一书提到的："倾听可以让你的生活变得更加快乐，倾听可以让你的工作变得更加轻松，倾听让你的订单来得更多，倾听让你身边的人更喜欢你，倾听让你的顾客更信任你。倾听是一种推销手段，倾听更是一种个人修养。"

第二节 倾听的障碍

你是否有过类似的经历:

- 由于路上塞车严重,你约会时迟到了,刚见到对方本来很想向对方道歉并解释原因,对方却说:"我什么都不要听!都是借口!"
- 看到父亲操作计算机时出现错误,当你想要告诉他应该怎么操作时,他悻悻地说:"我不用你告诉我应该怎么做,我吃的盐比你吃的饭还多!"
- 你在讲台上认真地发表演讲,台下的人要不发呆,要不打瞌睡,要不偷偷玩手机,没有一个人在用心倾听。
- 父亲在一旁回忆往事,说道:"想当年我和你一样大时,正好赶上上山下乡,我响应号召背着简单的两件衣服就背井离乡,你奶奶在车站送行时哭成了泪人……那时能够吃饱饭就满足了,哪有你们现在这么幸福啊,吃饱了还要吃好的,吃好的还要有得玩……"此时的你已经眼神放空,想着晚饭后约谁一起逛街去。
- 你对着朋友倾诉:"今天真是倒霉透了!走到半路鞋跟掉了,光着脚丫好不容易跑到公车站,公车恰好开走了,无奈之下打辆出租车,开到商贸区遇上塞车,足足耽误了35分钟。"朋友一边回复手机微信一边应着:"是吗?唉!"你接着说:"一进公司,主管逮到我就是一顿骂,说是昨天提交的销售报告少了两页,本来一心想着赶紧补上,没想到一开电脑,你猜怎么着?"朋友头也没抬地回答:"嗯。"这时,你还想说下去吗?

上述情境体现的是各种日常的倾听障碍。为什么会出现这些障碍呢?杰拉尔丁·E. 海因斯（Geraldine E. Hynes）在《管理沟通:策略与应用》一书中指出,听与说的差异、缺乏倾听的持续动机、缺乏倾听的意愿和内外噪声等都是倾听的障碍。约翰·迪格塔尼（John Digaetani）将不善倾听的习惯概括为"坐立不安""追根寻源""情感冷漠""有耳无心"和"断章取义"。本节重点分析四种倾听障碍,分别是不愿听、听不懂、选择性倾听以及打断别人的话。

一、不愿听

电视剧里常有这样的剧情:

> - 男主角追着女主角想把话说清楚，女主角捂住耳朵使劲说："我不听，我不听。"
> - 男主角站在门口拍打着房门说："你听我说一说，行吗？"女主角把门紧紧锁住，躲在房间里半天不出来。
> - 妈妈轻声地劝孩子："玩的时候别爬树，太高了，太危险了。"孩子满口答应，一出去却还是爬树。

倾听时拒绝倾听或"左耳进，右耳出"的现象时有发生。缺乏倾听的意愿和动机不但使我们听不到不想听的话，而且遗漏了大量应该知道并且很有价值的信息。而不愿听的主要原因可能包括因为害怕选择"关闭"自己的耳朵、认为某些信息可以忽视、因为精力的分配和目的性而被其他更为重要的信息挤占、因为负面情绪而烦躁、因为对说话者带有成见或不尊重说话者、以为自己能够准确猜对对方的想法、认为自己无所不知等。

沟通是双向互动的过程，隐含着社会联系、共同媒介、发送和理解四种关键要素，每一次良好的沟通都需要依靠信息的接收。从这一角度来看，不愿听故意阻碍了最终信息的接收和理解，从而破坏了沟通的效果。

二、听不懂

为什么我们说得兴高采烈、绘声绘色，而听的人却一头雾水、满脸迷惑呢？现实中，我们常常因为语言、文化、思想、立场、受教育程度等方面的差异等出现听不懂的情况。例如，一位两岁多的小孩看图学说话，大人说："大象。"他跟着说："大象。"大人补充说："这是一头体格庞大的大象。"他没有反应。大人改变说法："这是一头很大的大象。"他还是没有反应。最后，大人说："大象，很大。"他终于跟着说："大象，很大。"这是大人和小孩对话中时常碰到的情况，我们需要根据对方的年龄、受教育程度、经历和语言等，按照对方能够接受和理解的方式进行沟通，减少因为听不懂带来的浪费、误解和冲突。

我们要善于找到方法打破听不懂的困境。其中，最重要的是弄清楚听不懂的原因。如果原因在于语言差异，那么我们可以学习另一门语言或者直接寻求翻译人员的帮助。如果原因在于专业水平不同，那么我们要学会把专业术语转化为简单易懂的语言，如"财政预算"表示的是"政府从哪里获得多少收入，把钱花到哪里去，花多少，结果怎么样"。如果原因在于立场不同，那么我们要在沟通方式上争取求同存异。

三、选择性倾听

A：你这次的绩效表现基本上还不错，不过在团队合作上存在一点不足。

B：是吗？我就说不用担心绩效考核，无论怎么考，只要我们努力，肯定差不到哪里去的。

A：（微笑）是啊，绩效考核不仅是要看过去的表现怎么样，我们重点还要关注未来可以怎么改进。像这次的考核反映出团队合作是我们需要持续重视的问题。

B：你说，我这次哪方面表现得好啊？多少领导对我还比较满意啊？

这就是选择性倾听，在倾听时对信息做出筛选，选择那些自己想听到的信息，在此基础上，某些信息得到关注，某些信息被忽略。有的人特别喜欢听到赞美的话，忽略自己任何的不足；有的人只听好消息，对消极、负面的信息特别敏感。例如，"妈妈，我今天花了一整天把所有的花草都种进园子里了。园子里现在漂亮极了。不过一把铲子坏了。"妈妈的回应是："什么？你弄坏了一把铲子？怎么回事？"还有的人只听特定的人讲话。例如，婆媳争吵，儿子只听母亲或者媳妇的话，最终掀起轩然大波。上级的决策只有单一的信息来源，局限于那些设法规避责任的下级时，很容易出现"信息机会主义"，历史上君王只听一面之词、忠臣劝谏失败的例子比比皆是。

随着信息科技的发展和人们对沟通的强调，我们通过多个感觉器官所获取的信息量剧增，具体到听觉上，同时进入大脑的信息常常出现阻塞，这时，我们出现了被动的选择性关注：只注意特定的信息源，尽可能地掌握更多的有效信息，而非全部信息。

约翰·阿代尔（John Adair）总结道，我们的头脑"就像个降落伞——只有完全打开时才能最好地发挥作用"。

四、打断别人的话

一位美国知名主持人访问一名小朋友："你长大后想要当什么呀？"小朋友回答："我要当飞机驾驶员！"主持人问："如果有一天，你的飞机飞到太平洋上空燃料不足了，你怎么办？"小朋友想了想说："我会先告诉乘客绑好安全带，然后我背上降落伞跳出去。"现场的观众和主持人笑得东倒西歪。没想到，孩子的两行热泪夺眶而出："我要去拿燃料，我还要回来。"

（资料来源：长江日报。）

这是一个被频繁引用和转载的例子。在这里，我们还是希望以这个例子为引子，探讨倾听中打断别人谈话的问题。

你是否曾经没等别人说完就直接说"错了错了……"别人是否没等你说完两三句话就硬生生打断你的谈话？你当时有什么感受？你是否经常耐心听完完整的信息后才发表自己的看法？

爱打断他人的谈话或多或少体现出急于表现、盲目自信或控制欲强的心理，任其发展下去可能导致严重的后果，如影响团结、急躁冒进和滋生嫉妒心理等。习惯打断他人谈话的人通常无法认真倾听他人的发言，即便倾听也只是利用倾听的时间思考如何反驳对方、接下来自己要阐述的话题等，随时想掌控说话的主动权。因此，约翰·阿代尔（John Adair）认为，在这种情况下，"倾听只是我们在等待发言时被动做的事情"。

打断别人的话对沟通双方都会形成消极影响。从打断谈话的一方来看，无法全面听懂对方的话，往往带来过于仓促和草率的评价和判断；从被打断谈话的一方来看，先感受到的是不受尊重，之后是沟通思路中断，无法完整阐述自己原有的观点。

总之，我们应该耐心听完对方的谈话，即便这些谈话没有有价值的信息，我们也要耐心倾听，因为尊重对方的发言权，给对方一点时间，就是尊重对方，同时自己也获得别人的尊重。

第三节　如何有效地听

有一天早晨，妻子准备和往常一样踩自行车晨练。一走进车库，发现自行车不翼而飞了！这可是她每天晨练必备的工具，更重要的是，这是陪伴她八年的自行车。当下，妻子慌了，心里难过极了。于是，她重新上楼，找到还在熟睡的丈夫。

接下来，我们运用杜慕群和朱仁宏在《管理沟通》一书中提到的"倾听的'珠穆朗玛峰'七层次"，探讨丈夫在不同的倾听层次上可能做出什么反应。请设想一下，假如你是情境中的妻子，你对丈夫的每一种反应可能有什么感受。

1. 最底层：不予理睬

情境一：

　　妻子：李强，快醒醒，快醒醒，我的自行车不见了。

　　丈夫：（闭着眼睛，翻个身，继续熟睡）

情境二：

　　妻子：李强，快醒醒，快醒醒，我的……

　　丈夫：有什么好大惊小怪的，等我睡醒了再说。

2. 第一层：佯装倾听

　　妻子：李强，快醒醒，快醒醒，我的自行车不见了。

　　丈夫：（闭着眼睛）嗯。

　　妻子：怎么办啊？它可是陪伴我八年了呀。

　　丈夫：（始终闭着眼睛）嗯。

3. 第二层：控制

　　妻子：李强，快醒醒，快醒醒，我的自行车不见了。

　　丈夫：（睁开眼睛，抱着头）唉。

　　妻子：怎么办啊？它可是陪伴我八年了呀。

　　丈夫：现在着急有用吗？没用的话让我先睡睡。

4. 第三层：第一印象

　　妻子：李强，快醒醒，快醒醒，我的自行车不见了。

　　丈夫：肯定是被小宝骑去上学了。急什么呀？

　　妻子：会不会是被偷了啊？

　　丈夫：等小宝回来问问看就知道了。

5. 第四层：尊重

　　妻子：李强，快醒醒，快醒醒，我的自行车不见了。

　　丈夫：（立即起床，望着妻子）怎么回事呀？

　　妻子：我刚刚进车库，发现自行车不见了。

　　丈夫：（握着妻子的手）自行车不见了就不见了，没事的。

6. 第五层：换位思考

　　妻子：李强，快醒醒，快醒醒，我的自行车不见了。

丈夫：（立即起床，望着妻子）别着急，跟我说说这是怎么回事。

妻子：我刚刚进车库，发现自行车不见了。

丈夫：（握着妻子的手）没关系，这辆自行车也用了很久了，重新买一辆吧。

妻子：它可是陪伴我八年了呀。

丈夫：（微笑，点头）它陪伴你的时间这么长时间，突然间不见了，肯定很不舍。但是不见了也是没办法的事，咱们重新买一辆新的自行车吧。

7. 第六层：激励

妻子：李强，快醒醒，快醒醒，我的自行车不见了。

丈夫：（立即起床，望着妻子）别着急，跟我说说这是怎么回事。

妻子：我刚刚进车库，发现自行车不见了。

丈夫：（握着妻子的手）会不会是小宝骑去上学了？

妻子：不知道。

丈夫：（始终握着妻子的手）咱们等小宝回来问问看。要不就是被偷了？

妻子：我就怕被偷了。

丈夫：（微笑）被偷了也不怕，咱们换一辆新的自行车，好吗？

妻子：（难过）它可是陪伴我八年了呀。

丈夫：（凝望着妻子，然后拥抱一下她）我能理解。毕竟这么长时间了，突然间不见了，肯定很不舍。咱们还是换一辆新的自行车，好吗？

妻子：（犹豫）我本来骑车的技术就不好，怕换一辆新的用不惯。

丈夫：（鼓励地凝望着妻子，微笑）我相信你一定可以的。

8. 第七层：把握别人的倾听投入程度

妻子：李强，快醒醒，快醒醒，我的自行车不见了。

丈夫：（立即起床，望着妻子）别着急，慢慢说，这是怎么回事呀？

妻子：我刚刚进车库，发现自行车不见了。

丈夫：（握着妻子的手）真的不见了？它陪伴你这么多年，不见了肯定很心疼吧？

妻子：（难过）嗯，我刚刚一看不到它，心都慌了。

丈夫：（凝望着妻子，然后拥抱一下她）本来自行车不见了，咱们重新买一辆新的就可以了。不过你是念旧的人，心情难受在所难免。

妻子：是啊，可能需要一段时间适应吧。

丈夫：（握着妻子的手，微笑）眼下你每天还要锻炼，咱们一起去买一辆新自行车，好吗？

妻子：（点头）好。可是我担心换一辆新的我会用不惯。

丈夫：（微笑）我们换一辆和原来相似的，或者我陪你慢慢练。相信你很快就会习惯的。

从倾听七层次的分析可以看到，不同的倾听层次会带来不同的沟通效果。有效的倾听不但表现在愿意倾听、听取有效的信息，展现对谈话者的尊重，而且表现在准确理解对方的意思，通过语言和微笑、点头等动作做出适当的反馈，感同身受，满足说话者内心的期望。那么，具体地说，如何才能有效地倾听呢？

一、营造良好的倾听氛围

情境一：

A：这是一个多好的故事啊，对吧？

B：你说好就好。

情境二：

A：昨晚周××的演唱会好看不？很可惜我错过了。

B：（玩手机）还行吧。

你是否也经历过类似的情境？当时的你有什么感受？假如你遇到一位总是以"嗯嗯哦哦"做出回应的倾听者，你是否会有说不下去的感觉？假如倾听者兀自发呆或玩电脑、看电视，完全没有对你的谈话做出任何反馈，你是否感觉到受冷落、不被尊重？

我们应该如何营造良好的倾听氛围，做一名称职的倾听者呢？

首先，消除前面详细分析过的倾听障碍，专注而真诚地听。英国政治家、思想家和哲学家托马斯·霍布斯（Thomas Hobbes）写道："倾听对方的任何一种意见或议论就是尊重，因为这说明我们认为对方有卓见、口才和聪明机智，反之，打瞌睡、走开或乱扯就是轻视。"

为了表现自己的专注与真诚，我们应该以开放的身体姿势倾听。英国心理学家理查德·威丝曼（Richard Weissman）研究后发现，开放式的身体姿势可以增强自身的魅力，达到有效沟通的效果。理查德·威丝曼建议："不要让胳膊或腿相互交叉，让你的手远离你的脸，当你说话时，让你的手分开，并且让手掌向上或向前；让人们知道他们很重要，以一种诚恳微笑的思考表情，表现出你喜欢他们身上的某种东西；当你与别人谈话时，要不时地点头，拍两下那个人的上臂；通过使用令人难忘的视觉类比，在别人心中建立一种视觉形象；不断地改变你说话的语调和语速，要始终保持昂扬、乐观的情绪，只有当你需要制造紧张气氛或强调某个问题时，才缓慢地放低你的声音。"

其次，运用同理心。我看过这样一则寓言：

一把坚实的大锁挂在大门上，一根铁杆费了九牛二虎之力，还是无法将它撬开。无奈，只好聘请小巧玲珑的钥匙来试试，只见弱不禁风的钥匙轻轻地钻进锁孔，轻巧地一转身，大锁就"啪"的一声打开了。

粗大的铁杆不解地问："论身体你没有我壮，论体力你更是比不上我，为什么你就轻而易举地把它打开了呢？"

小巧的钥匙说："因为我最了解他的心。"

同理心就是打开每个人紧锁的内心的钥匙，运用同理心能够破解沟通的瓶颈。我们不但要听清对方的谈话，而且要理解对方的情绪和感受。在妻子丢自行车这一事例中，运用同理心倾听需要传达下列三个层次的信息：①丢了自行车不用着急；②你不舍得自行车的主要原因在于念旧；③对于你需要时间适应这一问题，我能够充分地理解。除了在心里真切懂得对方的心理变化和感受，通过语言清晰明确地传达理解之外，接下来要做的是在用心倾听过程中通过非语言信号进一步强化这些反馈。

例如，我在A、B两地不同的超市获得截然不同的购物体验。我在A地某超市购买咖啡时，不小心把咖啡罐打碎了，咖啡洒满地。正当我焦急万分地收拾残局时，服务员走过来，狠狠地瞪了我一眼，嘴里念道："怎么拿东西的？真是麻烦！害别人帮你收拾。"我连声道歉，继续把咖啡碎屑盛到碎了一半的瓶子里，她把清理的工具拿过来后冷冷地说道："走开吧，我清理，不过你得把咖啡拿过去买单。"在B地的超市，我也是不小心把一玻璃瓶打碎了，我刚想蹲下去清理时，旁边的服务员赶紧走过来，第一句话就是："您没受伤吧？我来清理就行了。"我一脸尴尬地站在一旁，说道："麻烦您了。真的很抱歉啊。"他微笑地回答："没关系的，您继续放心购物吧。"B地的服务员站在对方的角度沟通，在倾听时客观理解对方的内心感受，通过微笑使对方心情放松，同时运用语言帮助对方打破僵局。

运用同理心倾听时，我们需要理清下列问题：

- 对方说这句话时内心的想法是什么？
- 对方这样表达的动机是什么？
- 对方说出这句话时情绪是什么？
- 假如我是对方，我现在最渴望得到什么反馈？
- 假如我是对方，我会因为什么反馈而感到不在意或不舒服？

二、有效运用倾听技巧

英国前首相温斯顿·丘吉尔（Winston Churchill）曾经说过："站起来发言需要勇气，而坐下来倾听，需要的也是勇气。"当我们有勇气坐下来倾听时，倾听技巧的科学运用不但能够增强这股勇气，而且能够淋漓尽致地展现沟通的真心诚意。

首先，我们要及时回应对方，提供积极的反馈。看京剧表演时，观众或摇头晃脑，或闭目微笑点头，或目不转睛，或随口哼唱，每到精彩之处，更大声叫好和集体鼓掌；在演唱会现场，观众时常随旋律轻轻摆动身体，微笑哼唱，伸出双手，身体前倾，有时高声呼唤台上表演者的名字。这些都是积极的反馈形式。

其次，我们要善于鼓励对方多说，复制对方的感情和观点。例如，多提开放性问题："您对这次职位变动有什么评价？""如果我没有理解错，您对这届新的领导班子是寄予厚望，并且有信心的，对吧？"通过这些开放式问题，把说话的机会再次留给对方，安静倾听，适时做笔记，或者通过复述确认对方的观点，巧妙运用"静听"这种"最好的恭维方式"激起对方深入沟通的欲望，进而让其感受到被理解和被尊重。

最后，我们要听取内涵，表达感受。在倾听过程中，仔细观察对方传递的非语言信息，用心听懂对方的谈话，通过分析多个沟通渠道收集信息的匹配程度，理解对方背后的情绪和期待。例如，7岁的小男孩说："我口渴了。"我们观察到小男孩旁边的桌子上有饮水机，假如我们回应："我帮你倒杯水吧。"他极有可能拒绝，因为这不是他真正希望得到的反馈。通过日常的接触我们知道对方喜欢喝豆浆，于是，理想的回应是："你想要喝豆浆吗？"或者"我给你倒杯豆浆吧？！"

三、总结

《相约星期二》记录了一个感动世界的故事，它是作者米奇·阿尔博姆（Mitch Albom）在14个星期中认真聆听社会心理学教授莫里·施瓦茨谈论世界、死亡、家庭、感情、金钱、婚姻、文化等主题后所做的笔记。其中，二者的沟通是贯穿全书的关键，通过一方谈话，另一方倾听，展现了热爱生活的积极态度和"与生活讲和"的智慧。

"哈哈，我的老朋友来了，"他一看见我就会用含混、尖细的声音招呼我。可这仅仅是个开头。当莫里和你在一起时，他会全身心地陪伴你。他注视着你的眼睛，倾听你的说话，那专心致志的神态就仿佛你是世界上唯一的人。要是人们每天的第一次见面都能像遇见莫里那样——而不是来自女招待、司机或老板的漫不经心的咕哝声，那生活一定会美好得多。

"我喜欢全身心地投入，"莫里说，"就是说你应该真正地和他在一起。当我现在同你交谈时，米奇，我就尽力把注意力集中在我们的谈话上。我不去想上个星期我们的会面，我不去想星期五要发生的事，我也不去想科佩尔要制作的另一档节目或我正在接受的药物治疗。"

"我在和你说话。我想的只有你。"

他在这方面是做得极其出色的。你和他谈论不幸的事情时，他的眼睛会变得湿润；你和他开一个哪怕是蹩脚的玩笑时，他的眼睛会笑成一条缝。他随时向你坦露他的感情，而这正是我们这一代人所缺少的品质。我们很会敷衍："你是干什么的？""你住在哪儿？"可真正地去倾听——不带任何兜售、利用或想得到回报的动机和心理——我们能做到吗？我相信在莫里的最后几个月里来看望他的人，有许多是为了从莫里那儿得到他们需要的关注，而不是把他们的关注给予莫里。而这位羸弱的老人总是不顾个人的病痛和衰退在满足着他们。

（资料来源：阿尔博姆. 相约星期二［M］. 吴洪，译. 上海：上海译文出版社，2021.）

本章小结

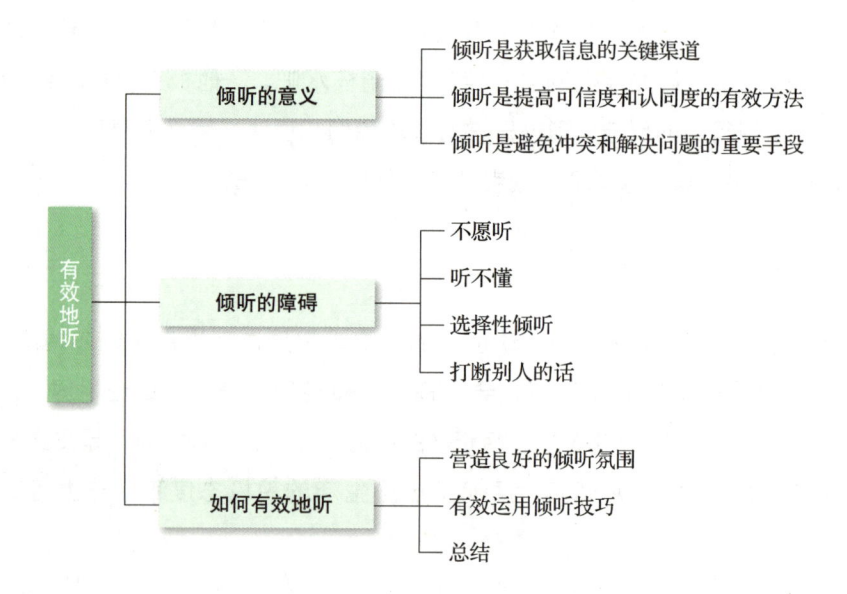

```
                          ┌─ 倾听是获取信息的关键渠道
              ┌─ 倾听的意义 ─┼─ 倾听是提高可信度和认同度的有效方法
              │              └─ 倾听是避免冲突和解决问题的重要手段
              │
              │              ┌─ 不愿听
  有效地听 ───┼─ 倾听的障碍 ─┼─ 听不懂
              │              ├─ 选择性倾听
              │              └─ 打断别人的话
              │
              │              ┌─ 营造良好的倾听氛围
              └─ 如何有效地听─┼─ 有效运用倾听技巧
                             └─ 总结
```

自我诊断

请回忆你在过去的生活、学习或工作中的沟通表现，围绕表11-1中的问题，评估自己的倾听能力。

表 11-1　倾听能力评估量表

	是	否
别人讲话时，你很注意倾听吗？	☐	☐
如果你吃饭时与陌生人相邻而坐，你会试着找你们共同感兴趣的话题吗？	☐	☐
你相信每个人都有现在或将来可能对你有价值的东西可以交给你或与你共享吗？	☐	☐
你能不考虑某个人的个性、声音或者讲话方式而只听取其讲话的内容吗？	☐	☐
你是个对人、主意和其他事情都很好奇的人吗？	☐	☐
别人讲话时，你会微笑、点头或者说些鼓励的话作为回应吗？你会注视说话的人吗？	☐	☐
你记笔记吗？	☐	☐
你对自己的偏见、盲点和假定有充分的认识吗？你注意到这些问题对你倾听产生了什么影响吗？你能控制它们吗？	☐	☐
对于表达有困难的人们，你有耐心吗？	☐	☐
你能轻易地接受他人的观点吗？	☐	☐
你能倾听有关发言的中心话题，同时也倾听带有发言人个人感情色彩的语言吗？	☐	☐
为确保正确理解讲话人的意思，你经常反思、重申或者评论演说内容吗？	☐	☐
"你的问题在于总是不听"，别人曾多少次这样说你？		
从不		☐
一次		☐
偶尔		☐
很频繁		☐

第十二章 安静的艺术
Chapter Twelve

《羊城晚报》报道，2008年4月17日，中央电视台《朝闻天下》进行到天气预报环节。正当主播赵普播报："欢迎回来，现在是7时58分，我们先来看天气……"这时，坐在一旁的女主播耷拉着脑袋，打了个哈欠，直到赵普把串联词说完，她才突然意识到失误，立刻端正了坐姿，对着镜头微笑了一下，随后顺利接过话茬，继续播报。

然而，这一失误在网络上引起热议。4月19日晚，央视国际网站刊登了该名女主播的致歉信，表示："4月17日，在中央电视台《朝闻天下》节目进行当中，作为主持人，我把直播时间误认为是广告时间，同时，没有听清导播的口令，出现了疏忽懈怠，在节目直播中间打起了哈欠。节目播出后，我非常难过，并深深地自责。作为央视节目主持人，出现这样的失误实属不该。在此，我向广大观众诚恳道歉！"

同年5月，新华网报道，中央电视台新闻频道的主持人赵普在直播连线四川地震现场的前方记者，得知一位参与现场抢救工作的护士长忙碌在第一线，自己的孩子却被埋在倒塌的校舍内音讯全无时，他饱含深情地说："为什么我们能够这样？是因为这片土地的人民懂得互相守望和帮助。"接着双眼噙满泪水，声音两次哽咽，停顿数秒后恢复常态。

通过这一表现，许多观众对赵普逐渐熟悉起来，对他的关注和评论也逐渐增多。一名网友这样评论："我们需要这样的主播，新闻也是有感情的！（如果）在这样的灾情和画面前，主持人完全以一个旁观者的态度，冷漠地发表着评论，我还用得着看他的电视直播吗？"

2010年8月23日菲律宾劫持我国香港游客事件发生后，菲律宾总统阿基诺到香港旅行团巴士遇袭现场视察时两次露出笑容，引发世界的质疑和愤慨。阿基诺25日在记者会上解释道："我的笑被误解了，我有很多表情。我快乐的时候会笑，面对难题时也一笑带过，如果我冒犯了一些人，我在这里道歉。"此外，菲律宾的学生和警察在出事巴士前微笑留影同样激起华人世界的强烈不满。

人们往往倾向于关注看似不起眼的非语言信号。例如，打哈欠的女主播与其专业严谨的荧幕形象存在差异，而这一信号所传递的信息具有更高的可信度。赵普播报时的表情和声音真实地反映了内心痛苦与感动夹杂的情绪，更具有感染力。菲律宾总统及其民众的微笑不合时宜，不符合通常情况下人们对微笑这一表情的解读，因此，这一非语言沟通的影响力远远超越语言信号本身。

我们身边不乏这样的声音："我没想到前两天那句话给你带来这么大的困扰。""原来领导一个月前就想要辞退我了，我居然一点儿都不知道。""我的反应太迟钝了，原来你一点儿也不喜欢我。"我们有时忘记了"只可意会，不可言传"，忽略了非语言信号的强大功能，这不利于做出正确的判断和评价。

针对上述敏感度较高的信息，通常情况下我们会尽量避免用语言直接表达，而是在潜移默化之间用非语言信号代替。例如，当我们说出不合时宜的话时，别人可能用沉默的低头或苦笑取代直接的语言表述"你伤害我了"；当领导想要辞退我们时，可能只是默默地减少我们的工作量，用冷淡的语气进行交流，避免与我们眼神接触，让我们提前有心理准备——"我们是不受欢迎的人，在这里没有发展空间"；当他人不喜欢我们时，或许他只需要避免亲密的肢体接触，时常保持较远的空间距离，在我们表现不佳时偶尔给白眼。这些信息已经传递出语言所无法充分表达的含义。

加州大学洛杉矶分校的心理学教授阿尔伯特·马哈拉宾（Albert Mehrabian）研究发现，当语言信息、声调和肢体动作不一致时，相信语言信息和声调的人分别有7％和38％，却有55％的人相信肢体动作所传达的信息，这表明肢体动作对沟通效果具有更大的影响。而这正说明了为什么在信息科技飞速发展的今天，面对面的直接沟通仍然是沟通的主要渠道。面对面沟通时，站立姿势、眼神接触、下巴高度、个人外表、空间距离、语调音量和面部表情等多个渠道综合提供了大量的有效信息，达到"此时无声胜有声"的沟通效果。

有人说，这是一股强大的"沉默的力量"。

第一节　非语言沟通的重要性

身体语言大师乔·纳瓦罗（Joe Navarro）因为破解身体语言而声名大噪，他在《FBI教你破解身体语言》一书中记载了这样的经历：

坐在桌子另一端的那个男人小心谨慎地回答着联邦调查局特工的问题。其实，当时他还不是那次谋杀案的主要嫌疑人，他有充分的证据证明自己不在现场，言辞也很真诚，但是那名特工却依然不停地提问。经当事人同意，现将关于凶器的部分提问公布如下：

"假如你参与这宗案件，你会使用枪吗？"

"假如你参与这宗案件，你会使用刀子吗？"

"假如你参与这宗案件，你会使用碎冰锥吗？"

"假如你参与这宗案件，你会使用锤子吗？"

这名联邦调查局的特工仔细地观察嫌疑人听到这些凶器的名字时的反应。当他提到"碎冰锥"时，这名男子的眼皮明显地耷拉了下来，而且一直耷拉到下一种凶器的名字出现。这名特工迅速捕捉到这一信息，并将这名男子列为第一嫌疑人。事实证明这一判断是正确的。

设想一下，我们是否同样了解一些身体语言所代表的信息，如翻白眼代表厌恶或轻蔑，真诚的微笑代表友好，拥抱代表亲密、友善等？我们是否也有无法用语言直接表达的时候，如拒绝或讨厌别人等？我们是否曾经尝试通过非语言沟通实现沟通的目标，如撑着头眯着眼表示疲惫等？绝大多数答案都是肯定的。非语言沟通的普遍性使我们常常还没反应过来时已经下意识地加以运用了，而其较高的可信度也使我们频繁地将之用于检验、证明和加强语言信号所传达的意义。

一、非语言沟通具有普遍性

任何人在任何时空都可能实现非语言沟通。还不会说话的婴儿如何与母亲沟通？有研究表明，婴儿在 15 个月大之前通常会用六种基本的非语言沟通方式，包括最本能的哭、面部表情、手掌与手臂的挥动、腿与脚的摆动、身体动作（如扭曲）以及身体接触等，婴儿通过这些非语言信号可以准确表达内心的情绪和状态。例如，一岁的小孩懂得用手指指着对方并且微笑，代表"我认识你"；或者把掌心碰一下嘴唇，然后挥动掌心向着对方，表示"Kiss Goodbye"。儿童心理学家这样诠释非言语沟通的神奇作用："正是母亲的第一个吻，教会了孩子如何去爱"。迈克尔·托马塞洛（Michael Tomasello）的《人类沟通的起源》一书就是从儿童最初的以手指物等基本的手势沟通模式去理解人类合作沟通的运行机制，借此说明合作沟通的基础一开始是手势而非语言。布雷瑟顿（Bretherton）等人研究发现，幼儿在满周岁后开始喜欢以手势比画，随着年纪渐增学会语言后比较喜欢运用语言进行沟通。奈密和韦克斯曼（Namy and Waxman）经过研究总结，满周岁的幼儿学习任意手势和词汇的成效一样好，但是在两岁左右开始专注学习语言，而经过图像和约定俗成的手势的使用频率相应降低，因此认识的词汇越来越多，学到的手势却越来越少。卡里斯坎和戈尔丁·梅多（Ozcaliskan and Goldin-Meadow）表示，儿童在两岁以后，以手指物等手势沟通模式融入语言学习过程，因此手势的使用频率又开始增加。

在社会化的过程中，我们逐渐学会"察言观色"，解读非语言信息的能力不断提高。那些对周围环境和沟通对象所传递的非语言信号观察不仔细、把握不准确的人，常常因此而受到"惩罚"。今天父亲下班回家面无表情，缩肩搭背，步子比往常沉重，鞋子随意扔在地上，一放下公文包坐在沙发上，半天没有发出一句声音，静静地抽烟，不经意间叹一口气，从种种迹象表明，父亲今天很疲惫，而且有烦心事。观察细致入微的小孩懂得在这时不吵闹，努力使个人行为符合父亲的期望。相反，有的小孩没能准确把握非语言信号的含义，选择缠着父亲买玩具，把遥控小汽车摔得叮当响，自然就会挨骂。

有一项针对1000多名9~11岁儿童的研究表明，经过非语言信息理解测试之后，测试分数较高的儿童人缘较好，伙伴较多，同时学习成绩相对比较优秀。另一项研究表明，考虑了家庭收入、教育和其他因素对智商的影响后，在智商平均分上，32名小时候接受过手势语言训练的儿童比37名没有接受过相关训练的儿童高出12分，甚至超过比自己大一岁儿童的智商。在针对自闭症儿童的研究中，研究人员发现自闭症儿童相比于正常儿童来说，在非语言社会性互动上同样存在困难，较难展示共同关注能力和分享兴趣的肢体语言。因此，有专家提倡通过非语言交流促进儿童智力发育。

在职场上，非语言沟通仍然发挥至关重要的作用。在美剧《美女上错身》（*Drop Dead Diva*）中有这么一幕：律师事务所的老板Parker穿上了红背带裤，主演Jane的助手立刻意识到这一服装的含义，认为Parker穿了红背带裤意味着将有重大事件要宣布。我们会仔细观察老板的服装、面部表情、打开车门的方式、签名的速度以及手部动作等，依此判断老板的心情、状态，甚至决策倾向性。

不懂特定语言的人存在沟通障碍，但是却同样可以依靠动作比画和观察客户反应完成交易。例如，《环球人物》记录了第一位到阿联酋迪拜经商的中国人童昌茂。由于语言不通，只有初中文化的他像其他在国外做生意的中国人一样，通过肢体语言和按计算器完成市场调查，并且根据客户的表情、声调和动作做出谈判或交易成功的判断。

二、非语言沟通具有可信度

- 一个脸色凝重、总是唉声叹气的人对你说"我一直都很快乐",你相信吗?
- 一个眼神闪烁、不敢与你对视的人对你说"我刚刚和你说的都是实话",你相信吗?
- 一个神色慌张、步履匆忙、不断喘气的人跑过来对你说"我现在很放松",你相信吗?
- 一个瞪大双眼、双手握拳、咬紧牙齿的人对你说"我一点也不生气",你相信吗?
- 一个隔着三个空座位远远坐着、脸朝向别的地方的人对你说"遇见你真的很高兴",你相信吗?

虽然上述情境并非存在作假的绝对可能,但是当语言信息与非语言信息不一致时,我们倾向于相信后者。古希腊历史学家希罗多德(Herodotus)曾经说过,"人们相信自己的眼睛,胜过相信自己的耳朵"。为什么非语言沟通具有更高的可信度呢?最重要的原因在于非语言信息难以控制。描述心理学的美国电视剧《别对我撒谎》(Lie to Me)通过肢体语言和面部表情观察对方的心理活动和说话内容的真实性,表明非语言信号是很难控制的。例如,当我们恐惧、害怕或紧张时,身体会不由自主地抖动,双臂交叉,这是一种保护性的动作,能够给我们带来安全感。当我们故意控制这些非语言信息时,新的肢体动作和面部表情看起来僵硬或做作。

依据非语言信息准确做出决策的例子在历史上并不少见。传说李鸿章向曾国藩推荐三个人,曾国藩经过观察果断做出判断:低头不敢仰视的人老实谨慎,可以做后勤供应之类的工作;表面上恭敬、实际上左顾右盼的人阳奉阴违,不可重用;挺拔而立、目视前方的人是将才,可以独当一面。后来证实,曾国藩认为可以重用之人正是后来的台湾巡抚刘铭传。

另外,乔·纳瓦罗(Joe Navarro)多次强调根据难以控制的边缘反应可以准确收集非语言信息。例如,超市的小偷会通过弓背弯腰、减少头部曝光率达到隐藏自我的目的;企图通关的恐怖主义分子难以控制大脑面对巨大压力时的固有反应,即神色紧张和流汗,通常被识破。非语言沟通所体现的这些边缘反应具有很高的真实性和可信度。

著名的突破性概念"诚实讯号"的提出者亚历克斯·彭特兰(Alex Pentland)是麻省理工学院人体互动实验室的主持人,他的试验表明,肢体更不容易说谎,关于面部表情、声调、站立姿势和肢体动作等九大非语言信息往往比语言信息更准确,更有助于我们做出准确的判断。

第二节 非语言沟通的功能

布尔宾斯特（Burbinster）提出非语言沟通具有六大功能，即补充、强调、反驳、重复、规范和替代。这六大功能在许多关于管理沟通的书籍中都得到引用。

（1）补充。通过非语言信号进一步补充说明说话的内容，特别当沟通双方距离较远时。例如，我们在说"您好"的时候微笑，说"再见"的时候挥手，胃痛的时候按住胃的部位，呼唤小孩到身边来的时候招手、提高音量等。新闻主播在播报地震、泥石流、空难等灾难信息时着黑色西服，打黑色领带，对表达内心的沉重和压抑起补充作用。

（2）强调。通过声调、音量、面部表情或者肢体动作等提醒沟通对象注意特定信息。例如，说到重点的时候用手指敲桌子或跺脚；表达愤怒时身体往对方身上靠，企图侵犯对方的私人空间，双手握拳。上课时，教师拿着一根小棍子指着黑板上的字，重重敲打，读出黑板上的字时用重音并提高音量，读完之后稍微停顿，眼睛凝视着听课的同学，这一过程也是运用非语言信号以达到对所讲内容的强调。

（3）反驳。这一功能主要体现在"欺骗性非语言信号"上，表示非语言信号与语言信号互相矛盾。例如，在本章第一节开始的例子中就体现出两种不同的信号系统存在不一致的现象。专家认为，当人们在回答很容易回答的问题时迟疑，或者补充说明的内容特别，不敢直视对方的眼睛时，这些都存在说谎的嫌疑。

（4）重复。杰拉尔丁·E. 海因斯（Geraldine E. Hynes）认为，重复与补充这两个功能的区别在于"重复不是与言语评述同时进行的"。例如，"这些资料到底用来干什么？"说完这句话，谈话者把抱着的一沓资料重重地摔在桌子上；又如，我们介绍完产品的使用方法之后，又打开产品向观众演示了一遍。

（5）规范。规范的功能体现在提示沟通对象应该做什么。例如，交警边吹哨，边将左臂向前上方直伸，掌心向前，告诉前方车辆要停止前行；篮球裁判双手伸出三指，向上高举，提示"三分投篮成功"；我们边说着"先不要过去"，边伸直手臂挡在路人前面。

（6）替代。当无法使用语言信号时，我们可以选择非语言信号作为信息源。在周围很吵闹、听不见说话的情况下，我们把食指靠近嘴唇，示意周围的人"安静下来"；当等待救援的人看到救援飞机，发现大声叫喊毫无作用时，他们会伸直双臂并在头顶上用力挥动以代替直接呼救。

第三节 非语言信号分析

从上文众多的例子中可以看到，非语言信号承担着强大的沟通功能。卡耐基训练大中华区负责人黑幼龙曾经回忆起哈佛大学教授讲过的一个故事：猎头公司帮一家大型计算机公司找到一位各方面条件十分符合公司要求的人，但是这位候选人与该公司董事长共进午餐之后却被否决。这是为什么呢？董事长回应说："他没有我们公司人的样子。"

什么才是那家大型计算机公司员工的样子呢？董事长的判断是以服装、发型、肢体动作、语调音量还是面部表情为依据呢？这些问题无从考证，但是常规非语言信号所传递的内涵却是我们应该熟悉并铭记在心的。这其中隐含着帮助我们明辨是非的因素，同时也存在着一个个陷阱。不用担心，认识它们的存在是绕过陷阱走出去的关键步骤。

本节通过阅读和整合大量资料，着重从面部表情、肢体语言、个人外表和空间距离四个方面详细阐述。这些非语言信息并不必然适用于任何人与任何情境，具体沟通时可作参考。

一、面部表情

英国曾有一项关于笑容的研究，共有109人参与了研究实验。研究结果显示，朋友和小孩子的笑容带来的快乐就像收到1.6万英镑现金或吃下2000排巧克力。有研究表示，两个人交谈时，平均有61%的时间是至少一方看另外一方，31%的时间双方会有眼神接触，假如偏离这个比例太远，沟通双方会感觉怪异或不自在。我们的面部表情是交谈双方最直接可见的，常常对沟通产生至关重要的影响。例如，当别人突然沉下脸时，我们可能会调整自己过于兴奋的语气，并且部分改变原计划谈话的内容。那么，常见的面部表情究竟传达出什么信息呢？

从整体表情看，微笑通常代表满意、理解、鼓励、友善、礼貌或高兴等，苦笑表示无奈。

从眉毛部位看，抬一下眉毛常表示怀疑或吃惊，扬眉表示惊讶、不相信或欣喜，皱眉则表现出疑惑、不满意或担心。

从眼睛部位看，目光接触表示友好、真诚、自信或果断，缺乏目光接触则反映出冷淡、紧张、害怕、说谎等信息，眯眼睛有时表示不同意或反感生气，眼珠来回转一般表示说谎、厌烦、分心或不感兴趣。

从眼神看，眼神沉静通常是有信心、有把握或满意的表现，眼神散乱通常出现在六神无主的时候，眼神阴沉通常透露出凶狠的信息，眼神呆滞有时表示惊恐或空虚，眼神下垂则反映出心事重重、痛苦或难过的特点。

从鼻子看，当我们生气或受挫的时候，有时会鼻孔张大；在说谎或表示怀疑时，有时会下意识地摸鼻子。

大量的新闻报道，特别是娱乐新闻，喜欢捕捉采访对象的面部表情，如认为面无表情表示婆媳关系恶化，认为嘴角的一抹微笑表示喜事将近。电影中常用面部特写传达一些人物细微的情绪变化，例如，主角突然睁大眼睛，怔怔望着一个角落，这时，我们判断主角可能遇见了令人惊恐或出乎意料的事情。

法国著名的文学家、思想家罗曼·罗兰（Romain Rolland）写道："面部表情是多少世纪培养成功的语言，是比嘴巴里讲的复杂千百倍的语言。"

二、肢体语言

乔·纳瓦罗（Joe Navarro）在美国FBI工作多年，在身体语言方面积累了丰富的资料。他认为，我们有时能够"强颜欢笑"，但是肢体却是"最诚实的身体部位"。例如，我们面对寒冷的自然反应是身体发抖，双臂交叉抱紧身体；面对过热或烫手的物品时手会自然缩起；感觉到恐惧或害怕时很自然会有逃跑反应；心情愉快或神清气爽时，我们健步如飞，走路轻快；心情烦闷或疲惫时自然步调就缓下来了，步履沉重。设想一下，当一个人身体转向你时，你有什么反应？假如他转向你后上身前倾，与你目光接触并微笑时，你又会有什么反应呢？直到他向你伸出手来，你这时能肯定他准备与你打招呼了吗？美国著名的心理学家威廉·詹姆斯（William James）写道："动作好像是跟着感觉的，但实际上动作和感觉是同时发生的，所以我们直接用意志去纠正动作，也就是间接去纠正了感觉。"

接下来，我们通过表12-1解读一下常见的肢体语言。

表 12-1　常见的肢体语言

1. 头部	
摇头	不赞同，不相信，震惊，可惜
搔头	迷惑不解，不相信，不知所措
点头	赞同，倾听

(续)

1. 头部	
歪头	感兴趣，注意
低头	不感兴趣，否定
摩挲下巴	不相信，想办法
2. 手部	
手抖	紧张，焦虑，恐惧
双手搓动	愿意参与
用手托腮	无聊，希望放松
双手放在臀部	生气，尴尬，不安
双手合拢成塔尖状	有权威，高傲
手指敲桌子	不耐烦，紧张
展露手掌	信任
握紧双手	需要安慰和鼓励
手叉腰	敌意，挑战，傲慢
双臂交叉在胸前	生气，不同意，防卫，进攻，保守
触摸自己	紧张，焦虑
3. 腿部	
跺脚	紧张，不耐烦，自负
双腿一起摆动或颤动	快乐，满意
4. 坐姿	
身体前倾	感兴趣，注意，关注
懒散坐在椅子上	厌倦，放松，疲惫
坐在椅子边缘	焦虑，紧张
摇椅子	厌倦，自以为是，紧张
驼背坐着	缺乏安全感，消极
站立或坐得笔直	自信，果断

三、个人外表

被誉为"世界上最具自然美的人"的影视巨星索菲亚·罗兰（Sophia Loren）说过，"你的衣服往往表明你是哪一类型，它代表你的个性，一个与你会面的人往往自觉地根据你的衣着来判断你的为人""多年来，我衣服的基本样式变化很小。我对待衣服就像对待自己一样忠贞不变"。

法国 19 世纪伟大的批判现实主义作家巴尔扎克（Balzac）写道："对女人来说，服装是其隐私和欲望的经常表现。"我们常说"人靠衣装"，虽然个人外表与内在修养、道德品质并不具备绝对的相关关系，但是外表往往是人们做出判断的依据之一。例如，参加丧礼时穿着艳丽，浓妆艳抹，自然不合时宜；政府新闻发言人召开新闻发布会时穿 T 恤、牛仔裤和运动鞋，估计这位发言人要另觅工作了。社会学家有一项研究证明，陌生人初次见面时，双方外表与双方再次见面概率的相关系数高达 0.87。

从服装上看，《心理洞察术》一书中将服装和人的性格和心理状态相联系，指出衣着华丽、经常变化样式的人有强烈的自我表现欲望，喜欢成为关注焦点；喜欢时髦、前卫服装的人常有孤独感，情绪波动大；而对时尚流行服饰态度平和、保持中间立场的人较为中庸，情绪稳定。另外，正式的套装或西服、制服能够充分体现权威性和专业性。

从领带上看，心理学家针对领带的花纹和颜色进行研究后指出，带有浓密花朵或圆点的图案表示温柔、成熟和爱慕；斜纹的领带代表决断和勇敢；垂直线条花纹的领带具有和谐、安逸和安静的含义；横条花纹的领带意味着稳重平和的内涵，方格领带表示热情，碎花领带代表体贴，波纹线条领带代表活泼和跳跃。除此之外，在颜色上，金色表示雍容华贵，红色表示喜庆热闹，蓝色表示宽容，白色代表圣洁和纯真，黑色则显示出坚定和庄重。各种颜色的含义见表 12-2。

表 12-2　各种颜色的含义

颜　色	含　义
红色	喜庆，热情，侵略
橙色	温暖，友好，警告
黄色	单纯，活泼，明亮，光辉
绿色	年轻，和平，自然，稳定
青色	信任，朝气，真诚
蓝色	沉静，冷峻，稳定，精确，忠诚，保守
紫色	浪漫，优雅，神秘，高贵
白色	纯洁，神圣，干净，单调
灰色	平凡，随意，苍老，冷漠
黑色	正统，严肃，沉重

四、空间距离

当你在更换外衣时，陌生人站在半米之内，你是否感觉不舒服？当你和陌生人站着聊天，距离在半米之内，你是否感到不自在？假如是和好朋友、家人或爱人聊天，这样的距离是否合适呢？假如只有你一个人在阅览室看书，一个陌生人进来紧挨着你坐下，你会有什么感受和反应？心理学家曾经做过类似的实验，结果表明，大多数人很快默默走开，寻找另外一个位置，而有的人会直接说："你想要干什么？"

我们与不同的人相处都会有一个不同的空间距离要求，假如对方出乎意料地打破这种既定距离，我们可能会感觉不舒服，或者嗅出挑衅的味道。在通常情况下，维持一个什么样的空间距离可以反映出我们在心中将沟通对象放在一个什么样的位置，如何定义双方的关系。

美学上说"距离产生美"。那么，什么样的距离才能产生美呢？在关于两只刺猬的寓言中，两只顶着寒风的小刺猬冻得瑟瑟发抖，不断努力想要抱在一起取暖，无奈身上长着长长的尖刺，不得不又分开一段距离，直到彼此找到一个合适的距离。我们在日常相处也常常碰到类似的情况。随着交流的不断深入，两个人越走越近，当走到特定的亲密距离时，开始争吵，互相看对方不顺眼，"她怎么可以喝完水却不把水杯洗干净呢？""她怎么可以每天晚上拿着电视遥控器看自己喜爱的节目呢？""她现在远远看到我，都尽量绕道走了吧？"挣扎了一段时间之后，两个人才开始调整距离，心中还残存少许厌烦。但当某一天，两个人由于某种原因分开了，又会开始互相想念。

根据人与人交往所表现出来的这种距离感，美国的爱德华·霍尔教授（Edward Hall）提出了"空间也会说话"的论点，并在《潜在尺度》（*The Hidden Dimension*）一书中研究了美国人际交往中的四种空间距离，分别为亲密距离、私人距离、社交距离和公众距离，见表 12-3。

表 12-3 空间距离分类

空间距离	距 离	适用对象
亲密距离	0~0.46m	父母、爱人、知己
私人距离	0.46~1.22m	酒会交际
社交距离	1.22~4.0m	企业内上下级及同事之间
公众距离	4.0m 以上	开大会、演讲/明显级别界限

（资料来源：杜慕群，朱仁宏. 管理沟通 [M]. 4 版. 北京：清华大学出版社，2023.）

在一个群体之中，非正式组织非常普遍，例如，几个同样爱好篮球的人，几个相同籍贯的人，几个住房或工作位置相近的人。随着非正式组织在正式组织当中产生，人与人之间就自然地形成了不同的人际交往距离。在上课的班级中，平时上课坐在一起的同学往往也在小组作业和演示时互相合作，而与其他同学始终保持较大的空间距离。当其他人偶然进入这些群体时，双方都会立刻产生不舒适感。因此，通过空间距离这一特征，我们可以很敏感地知道"这是我的普通朋友""这是我的好朋友""这是我的男（女）朋友"。

本章小结

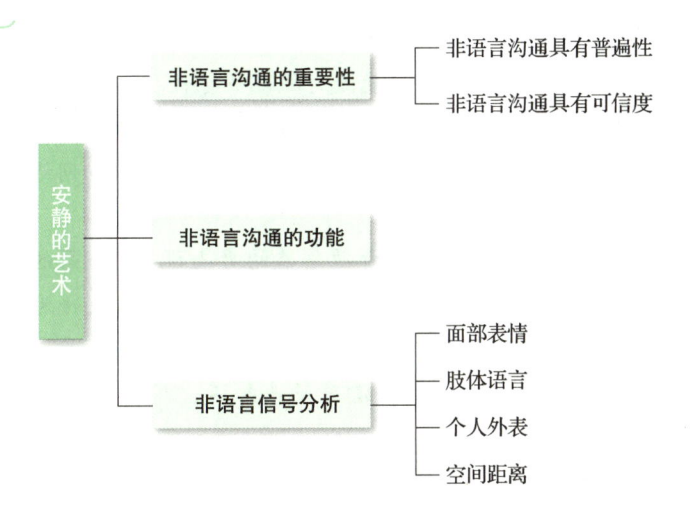

```
                     ┌─ 非语言沟通的重要性 ─┬─ 非语言沟通具有普遍性
                     │                      └─ 非语言沟通具有可信度
                     │
        安静的艺术 ───┼─ 非语言沟通的功能
                     │
                     │                      ┌─ 面部表情
                     │                      ├─ 肢体语言
                     └─ 非语言信号分析 ─────┤
                                            ├─ 个人外表
                                            └─ 空间距离
```

第十三章 职场上的人际沟通
Chapter Thirteen

技术进步给职场人带来了不可估量的压力，尤其冲击了全球分布、全球竞争的行业。这些压力直接表现在各行各业铺天盖地的招聘启事和日趋庞大的失业大军，迫使各个岗位上的人认识到，自己完全有可能随时随地被替代。

造成职场人巨大压力的另一个原因是信息传播的技术。职场人几乎无一例外地被没完没了的邮件、文件、报表包围着，电话、留言、视频会议、网络，人们无时无刻不被信息包围着监控着。

一位在两家大公司合并后担任人力资源总监的男士说："公司的成长刺激不了我的积极性了，我觉得自己的工作没有什么意义。"另一位从医生转为医疗服务的资深顾问说："我和我的团队每天穿梭于各家医院，不断向他们演示最先进的医疗服务技术和更新的医保计划，可是我的心里清清楚楚地知道，我们追求的不是什么健康服务，而是公司的利益。"

以上两位职场人士有着令人羡慕的职位，为什么还心情沮丧呢？这是巨大的工作压力产生出的负面情绪所致。两家公司合并，人力资源的总监面临的是两家公司原有文化的难以磨合，新的文化不能在一夜之间建立起来，面对大量人员的辞职，人力资源总监感到无助是在所难免的；负面情绪也影响着医疗服务顾问，现在的工作和作为医生面对病人的工作比较，"学到东西"的感觉少了许多。负面的情绪还直接影响到人们之间的沟通及其效果。

第一节 职场的沟通环境

人际沟通之所以重要是因为它的功能性。

（一）获取信息

与人沟通能获取知识和社会信息。

社会渗透理论（Social Penetration Theory）认为人获得信息是为了自己的行动更有效率，还能更准确地准备下一步的行动。积极观察对方的思想，有利于进一步感受对方或者让对方理解自己。自我表露是获取信息的有效途径之一。

即将进入职场的新人，应学会借助优先权分析和时间管理，尝试了解或认识自己是否真的适合那些看上去心仪的公司。对于那些还不了解自己真实意向的职场新人来说，这些办法也有利于其适应新的职场环境。你可能看到办公室井井有条，安安静静，同事们着装正式，很忙碌，彼此用英文名字称呼；你也可能听到办公室里人声鼎沸，随处能听到不同层级的称呼，经过会议室时能闻到香烟的味道等。这些最表面的现象能帮助你在第一时间感受到组织的沟通环境。

不论感受的职场环境舒适与否，职场新人都会体会到一种张力，也称为正常的焦虑。职场沟通往往因对资源、目标或信息的感知不一致而产生，这些不一致是职场冲突的来源，所以职场沟通就是为了解决眼前的、长远的或潜在的冲突。职场上那些擅长沟通的人往往关注并解决潜在的冲突，而不是等问题出现后才试图去解决它。

（二）建立相互理解的基础

人们在阅读时需要通阅上下文，才能了解来龙去脉，从而建立相互理解的基础，因为同样的用词在不同的情景下可以表达出不同的意思。职场上，事关个人利益的信息往往经由组织文化、职位、功能、薪金、福利表示，这些表达方式能够从人们的沟通方式和内容中观察得到。

（三）确定各方的身份

人们需要很快地确认在人际关系中各自所扮演的角色，仅仅通过长相、衣着打扮是不够的，相互的沟通能大大提高对方的认可程度。第一印象不仅对人、对物起重要作用，对文化也是如此，下一章将详述跨文化的交流与沟通。职场上第一印象多数还是来自衣着打扮。

曾经有个女生去广交会兼职。第一天她穿学生装去的，没到下班时间就回来了，心情不佳。第二天下班回来后，见到的人都说她成熟了，原因是她不仅身着职业装，还化了淡妆。她告诉我，这样的打扮才能和客商搭上话，才有做成生意的机会。交易会结束时，她已经和广东一家专业出口公司签约了。

职场上究竟穿什么才合适并没有统一的标准，要看所处的行业和所在的国家。我们能够容忍给我们理发的人衣着暴露，却不能容忍给我们办理出入境手续的人衣着暴露。我们愿意看见穿着正装的男士主持大会或做学术报告，可是如果换成一位穿着高视旗袍的女士我们可能就觉得她走错了门。对女生而言，着装打扮就更重要了。伦敦政治经济学院的凯瑟琳·哈金(Catherine Hakim)提出了性感资本(Erotic Capital)的概念。她指出，具备性感资本的人往往能够在职场上心想事成，性感资本雄厚的人似乎比毫无性感资本的人过得好，幸好天生美貌的人毕竟不多，于是多数人相信可以通过时尚来提高性感资本，化妆品、时装、美容、整容、美体形象设计成为人们推崇的行业。不过，不管从事何种工作，性感几乎总是受欢迎的，而风骚几乎总是不好的，除非有意讽刺某人或示威某事。

（四）满足相互的需求

我们借助人际沟通的目标是了解对方的需求，表达自己的需求。威廉·舒茨（William Schutz）指出，需求可以分为三种，分类需求、控制需求和影响需求：分类需求是指把社会身份特征相同的人分为同类；控制需求是指在团队工作中锻炼和提升领袖能力；影响需求是指在团队中需要说服他人共同合作的能力。

需求是多样的。一个人有需求才需要去沟通。这时，我们需要通过沟通，链接三个层次的需求：第一个层次是，清晰自己的需求，做到基本的沟通；第二个层次是，照顾对方的需求，把自主选择权交给对方；第三个层次是，让对方感知到他的需求是被照顾的，给对方一种自己被在意、被看见的美好感受。那么回应这三个层次的沟通场景会是怎样的呢？例如，早上起床，我见到妈妈在准备早餐，对妈妈说："妈妈，我今天早上想吃三明治。"通过这一句简单的话准确表达自己的需求，这是第一个层次。这时候妈妈回答："加一个蛋还是两个？"妈妈通过一个简单的问题把选择权交给我，考虑和尊重我的个人需求。在我回答"加一个蛋就好"后，妈妈紧接着又问："还是和上周一样加番茄酱吗？"这时候妈妈把选择权再次交给我，同时也让我感知到，她记得我的喜好和习惯，在沟通中传递了在意彼此的美好情感。又例如，丈夫下班回到家一身疲倦，妻子见到丈夫的疲态说："洗手吃饭吧。"这时候妻子清晰表达的是自己的需求，她希望和丈夫一起用餐和相处。丈夫回答："我累了，想先歇歇，一会儿再吃，你先吃吧。"丈夫表达的是当下自己的休息需求，比用餐需求更紧迫和重要。这时，妻子的两种沟通方式能够体现对丈夫需求的不同回应，而产生两种不同的沟通效果。一种沟通方式是，妻子生气地回答："一回来就睡，你爱吃不吃。"丈夫感受不到理解和在意，妻子的陪伴需求也得不到理解，双方在怨气和不满中就有可能爆发激烈争吵。而另一种沟通方式是，妻子回答："那你赶紧先休息一会儿，等你休息好了我帮你加热饭菜。"这体现的是妻子体谅和尊重丈夫的需求。妻子继续补充："今天我准备了你爱吃的梅菜扣肉。"妻子照顾了丈夫想要休息，不被打扰的需求，同时也考虑到菜凉不好吃的问题，记得丈夫的喜好。丈夫感受到对方对自己需求的尊重和满足，可能也会考虑妻子的陪伴需求，不希望增加妻子热菜的麻烦，提议道："我们先一起吃饭吧，我吃完再休息就好。"沟通是一个表达和了解双方需求的过程，看见对方的需求，尊重对方的选择，沟通能够进一步加深了认识和增进感情。

第二节 职场上的人际关系与沟通

职场的人际沟通和社交场的人际沟通难以划出清晰界限，只是后者的话题更广，涉及社区、新闻热点、国际关系、娱乐八卦等。在不同的职场上，有些话题有不同的含义和功能。尤其当媒体的影响力逐渐扩大，职场上的人际关系也不知不觉地接受越来越多媒体和娱乐圈的元素，有人称"职场无处不秀场"，说的就是职场上也必须要作秀的道理。确定和谁在交流是一件需要了解清楚的事情。

（一）究竟和谁在交流？

以下有10种情形，可以帮助我们明确人际关系的定义。请讨论，他们是在进行人际沟通吗？

（1）两个朋友边喝咖啡边谈论他们的旅行经历。

（2）夫妻二人因儿子的行为起争执。

（3）某人给本地的一家商铺打电话询问自己关心的商品。

（4）女儿来信分享海外找工作的故事。

（5）一个店员对路人吆喝今天是最后一天的大减价。

（6）工厂老板在大年初一向工人拜年并派发红包。

（7）众人在看国庆阅兵的实况转播。

（8）一对情侣在电影院看电影。

（9）一宅男上网看娱乐八卦消息。

（10）老先生边吃早餐边读报纸。

以上10种情形都涉及人，但沟通对象和过程却各有不同，具体表现在：

（1）有听众的存在。第5~10种情形中的听众或观众作为信息的收获者，知道信息的发送者。

（2）彼此明确关系。第1~4种情形中的双方都十分确定彼此是接收信息的当事人。

（3）通过人或媒介的沟通渠道。第1种和第2种情形完全是面对面的；第3种和第4种情形通过了媒介，第7~10种情形也是经由媒体的渠道才完成了信息交换。

总之，10种情形中只有第1种、第2种、第4种情形是纯粹意义上的人际间沟通。了解纯粹意义上的人际沟通对职场上的沟通有至关重要的意义。例如，小道消息之所以有市场，就是因为传播者或利用小道消息害人的始作俑者将自己成功地隐蔽在人际沟通的阴影下，让听众的注意力集中在消息本身。主张当面说，会上说，共同分享尽可能多的信息，提倡透明的决策过程，都是有益于工作场所健康的必要办法。

（二）建立共同认识的基础

不论教育背景有多大区别，我们仍然可能发现建立共同认识的基础，如对工作、社会问题或者国际事务的认识。我们总能在同事之间找到彼此愿意谈论的话题，如家庭的饭桌上速食品越来越多了，现代社会让一家人坐下来吃晚饭的机会更加少了，以上两个趋势导致家庭价值观日趋淡薄等。

在这组话题的讨论中，我们开始把矛头指向食品的制造商和零售商，接下来的两个话题似乎已经得到了社会学家的证实，可是证据在哪里呢？我们不知道。在许多情形下，人们面对面沟通采用的是线性模式而忽视了其他模式，尤其在网络和电视的影响下，更难获取完整而系统的信息，而常常把碎片式的信息、媒体导向的信息认作事实。基于这类信息的讨论影响了人际沟通和人际关系。

再次回到前面的10种情形，第1种、第2种、第4种的情形是准确意义上的人际间沟通。因为这几种情形充分满足了沟通是一对一进行的；完全是面对面的；他们的社会角色关系和表达内容也得到明确的认可；在沟通的过程中他们能够随意地双向反馈并继续沟通下去，最终建立共同认识的基础。一般地，沟通中频繁的反馈能提高人际间的互信程度；反之，则容易产生误会。随着计算机和网络技术的快速发展，互动式人际沟通越来越发展，人类在享受人际沟通带来的好处时，也承受相应的风险和损失。

在大量相关理论中，最为流行的理论是马克·克纳普（Mark Knapp）建立的关系发展论，他将林林总总的人际关系分为情侣、朋友、工作伙伴和家人。杜克（Duck）在他对人际间相互吸引的研究中提出了过滤模型，指出人们运用一套系统的标准来评价对方的吸引力。评价是一个过程,从外表到对待事情的态度和价值观,不符合标准的信息逐渐被过滤掉,最终得出了对方是否符合自己喜好的要求。

(三)人际沟通模式

人际沟通模式如图 13-1 所示。

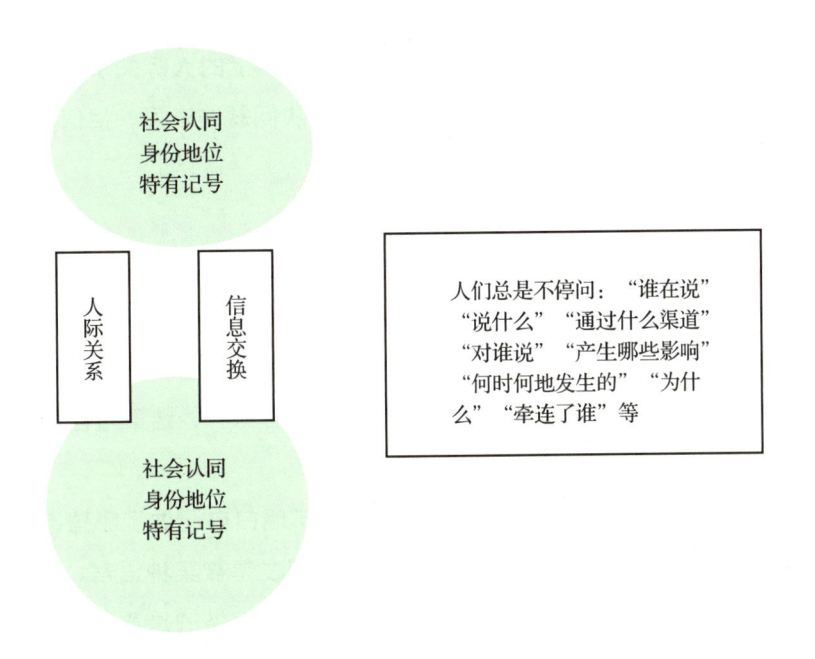

图 13-1 人际沟通模式

(资料来源:HARTLEY P. Interpersonal communication [M]. 2nd ed. London:Routledge,1999.)

于是,为了训练有素,人们总结出基本需要做好的几项准备工作:

(1)交际语言,包括听和说的能力。

(2)了解个性和文化对沟通产生影响的能力。

(3)明了自己的个性、文化倾向、偏好和防范冲突的技巧。

(4)更高水平的需要团队合作的能力。

(5)自身职业发展的目标。

(6)领导力和建立关系的能力。

第三节　沟通中的冲突

沟通中的冲突给当事人带来不同的结果，有时冲突是解决问题的契机，有时冲突是合作的契机，有时冲突是彻底暴露差异的根源。职场上的人际关系相对容易处理，通过沟通解决问题最为合适。我们要坚持积极的解决问题的态度，相信自己的想法，保持平和的心情。

（一）工作压力下的沟通：过度的执着追求

工作压力是职场沟通的最大杀手，压力源于熟知的人和熟练的技术，一般不能避免。曾经在雷曼兄弟公司工作了21年的某高级经理，因为工作压力，一时情绪爆发，无法自控，挑起了公司政治斗争，公开与同僚"厮杀"，结果对自己和公司都产生了严重后果。

情绪失控时，自己也不一定了解问题的本身，不明白自己做了哪些不符合规程的动作，有时甚至不知道自己在想什么，只知道情绪爆发是被某种语言、动作刺激的。延续原本的沟通会把事情推向不可收拾的境地，此时最该做的是急刹车，用尽办法转移注意力和目标，把情绪引向无关的人或事上。什么时候都要记清楚，你需要的是以平静的心情寻找解决问题的办法。

（二）和不喜欢自己的人沟通

不喜欢是双向的。在职场上，工作性质的不同也会让彼此不喜欢。除此之外，健康状况、长期的心理问题、不足挂齿的龌龊小事足以造成彼此的不喜欢。在长期的观察中，只有少数人通过长期的努力结束了不喜欢彼此的局面。以下有几个办法，试试看能否让不喜欢自己的人改变观点：

（1）记住这个人的名字和过往的功劳。

（2）和他或她打交道的时候多听，反应及时、恰当。

（3）和他或她打交道时，争取有第三人在场。

（4）一旦他或她表现好时，及时表达你的祝贺。

（三）和同僚的沟通

和同僚的沟通并不难，难的是对付故意制造麻烦的同僚。组织一般不会出面解决这一类问题，但这种沟通却会给新员工带来烦恼和挫败感。我们可以试试从以下角度寻找沟通的办法：

1. 实际些

尽量不要让这一类人影响你的情绪和言谈举止。如果没有特定的话题需要沟通，一般性的寒暄就足够了。如果必须和他们共事，那就把沟通限制在工作的范围之内，尤其是现有的工作环境之内。

2. 厚道些

虽然这一类人的麻烦往往是自己造成的，但他们还是会对他人的善意和帮助表示领情和感激的。

（四）和客户的沟通

在各式各样的组织中，有80％以上的员工需要与客户打交道，大部分人会认为自己面对的顾客有这样或那样的问题。其中，最难处理的是由具体的人际关系产生的问题，尤其当这类问题第一次出现时。我们要首先假定这些问题仅仅是客户在特定的条件下出现的，然后采用朋友似的口气和态度：

（1）感谢客户花费了时间与你交谈，你可以从交谈中获取有用的信息。

（2）坚持用参与的方式与客户交谈，此时你作为公司代表表达你的意见或建议。必要时给予同情和安慰，但一定不要给客户居高临下的感觉。切忌打官腔。

（3）事实上，当客户情绪激烈地抱怨时，对公司来说是一个契机——发现顾客的需求，创造改进的机会，挑选合适的人才。据一项调查的结果显示，68％的顾客认为是公司代表误解了自己的需要。

简言之，如果能让顾客得到的比预期多，想办法让顾客表达他们的利益和愿望，服务顾客的需求，并及时、积极反馈信息给客户，才能创造更多的业绩，从而在工作中获取比预期多的快乐。

（五）和上司的沟通

职场上，怎么做才能比较轻松地和上司交往呢？首先，放弃寻找完美上司的想法，完美上司是可遇不可求的。其次，放弃希望自己的上司能一视同仁的不切合实际的想法。最后，要坚持理性地对待工作，丢掉贪恋之心。

等级往往误导了人们的期望，要求更多的解释。所以和上司的沟通不仅要注意人际间关系，还需要注意等级关系。尤其要注意：

（1）上司掌握的信息比你充分；交谈中透露的信息并不能支持你的观点，更不要轻易根据信息做出决定，影响决定的根本因素是立场和位置。有一位成功人士在讲座中告诫学生：年轻是资本，可以投资自己的职业生涯，也有机会获得理想回报，可是自己的本事再大，也需要团队的合作，更需要上司的支持，如何对待上司，就是如何和你的将来合作。

（2）友善的交谈给人带来愉悦的感受，不仅你能够从中得到更多的信息和精神上的鼓励，上司同样也能从与你的交谈中得到更多的信息和精神上的满足，但不要寄希望于你们之间从此建立朋友关系。在中国职业经理与日本职业经理对待上司的方式的比较中，我们发现当上司邀请下属在周末打球时，日本下属不接受并且心无顾虑，而中国下属则不拒绝，一旦不能成行还会心存顾虑。这是不同类型企业文化造成的。

（3）职业的上升通道把握在自己手中，在组织内的其他岗位或是其他组织都可能有自己的上升空间和通道，因此和上司的沟通并不需要过于紧张，尤其不要有威胁上司的言语，更不要认为自己是这个位置上做得最好的，无人可替代。有一位医生，医术精湛，深受病人和家属的爱戴，为医院赢得了许多的荣誉，可是上升的道路上屡屡受挫，他将其因归咎于上司。旁观者认为，技术的优势成就优秀的专家，但不一定适合管理者。这位医生或许是用自己的优势和上司的劣势在作比较，才产生错觉。

第四节 管理人际沟通中的冲突

冲突的结局有好和坏两大类。人们大多期待好的结局，为好结局努力。但有时人们也期待坏的结局，以便彻底放下一段人际关系，开始新的人际关系。我们也会因为无名的原因而和一些原本关系不错的同事或朋友失去联系。

我们先从下面的阶梯模型中认识人际关系从建立到紧张再到结束的过程，这个模型同时也展示了人际关系从初始到高度默契的过程。Kappd 关系状态模型见图 13-2。

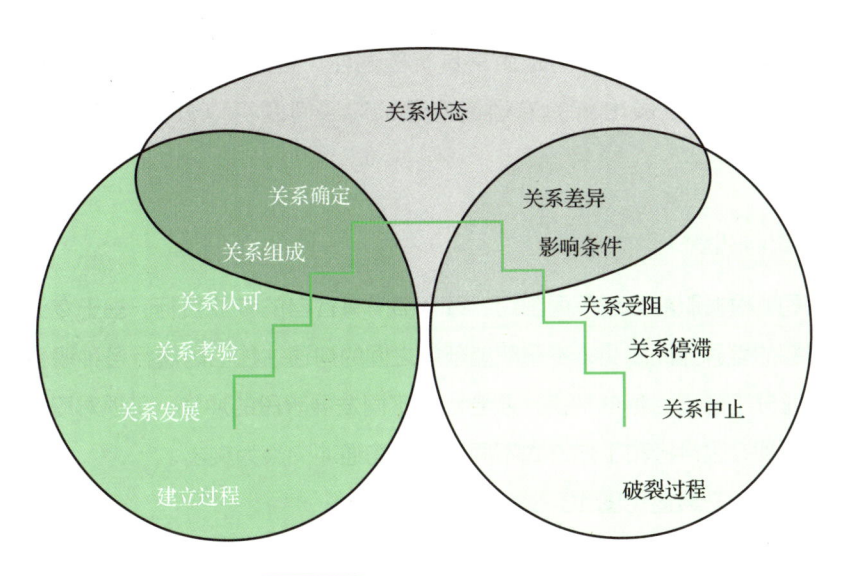

图 13-2 Kappd 关系状态模型

我们还可以通过表 13-1 具体了解 Kappd 关系状态模型。

表 13-1 Kappd 关系状态模型分析

过程	台阶	代表性对话
建立关系	初步认识	"你好！""很高兴认识你。"
	体验交流	"你的业绩不错呵，有什么秘诀吗？" "你是从哪所学校毕业的呢？"
	深入了解	"我挺崇拜你。" "其实你让我想起我的校园生活。"
	加深认识	"我要以你为榜样，或许有合作的机会。" "是的，真是相见恨晚呵！"
	结交成功	"我们能成为好朋友的。"
分道扬镳	出现差异	"我实在是无法理解你为什么这样做！"
	限制交流	"给我个解释，事情已经很糟了。"
	僵持不下	"我早就料到你会这么解释。" "知道就行了，不说了。"
	迂回躲避	"现在没空，以后再说吧。"
	终止关系	"好合好散，自己多保重。"

在日常工作中出现的沟通问题通常具有普遍性，有时它们相互交错，相互影响，若不及时平息还可能发展出新的麻烦或问题。沟通问题可以分为目标冲突、过程冲突、情绪冲突。

（一）目标冲突

一家公司，根据职能分成不同部门，每个部门有各自的专业目标，基于专业化分工产生的各种目标的差异显而易见。不同职能部门之间的沟通往往也因履行各种职责而产生冲突。除了专业分工造成目标的冲突，还会出现不同发展阶段的冲突。某项对职业生涯不同阶段的研究发现，因目标和工作方式不同产生的沟通冲突最为突出。

有效沟通的上升通道见图13-3。

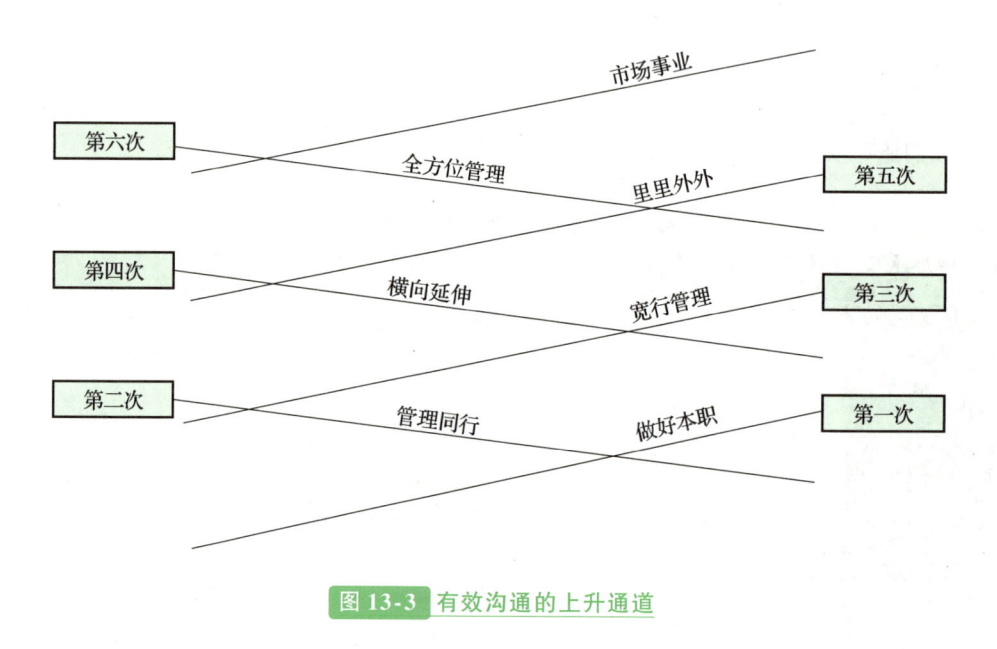

图 13-3 有效沟通的上升通道

（二）过程冲突

多样化给组织带来了机遇，同时带了不同文化背景的冲突，员工年龄、性别和个性的不同往往也对沟通方式提出了挑战，如何沟通才能更有效率成为一个永远的难题。作为个人，若持有认知风格，往往表现为有更强的适应力，因为他愿意更多地分享决策的信息，愿意更多的人参与决策，也愿意通过正式或非正式的渠道征求对决策的反馈意见；作为一个部门或者组织，更加透明的决策过程本身体现了高效率的沟通。可是尽管如此，也不能避免过程冲突。

以图13-3为例。各个不同层次的人在做好本职工作的同时，几乎都会为下一个目标做足准备工作。在和下属或上司的沟通中，由于各自关注的重点不同、解决问题的角度不同，从而可能产生过程冲突。例如，在制定下一年预算的工作中，负责纵向管理的财务经理和负责横向延伸的财务总监的直接冲突往往是过程冲突。

许多过程冲突的产生源于人们的价值观不同，从而形成了有自己的习惯和偏好的做事方法。这样的差异因人而异，个人经历、道德标准、宗教信仰、智商、情商都在发挥作用，影响人际沟通。

（三）情绪冲突

1. 关系目标

与人相处都会建立产生不同程度期许的关系，于是相互的猜测就会引起冲突，有时相处本身需要的磨合也会不断增加冲突。例如，一位新入职的审计人员希望有资深的审计人员作为自己的师傅，恰巧一位刚刚得到提升的审计人员需要一个帮手，可想而知这两位在共事过程中彼此的关系目标会发生怎样的变化：新员工很快意识到自己被忽略了，提出的问题也常常被冷落，而师傅却并不在意。

2. 认同感

在传统文化中，认同感表现在同族、同姓、同乡等与血缘相关相似性上，随着社会的发展、专业化程度的提高，同学、同事关系也增强了人们的相似性，形成广泛的认同感。认同感使人们之间交流的内容增加，交流的范围扩大。丹尼尔·戈尔曼（Daniel Goleman）教授认为认同感和社会智慧紧密相关，而社会智慧以个人的情感智慧为基础，从自我的认可中形成自我管理。每个人可以通过学习实践不断提高自我管理。当一个组织、一个社会的认同感形成并变得强大，良好的社会风气也就蔚然成风。有些人自尊心重，自视过高，自我管理缺失，当自己的表现与实际有差异时，脆弱、出言不逊等负面情绪就开始滋生了。一旦成为风气，对组织和社会将产生危害。可见，认同感是可以调整、控制并能够左右发展方向的。

3. 应变能力

事实上，职业生涯中各种形式的兜圈子或原地踏步都让人沮丧，引发不满、易怒的情绪；同样，工作程序或工作方式的无休止变更，也易引发焦虑、挫败感和愤怒。顺应变化需要具有克制的能力。例如，在同样的社交场合，有的人如鱼得水，面对什么样的话题都能应付自如；有的人对自己熟悉的话题滔滔不绝，而面对不熟悉的话题则坐立不安，甚至打瞌睡；有的人把社交的场合当成了辩论场，结果大家不欢而散。这些都会给人际关系带来不同影响。"祸从口出"不无道理，归其缘由还是不分场合，应变能力不强。

几年前，有位年轻人初次到我国寻求发展。他在最后一轮的面试中打败了其他精英，以绝对高分给每一位面试官留下了非他莫属的印象。但是在当天款待全体候选人的晚餐上，他却缺席了。一位资深的律师面试官说，这表现出这位年轻人沉着应变的能力，他一定是担心面试官在晚餐上有可能发现他的瑕疵，从而影响整体印象。事实果真如此，在以后几年的共事中，该年轻人在语言表达方面的确有瑕疵。可又有谁能保证长时间的完美和滴水不漏的表达呢？

（四）信息反馈

从20世纪60年代开始，一些商业机构就开始着手创立组织内信息反馈制度，并设立与此相应的各种培训课程，但是效果并不好。直到信息技术广泛应用，对反馈信息进行管理才开始发挥积极作用。当然，企业也需要有可持续并持之以恒的政策。例如，学校普遍采用的学生评价课程的做法，是对学生感受教学的各个方面的信息反馈，需要长期的积累、整理、分析、研讨和分享，才能产生教学相长的效果，其中大量的相互工作辅助、克服消极影响、保持师生之间的信任和健康沟通非常必要。

1. 搭建新概念

第一，信息反馈需要建立新概念，建立反馈是为了帮助信息接受者更好地为信息提供者服务。第二，需要表明这个帮助过程是如何实现的，这个帮助的过程不是强制性的，而是可以选择方式和渠道来完成的。再看学生评价课程的例子，如果没有让学生得到自己和同学对课程评价的整体信息，评价信息如何反馈给任课教师？教师又是如何反应？如何接受学生的建议？如果没有相应的措施，评估只会流于形式，发挥的作用也是十分有限的。

2. 试图了解

组织者是如何帮助信息接受者理解反馈信息，特别是负面的内容和目的？这就要求反馈的信息必须是具体的，而不是笼统的。例如，客户提出服务员服务态度不好的批评，让接受者了解的相关内容应该包括：何时、何处和何人因何事而提出的批评，之后列举近期发生的类似例子，以强调这一批评并不是一件孤立的案例。

3. 尽力接受

许多时候，我们理解批评但并不愿意接受。于是是否接受成为反馈信息管理最核心的内容。但是影响接受的原因是什么呢？首先，我们有理由怀疑我们接受之后的后果，例如，坦白究竟是从宽还是从严；其次，我们有理由怀疑，现在的接受是不是一个马后炮；最后，我们通常能够接受一个框架性的反馈，如"你需要更努力工作"，而不乐意接受一个定性的信息，如"你做得不够好"。

4. 调整行为

如果有人对你提出批评说："如果条件许可我一定能做得到。"你会满意吗？可能不会，因为这可能只是一个借口。再如，你告诉演讲者："你并没有说服我啊。"他回答："我太紧张了，如果多些时间准备就能说服你了。"你不会相信的。学会判断如何作答才能让对方觉得你诚心接受他的意见。第一，想清楚，在下一个反馈意见出现时，你调整行为会得到什么样的评价？第二，换作其他评价者，他关心的事情还有哪些？第三，你调整行为后，对信息提供者会有帮助吗？

事实上，只要有心提升自己，不论是信息的提供者还是信息的接受者，有许多办法可用，哪怕是一个简短的信号、一个有意义的目光、一个暗示、一句幽默话、一副好姿态等。总之，在职场中将担忧和埋怨换成更多的关注，积极应对，相信沟通能建立起职场信任。

第五节　没有简历的职场沟通

信息技术在招聘中的应用已经标准化，许多大公司、猎头公司使用职能技术完成了个人简历筛选、小组演练、个人项目评价的全部工作。如何应对、如何让自己过关斩将，在前面的章节详细表述过，在此，介绍最后一次面对招聘人的谈话，包括问题、问题的要点、建议的答案和不建议的回答。从招聘人的角度看，最后的面试目的是考察面试者的人际沟通能力，从中了解面试者心目中的上司、面试者的倾听能力和与人合作能力。

（一）什么样的管理风格是你认为最有效的管理风格？

建议这样回答：

我了解到，人们通常更喜欢教练式的管理风格而不是专家式的管理风格。当我遇到问题时，我会和下属、同僚一起分析问题，找到合适的解决方案，而不是给出一个做法要求大家去执行。我喜欢看到大家一起学会如何处理类似问题。

不建议这样回答：

我不喜欢自己的上司总是提醒我他是我的上司，是他承担责任，我喜欢能放手让我去做的上司。

问题的要点：

这类问题不需要涉及具体的例子和人物。招聘人希望通过面试者问题看到的整体价值取向。如果时间充裕，可以引用一些经典例子，但千万不要讲故事，而是表达出自己很接近那些优秀的风格和特质。

（二）与什么样的人合作你会有最高的效率呢？

建议这样回答：

我最喜欢和直言不讳的人合作，不论本公司、本部门的同事，还是客户、供应商等。我愿意和那些在做决定前创造并通过头脑风暴来集思广益的人。最重要的是，与有自信心的人合作效率最高。

不建议这样回答：

我喜欢和工作中有自信并尊重他人的人合作。我无法忍受在关键时候只顾自己表现的人，或是特别依赖他人的人，说心里话，我真的不喜欢和这两类人合作。

问题的要点：

面对这类问题需要表现出积极的态度，否则很容易引起无休止的自我发挥，表露出负面情绪。招聘人提问的目的是观察面试者是否能和现有的同事合作，同时也了解面试者是否喜欢现有的同事。

（三）有哪些事情会让你不开心呢？

建议这样回答：

让我不开心的情形是我的上司当众评价人。在我看来，不论是表扬还是批评，都应该是一对一的，在私下表达。

不建议这样回答：

让我不开心的是上司总在做结论，他一边说让大家畅所欲言，一边却对每一个人的发言下结论。

问题的要点：

这个问题显然已经把面试者放在一个不利的场景，目的是考察面试者转危为安的能力。最好的解决办法是，从负面的情景出发（迅速地点到为止），转向一种从失败中学习的经历。切记，不可批评任何一位以往的或现任的上司。保持积极的态度、积极的目标、积极的办法，就能够回答好问题，产生"拨开乌云见太阳"的效果。

（四）你通常如何展开一项新的工作？有哪些步骤呢？

建议这样回答：

不论工作任务大小，我的第一步都是分析可能出现的各种结果：好的、坏的、不好也不坏的，然后从目标出发，根据可以应用的资源，选择合适的方式和团队或独自在规定的时间内完成。

不建议这样回答：

因为我做过的工作都不一样，所以要具体问题具体分析，因地制宜，因人制宜。总之，要用不同的方法解决不同的问题。

问题的要点：

不论方法、手段、工作任务的目标有多么不同，职场上总是日复一日、年复一年地重复着做计划、执行、总结。但是招聘者这类问题旨在了解两点：第一是面试者管理时间的能力；第二是面试者的职业水平和专业水准。可以围绕如何开始、如何分配时间、如何决定轻重缓急、如何引导和控制过程、是否有效利用资源来组织回答。

（五）你如何面对外界对你的上司或公司的批评？

建议这样回答：

再优秀的上司和公司都会有瑕疵。在公司不长的日子里，我发现在公共关系方面的确有一些问题，来自客户特别是关键客户也有不同角度的反馈。他们认为我们公司内部的官僚体制造成了应对问题反应迟钝、决策不及时。我向上司如实报告情况，并做了数据的搜集和整理，反映的问题是真实存在的，同时在文字报告的最后还提出了一点个人建议。

不建议这样回答：

公司的制度出现了问题。我向上司报告并指出大家对此颇有微词，尤其是对激励机制的执行有意见。现有的一套激励手段已经用了10年，早都应该调整了。事实证明这不仅殃及了我们的客户，也挫伤了大家工作的积极性。

问题的要点：

招聘者对出现的问题并没有多少兴趣。招聘者期望听到的是：你能提出什么样的好主意；你的建议是你自己就能完成的；这样的建议能引起上司或更高层人士的关注，同时还能达到获得支持的效果。

（六）你有职场上的榜样吗？

建议这样回答：

不论什么样的场合下让我回答这个问题，我都会说我有职场上的榜样。他是我的第一个正式的老板。我一毕业就进了他的公司，跟着他干。我从他那里学到了许多职场上的知识。他没有不良嗜好，是一个有理想和激情的人，尤其是他的人际交往能力，让人钦佩。是他让我坚信，与人交流要开诚布公，这是人际交往的根本。

不建议这样回答：

我很不走运，至今没有职场榜样。

问题的要点：

在重要的面试中有一个不成文的规矩：如果你的答案只有一句话，最好不回答，要求转向下一个问题。

本章小结

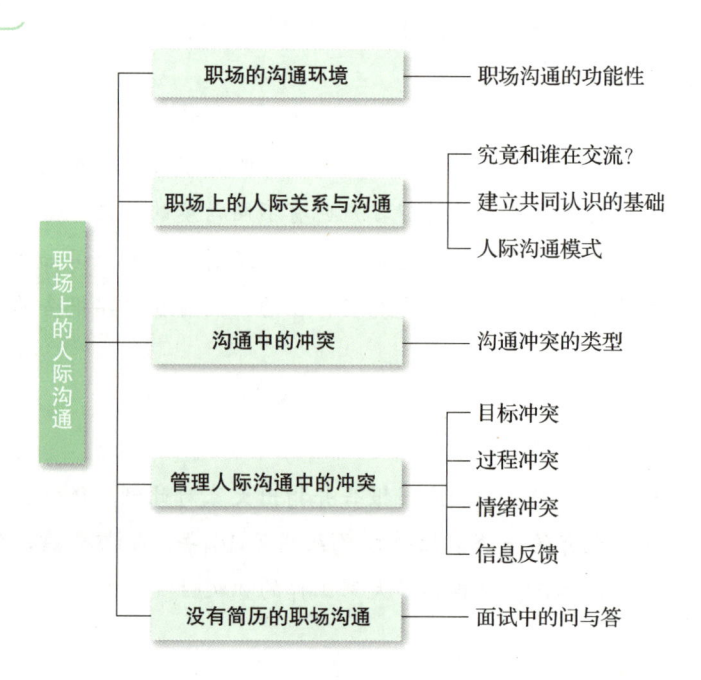

职场上的人际沟通
- 职场的沟通环境 —— 职场沟通的功能性
- 职场上的人际关系与沟通
  - 究竟和谁在交流？
  - 建立共同认识的基础
  - 人际沟通模式
- 沟通中的冲突 —— 沟通冲突的类型
- 管理人际沟通中的冲突
  - 目标冲突
  - 过程冲突
  - 情绪冲突
  - 信息反馈
- 没有简历的职场沟通 —— 面试中的问与答

> 提问与讨论

1. 当同窗兼同事兼好友成为上司，如何与他或她相处呢？

很多人告诫职场的新人，同事之间不存在真正的友谊。但是同事是和你每周相处 40 个小时以上的亲密伴侣，是和你一起加班熬夜赶项目的好伙伴，你们会为实现同一个目标而高兴，会为一时的挫败互相鼓励。他们作为一个群体，是你生命中不可或缺的一部分。谁说同事不能成为肝胆相照的朋友？你们不就是吗？直到有一天，当你为他的升职、加薪举杯庆祝时，方才发现你们之间的距离——他成了你的上司。

2. 你会学习杜拉拉的成功路吗？为什么？

电影《杜拉拉升职记》中的杜拉拉是一个行政人员，数年如一日地做着单调、重复的工作。但她工作能力是出色的，学习热情是很高的，对同事是友善团结的，对领导也是有心的——一杯热咖啡、一本剪报册，升职是必然的。

杜拉拉的成功之路值得年轻人学习。

第十四章 跨文化沟通的体验

Chapter Fourteen

到今天，全球化的发展已经让我们品尝到它带来的好处；也让我们体味到它带给我们的困境。本章我们将从建立良好的人际关系出发，将沟通扩展到全球视野中。信息技术让我们学习更方便，带给我们更多识破真伪的手段、做决策需要的知识。不论是单位的，还是行业的，还有政府的运行，在信息技术的推动下都变得更加透明、公开、公正，民众和政府之间互信。相反，我们也清楚认识到，技术进步得这么快，一些可以称为软技术的力量却逐渐逝去，竞争并未让快乐持续，我们必须面对下一个挑战。

跨文化交流是一种软力量的源泉，不断向人们提供向其他文化学习的机会、自我增进的机会、防患于未然的机会。

第一节 跨文化沟通的原则

全球化把人们推进了一个五彩斑斓的世界，学习和不同肤色、不同语言、不同信仰的人交往已经刻不容缓。其实即使在同一民族中，也有许多不同的亚文化，如不同行业对时间观念的要求不同，不同职业对目标和过程的感受不一样，不同家庭出身使人们对权力距离的理解不一样，不同教育背景使得人们对沟通方式有不同的选择，甚至不同的专业教育和工作岗位也极大地影响着人们的思维方式。下面介绍五项和与自己不同文化背景的人接触和沟通的原则。

一、亲身经历体验不同文化

正如学习外语最好的方式是在当地居住一样，到当地去体验生活是学习当地文化最好的方法。但旅行是十分昂贵的，这个方法并不实用。我们也可以间接地学习，如通过图书、广播、电视、网络、音乐或走访当地主要的商会、各种类型的俱乐部等机构去了解各地文化。记得早年去美国进修，我常去书店，十分好奇为什么有那么多关于旅游的书籍。一次看到一位上了年纪的妇人正在阅读关于广西的书。我好奇地问她，这些书有什么用。她回答说用途大了，这些书可以让她对当地有一个轮廓性的了解，能确定哪些地方她最想去看看。因为每次旅行都会有少一天的感觉，就如同面对整整一柜子衣服的女人总说差一件一样。她还对我说想要去阳朔西街的一个酒吧，因为在另一本关于中国的游记中，有一个关于游客迷上阳朔并在那里安家立业的故事，所以她一定要设法去见见故事中的人物。如今网络的发达可以让我们轻松地模拟旅行，也可以有事半功倍的收获。

在这个亲身的体验过程中，情绪是容易被忽略但又格外重要的学习动力。情绪的好坏、高低都对我们认识一个新文化产生极为重要的影响。因为第一印象是不可复制的。有位非常优秀的候选人来申请教职，我是面试小组的成员。面试的气氛是良好的，到了最后阶段，我问这位曾留学英国的候选人，有什么需要我们解答的问题，她说，"我希望班上没有外国学生，尤其不要有英国人。"一定是某些英国的生活或工作体验给她留下的印象糟透了，不然她怎么可能提出这样的要求呢？我们最后没接受她作为我们团队中的一员，因为我们需要一位乐观面对全球竞争的同事，不然我们的学生又如何面对这日益加剧的全球竞争呢？

二、谨慎应用行为标准

当自己是个局外人时，心情孤单，行为拘谨。我们不仅要体会到这种感觉，还需要特别观察是由哪些人或事造成这些感受的。当我们第一次体验另一种文化的时候，我们通常还在应用本文化的行为标准，所以结果经常是失败的。我们常常因为差异而困扰。

在我国物质极其匮乏的年代，几乎全部的生活用品都需要配额和票证，如肉票、粮票、火柴票、肥皂票、布票等。于是人们逐渐养成当时的消费习惯："新三年，旧三年，缝缝补补又三年"被视为美德；如果有机会去购物，一定坚持"可买可不买的就坚决不买"的原则。可是到了今天，这一最理性的购物原则已经是"性价比决定论"，同时，还有不少白领将疯狂购物作为减压的方式。

再如，我早年出国时第一次正式向外国人介绍自己的生活："从小到大，没有多余的钱，好像也没有太多需要钱的地方。"听众哗然。一个声音问："上学贷款或交学费吗？"我说："全国享受免费教育。"另一个声音响起："生病了，难道不花钱吗？"我说："全国城镇居民享受免费医疗。""住房呢，没有分期付款的压力吗！""没有，住房是单位分配的！""啊喔，原来社会主义如此优越。"我说："并不完全，大学毕业后工作也是分配的，每个人要在分配给你的工作岗位上干一辈子。"听众又一次哗然。他们说，"没有自由就不好了"。"自由选择"是美国人的生活方式，但计划经济体制下的我国却不是采用这样的行事标准。

同样，面对竞争，行事标准在相同经济发展水平的国家也不相同。在芬兰，企业、行业协会、大学和政府机构形成强大的社团，他们往往以这样的方式出国访问，即使是生产同样产品的企业之间，更多提倡的并不是相互竞争而是合作。在今天的世界竞争力排行榜上，芬兰常常名列前茅。在芬兰的农副产品自由市场上，并不常见穿着制服的监管人员，更不会有突击检查，因为政府对农户的监督和帮助早在产品生产之前和生产过程中就进行了，食品安全早就是融化在生产者、供应商血液中的行事标准。

三、区别代沟和文化定型

有些人偶尔经历不同的文化，却喜欢以偏概全，以点盖面，如同"盲人摸象"。人们在一个生疏的环境中本能地寻找一套实用的认识体系，尤其是面对不确定性的冲击，感到脆弱无助的时候，下意识地寻找帮助。更糟糕的是这样的过早判断将失去了解真实而全面的机会。在许多人力资源的研究中，学者们发现，职场的代沟是挫败感的推手。20世纪50年代出生的人视工作为责任；60年代出生的人追求工作上的成就；70年代出生的人相信工作需要冒险精神；80年代出生的人认为工作要给自己带来满足感；而90年代和00年代出生的人更注重个人的兴趣、情感和体验，追求工作的弹性和自由度。于是不同年代出生的人在一起共事从根本上说就存在代沟。研究还表明，40岁以上的人，对工作的满意度开始下降。他们的文化已经定性，调整自己越来越困难。与此同时，公司的人力资源制度和条例又是一视同仁。可想而知，如果再加上不同文化的差别，让职场上的多数人得到生活和工作的平衡是难上加难。

有一位在全球顶尖计算机公司工作的高级工程师，他在中国成长，在海外提升，20多年在硅谷不断成就自己和工作，应该算是功成名就的海外华人。但他说，现在的工作几乎让他没有喘息的机会。一个软件如果今天在美国完成结构设计，在下班前发给中国的软件公司，明天一上班，接上网络，就能看到发回来的完整程序了。全球化已经让他产生了对工作的惧怕。他说："不是在开玩笑，我常常在心里对老板说，你炒了我吧。"

四、团队内的差异往往比团队间的差异带来的影响更大

"麻雀虽小,五脏俱全"说的正是这个现象。曾经听某总经理分享他作为职业经理人的经验。他本人是英国人,但一生中大部分时间在亚洲工作,他能够说简单的粤语。他强调团队不论大小都会有各种不同的人,看清楚和珍惜差异比寻找共同点还重要。因为鼓励释放差异说明公司文化开明,能激发创造力也能给人新鲜感和成就感。公司或团队本身已经约束了人们的行为规范和共同的目标,求同存异不必挂在嘴上,而需要常常提醒大家把注意力转向竞争对手。

一次,我所教的班上外国学生和中国学生的人数上各一半,这些外国学生来自八个不同国家。有同学说,在这个班上上一个学期,比出国当交换生还值。可是结果并不是想象的那样。每次上课,中国学生和外国学生先是在座位上摆开楚河汉界的架势;然后,在小组讨论时又顺理成章地组成了说中文的和说英文的两组。中国学生不和外国学生交流的理由总是很多,但基本上都是借口。直到有一次,一位学生提出,中国学生在教室吃盒饭,气味让他无法忍受。我转告了中国学生,他们才意识到,自己的行为不符合与其他文化交流的原则。

五、文化是有根基但又是变化的

我们能更准确地从与竞争对手、与服务对象的互动中了解自己企业文化的特征,尤其是表面特征,如同浮出水面的冰山一角;但文化的根基不容易见到,如同水面下的冰山。那么文化的深层内容又是什么呢?

1. 结构

当我们走进一座城市,会被建筑吸引,其实多数建筑都是由钢筋、水泥等各种建筑材料组成,许多建筑材料都是按照国际标准生产而成。但是我们看到的是不同的建筑,吸引我们的是不同的建筑结构,而不是建筑内容。不同的文化有不同的结构,如语言。人类学家克洛德·列维-施特劳斯(Claude Levi-Strauss)在他的研究中发现,对于文化来说,其实没有人对一个具体的人感兴趣,让人感兴趣的是人际关系。当一个故事提到"叔叔",是因为有"侄女"才可能谈及"叔叔";当故事里出现一位"太太",不提起她的"先生"这个故事也不会有趣。这就是文化的结构根基:人际关系。

2. 观念

观念也是文化中的根基。

在中国人的家庭观念里,"孝顺"最重要,而在美国文化中却没有"孝顺"这个意思。再如,法国孩子从小就知道在各类庆祝活动中缺不了美酒;而对于美国孩子来说,酒会让人醉倒。

当日本轿车品牌在美国市场快速成长的时候,美国的业界和学术界认真寻求日本工业的成功秘诀。美国的制造业积极向日本人学习质量管理,那时有人担心美国的文化会改变。可是,向日本学习了30年后,美国制造的汽车还是回到了原来的特征,仍然追求技术的创新、求变、追新的观念,这些观念也左右了美国的文化,包括制造业的发展。

3. 个体差异

我们经常发现和我们谈话的人答非所问。例如,你打算换部手机,店员走过来,一开始就介绍哪部手机是最新款的,或者问你的预算是多少。这些话是什么意思呢?是故意听不懂你的意思还是在误导你呢?可能都不是。店员见你向手机柜台走来时,他的大脑里反应的是他关心的内容,即你可能要买手机。之后,他就把他自己掌握的相关内容一股脑地做介绍。如果你和他搭上腔,他才会重新寻找可以回应的词。如果两个人来自不同的文化,他们各自的观念本来就有差异,谈拢的时间可能要更长。再如,你是他见到的第一位外国客人,与他以往经历过的客人差异大,谈拢所需时间更长。谈话中的个体差异是显而易见的。

曾经有个外国学生,开学的第一个月上课总是迟到,每一次他都诚恳道歉,说出的理由总是不一样,能让全班同学哈哈大笑。其中一次的理由得到同班中国同学的证实:他去银行兑换钱,需要填写单子。在他过往的经历中,这项工作都是银行职员做的,而中国的银行则要求客户填写。在写错了多张单子之后,他开始和职员理论,可想而知,不论他的中文水平多高,也无法明白,为什么银行职员坚持说这样的要求是为了保护客户的利益和财产安全。最后他只好打电话请同班中国同学翻译,才把事情办妥。

第二节 从差异认清需求,克服沟通障碍

我们点击鼠标就能轻松搜寻出一个清单,告诫我们在跨文化企业工作中的注意事项。但是就算我们能牢记全部注意事项,实践中还是会犯错误,碰到许多意想不到的

困难。这时，沟通的技能就能派上大用场了。下面介绍流传在哈佛商学院的 10 种提问，目的明确，帮助我们克服沟通障碍。

1. 开门见山地问

不同文化有许多约定俗成的内容，回答谁，为什么，什么时间做才对。不论你在哪里打算和什么样的人交谈，总得有人说第一句话，试试开门见山地提问或许能让你变得主动些。你可以提出各式各样的问题，如有关社会热点、公司的进步、个人对工作的满意度等。

2. 选择性提问

有些人不喜欢被人打断，可是你已经不太耐烦了，这时提出选择性的问题是个办法，还可以把话题深入下去。例如，你可以说："是啊，A 这样做的理由你已经说得十分明白了，可是 B 会做何感受呢？"

当对新的工作不太满意时，你也可以经常问自己："和前一个工作相比，对现在的工作环境满意吗？对工资还满意吗？同事之间平等吗？还能坚持多久呢？"

3. 为了解更多信息的提问

有效沟通的目的之一是做出正确的决策，而决策需要完整的信息，恰当地对"是什么""为什么""怎么样""谁参与""影响如何"提问，能帮助你获取尽可能全面、完整的信息，同时还能给对方留下认真倾听的印象。

4. 提出相互关联的问题

沟通过程中尽可能地提出相互关联的问题，有助于提出尽可能完整的解决方案。例如，当学习小组准备一份商业计划书时，投资者关心执行团队的组成问题，这时学习小组就可以向投资者提问：什么样的教育背景更有优势？什么样的经历对该商业计划的施行更有借鉴价值？这些相互关联的问题可以帮助学习小组更好地了解投资者的偏好。

5. 挑战性提问

来自低语境文化（如北美国家、北欧国家）的人，更经常直接提出挑战性的问题；而来自高语境文化（如亚洲国家）的人，却不太这样提问。挑战性提问能直接表明发问者对问题的兴趣，在挑战中认识对方的观点，可能这正是谈话的核心所在。例如，广州交通拥堵，这是众所周知的现象。某天，一个学者在广州乘坐出租车，他问司机："这里的马路是按车的优越性安排优先权的吧？"在场的人没有反应过来。该学者接着说："根据我的观察，这里的马路，公交车的优越感最强，也最具行驶优先权。之后的排列就按车的价格高低，奔驰、宝马优先，而出租车排在最末尾哦。"大家称赞其提问具有挑战性。

6. 提出诊断性的问题

在不同的文化中，人们承受沉默的能力也有差异。提出诊断性的问题往往能把你从沉默中解救出来，如同医生询症一样，问出产生问题的缘由。回到职场上，当你对上司不满意的时候，也可以经常问自己：问题出在哪里呢？是工作超负荷吗？是同事难以合作吗？

7. 提出扩展性的问题

征求各方意见时常用扩展性提问，例如："除了从这个角度了解产品的性能外，研发部门的同事请提出你们的看法。"这样主动讨论，涉及决策的方方面面的专业性问题都能得到展示和讨论。

8. 提出行动性的问题

开会是集思广益的方式，但应如何提高开会效率呢？提出可行、可操作的办法是标志。提出行动性的问题能把决策过程从"说"转向"如何做"。

9. 提出前瞻性的问题

近来，计算机行业扩展到了"云计算"的商业应用阶段。来自美国硅谷的技术高手们表示，云计算会出现减少公司内的技术部门，甚至外包给专业的云计算服务公司。当苹果、思科、甲骨文等公司发展云技术的应用和推广时，不少计算机工作人员担心自己的饭碗不保，计算机类专业的学生却担心毕业即失业，他们的担心就属于提出前瞻性的问题。

10. 提出总结性的问题

做总结总是很困难。但不论处于哪种文化中的人们，都认为在谈话结束时应有一段好的总结。做出优秀总结的人往往能得到更多的信任和美誉。在一些文化背景中，咬文嚼字能表现出文化水平高，但在一些文化背景中，人们更喜欢简洁的和直接的语言。一般的，西方文化中更多人习惯于直截了当地表达，而东方文化中有不少只可意会不可言传的寓意。人们喜欢在总结中添加幽默，因为在跨文化的沟通和交往中，幽默被广泛认可，被视为一种愉悦人心的智慧。

第三节 认识文化倾向

文化无处不在，千差万别，关于文化的研究十分丰富。如何尽可能地对其他文化有比较敏锐的观察，图14-1 包括了最权威的四组学者对文化特征的研究，从中学习文化因素是如何体现在人的思想和行为上，是一个有效的方法。在应用中，我们可以从直接感受到的文化因素入手，沿用这一组特征对现象进行深入分析，找到应对的办法或解决问题的方案。如果经过对这一组的文化特征进行分析后，还不能找到解决的办法，那么可以尝试另一组，或者再尝试。图14－1中的文化特征是按照顺时针排列和循环的，所以依次进行分析是最顺手和有效的办法。在长期实践中，我们发现，先分析自己文化因素的倾向性是必要的，知己知彼，百战不殆。

文化倾向模型

1. 环境因素
2. 时间因素
3. 行为因素
4. 沟通因素
5. 空间因素
6. 权力因素
7. 行为主体主义
8. 结构因素
9. 竞争因素
10. 思维方式

文化倾向

图 14-1 对文化特征的研究

一、环境因素

不同文化在环境因素方面分别表现为控制力、协调力和约束力三个方面。在同一个人身上，由于环境不同，三种表现方式都会出现。例如，不爱听课但具有体育天赋的学生，在课堂上表现出约束力，在运动场上表现出控制力，在看体育比赛时又表现出协调力。由此可见，文化因素不是一成不变的。善于观察的人，能够根据需要引导他人的反应，有利于实现目标。

文化中环境因素的主要决定因素是敏感和情绪。有些人对说话的声音不够敏感，于是在公众场合大声喧哗成为该文化的特征；还有些人表达情绪含蓄。当你关注这些文化因素之后，就更有信心如何与不同文化倾向的人沟通了。

二、时间因素

1. 单一时间焦点

时间对每一个人是公平的，但是有关时间的观念却在不同的文化中有差别。在德国和美国等国家，人们的口头禅离不开节约时间、浪费时间、抽出时间和花费时间。在管理和生活上，单一时间焦点的人习惯集中于一项任务，做完一件事情再开始做另一件事情。

2. 多重时间焦点

多重时间焦点的人对时间的管理则并不严格，认为时间是享受生命的一个过程。在拉丁语系国家，人们对等待更有耐心，更期待长期的人际回报。在管理上，多重时间焦点的人更习惯同时应付不同的事情和工作。

三、行为因素

在一些文化中，人们谈判的目标就是签下协定。而在以关系为中心（也称为过程导向）的文化中，在同一个谈判中，人们更关心和谁签协定。在亚洲多数国家，人们重视人际关系，会先把时间花在了解对手并试图和对手建立良好的关系上；而在北美国家，人们结束寒暄后就会直接切入主题。有研究表明，男性、专业背景为自然科学的人，不论他们原本文化的差异是什么，会更多地倾向以任务为中心、更关心结果；而女性、专业背景为社会科学、艺术等的人，则更多倾向以关系为中心或更重视过程。

这些研究还表明，文化特征在人们接受教育后会发生改变。

四、沟通因素

高语境文化中，人们重视分享经验，他们从非言语的沟通中，从各种表情中和肢体语言中，寻找并揣摩他人的意思。

低语境文化中，人们重视交流事实本身，期待从交流中获得明确的信息。

处于不同语境文化中的人进行交流产生的误会较多。有这样一个故事：总部在法国的一家公司委托与该公司有联系的中法两所大学共同在中国做市场调查。调查员由两所大学的大学生组成，工作语言是英语。中方选拔出两位会说法语、英语和汉语的女生；法方选拔出两位会说英语和法语的男生。在两个月的工作中，女生不断地打回电话说工作十分顺利、开心，但实际上，两名法国男生在生活中是十足的大男子主义，如不帮女孩们打伞，吃光自己喜欢的饭菜等。两名中国女生想着工作是有时间期限的，便不断忍受各种不愉快，只决定在最后的晚餐上报复法国男生，打算只点两名法国男生不喜欢吃的饭菜。晚饭安排在学校餐厅，当两位女生来到餐厅的时候，发现两名男生早已身着正装站在门口，接着他们迎了上来，从各自的背后掏出两束鲜花献给两名女生。女生们的一切埋怨、泪水都被鲜花化解了。

不同文化中的人们选择的沟通方式也多有不同。例如，美国人和以色列人更多地采用直接的沟通方式，而日本人则常用间接的沟通方式，尤其当表达"不同意"的时候。

全球化加强了不同文化中人们之间的沟通和了解，缩短了文化造成的人和人之间的距离，但是人们的文化特征也比以前任何时候都得到强化。

五、空间因素

空间因素是一个相对概念，是指人们对周围的感受，对交流的人彼此的位置距离的感受。例如，上司约你到他的办公室谈话，你会比在你的办公室和上司谈话更加紧张，原因是人在私人空间比在公共空间舒服些、自如些。有的工作性质需要面对媒体或众人，如新闻发言人或公关人员，加强自己在公共空间工作的训练十分必要。

六、权力因素

权力差距是指人与人之间社会地位不平等的状况，是各种社会文化群体中普遍存在的现象。

权力差距（Power Distance）是由吉尔特·霍夫斯泰德（Geert Hofstede)提出的用来衡量社会、承认机构和组织内权力分配不平等的一种文化尺度。

权力差距在组织管理中常常与集权程度、领导和决策联系在一起。在高权力差距的组织中，下属常常趋于依赖管理者，管理者常常采取集权化决策方式——管理者做决策，下属接受并执行。而在低权力差距的组织中，管理者与下属之间只保持一个较低程度的权力差距，下属广泛参与影响他们工作行为的决策。

吉尔特·霍夫斯泰德以权力距离指数、个人主义、男性倾向、防范不确定指数和长远目标衡量不同文化的差异，为跨文化的交流与合作提出了纲领性的建议。

世界上权力距离较小的国家有澳大利亚、奥地利、丹麦、爱尔兰、新西兰等，这些国家的人们对掌握权力的人和没有掌握权力的人际交往有着本能的公平性和平等认识。而在权力距离较大的国家，人们对掌握权力的人的实际权力认识往往高于权力本身，相对而言，不掌握权力的人应有的地位会被认为更低些，他们得到的平等机会比应有的还要少。

七、行为主体主义

在个人主义盛行的文化中，个人意见和个性的表达被广泛接受，人们有更多自由选择的机会。而在主张集体主义的文化中，人们的行为大都被规范好了，这一文化对国家财富的积累起着不可低估的作用。

集体主义是相对个人主义而言的。集体主义的特征是紧密的社会架构，在这个架构中，人被分成自己人和他人，行为上有明显的内外区别。例如，在日本企业中，从个人对企业的忠诚到小组的决策过程，都体现出集体主义的特征。

八、结构因素

文化的结构因素主要包括三个层次，即表层的物质文化、中层的制度文化和深层的精神文化。物质文化是满足人类生活和生存需要所创造的物质生产活动、产品及其所表现的文化特征，是可感知、可触及的具有物质实体的文化事物。制度文化体现的是人与人、个体与群体之间的社会关系和社会行为规范，反映强制性、权威性和缓慢变迁性。精神文化是社会实践和意识活动长期育化出来的价值观念、思维方式、道德情操、审美情趣、民族性格等。物质文化通常可以反映到制度文化和精神文化的变动中，而制度文化和精神文化的变革又会加速表层文化的改变。

九、竞争因素

男性气质社会和女性气质社会体现的是不同文化对男性和女性角色的看法，反映竞争性程度的文化倾向。代表男性的品质包括竞争、独断，代表女性的品质则有谦虚、关爱他人。男性气质指数越高，说明该社会男性化的倾向越明显，更倾向于竞争、冒险和权力；反之，则女性气质指数更突出，更倾向于关心他人和社会责任，更注重合作和共同体验。

西方的传统文化信奉男性倾向，主张竞争、坚持、野心和追求，认为物质是奠定高质量生活的基础；而在女性主导倾向的文化中，人们主张温和的人际关系才是高质量生活的基础。

十、思维方式

思维方式可以分为四种。

1）归纳的思维方式：基于经验和实验的推理，也表现为由下而上的思维。
2）演绎的思维方式：基于理论和逻辑的推理，也表现为自上而下的思维。
3）线性的思维方式：倾向于逻辑推理。
4）系统的思维方式：倾向于整体的思想。

第四节 在不同文化环境中工作

在外资企业工作是尝试和体验在不同文化环境中工作的好机会。我们可能有机会和来自不同国家和文化背景的人一起工作，体验不同的文化倾向及其对人的思考、行为和决策的影响，在多元文化中观察和感受共性和差异，提供更多样化的视角和资讯，从而激发自己更多的思考。

虽然上面的表述并不足够详尽，但我们还是能勾画出在不同文化环境中工作应该具备的某些最重要的品质和特点。想知道自己能否胜任在不同的文化环境中工作，不妨回答并确定以下六个问题：

1. 你能掩饰民族的优越感或自卑感吗？

如果能，你能胜任在不同的文化环境中工作。对本民族的优越感或是自卑感，是在不同文化的比较中出现的。不同国家的语言、习俗不同，不同国家的经济发展水平、生活方式不同，不同国家的公共设施、福利条件不同，不同国家的国际地位和历史也不同，但都有理由形成你的民族优越感或自卑感，掩饰这些优越感或自卑感需要有开阔的襟怀和良好的教养。

2. 面对他人对自己国家、文化的批评，你会冲动吗？

如果你能克制住情绪，不卑不亢，以理服人，你就能胜任在不同的文化环境中工作。许多人在批评其他国家的政府、政策、文化时，可能只是表示他知道这些，或是只是因为不擅长社交谈话，并不是针对性地批评。虽然你没有机会弄清楚他的动机，或者自己不具备针锋相对的辩论的能力，都应该克制情绪，有理有节地对话。

3. 你对其他文化有好奇心和观察力吗？

如果有，你能胜任在不同的文化环境中工作。不同文化的差异可能是巨大的，容易观察到的差异也容易理解，但有些差异隐藏在细微之间，不容易被观察到。对其他文化的好奇心是装不来的，装出来的好奇心也容易被人识破。在不同的文化环境中工作需要有更多的沉没成本投入，有时并不舒适，更谈不上所谓的"享受文化盛宴"。

4. 你对自己的沟通能力有把握吗？

如果能，你能胜任在不同的文化环境中工作。你需要忍受一些自己不喜欢的处事方式、生活方式。即便只是一个人站在你面前，就可能形成一股威慑力，而对方的表现却那么自然甚至流露出某种优越感。有些小的举止频繁地出现在你眼前，让你心烦意乱，而你明白这只是他们的一个习惯。如果你仍然能心平气和地和他们一起工作，那么你真的能胜任在不同的文化环境中工作。

5. 你有耐心吗？

如果有，你能胜任在不同的文化环境中工作。工作中可能会出现一连串的两难问题：做事方法不一样，文字和口头标准不一样，支持团队的作息时间不一样，就连办公室的摆设、午饭的方式也不一样。当你能在这一连串的两难中工作，承受孤独和局外人的感觉，而不在工作场所表露出来时，你就真的能胜任了。

6. 你能用英语工作吗？你能自学外语吗？

如果能，你能胜任在不同的文化环境中工作。学习当地语言的好处显而易见，可是，当你能用英语工作后，你就会希望第二外语的水平能达到英语的水平。可是英语的学习花费了十几年时间，要学好第二外语甚至更多的语言，你真的准备好了吗？

本章小结

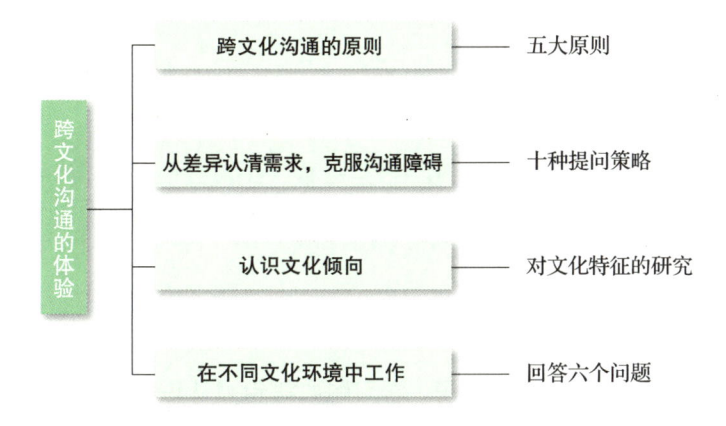

跨文化沟通的体验
- 跨文化沟通的原则 —— 五大原则
- 从差异认清需求，克服沟通障碍 —— 十种提问策略
- 认识文化倾向 —— 对文化特征的研究
- 在不同文化环境中工作 —— 回答六个问题

第十五章 是的魅力
Chapter Fifteen

第一节 闲谈的力量

我们从小被教导要做一个乖孩子，学习耐心等待，认识"沉默是金"，有礼貌地打断谈话，不和陌生人说话等。大部分有关沟通的书籍都在学习正式的谈话，但我们仍然要提出另一个视角：闲谈是正式谈话的铺垫，是人人都应掌握的艺术。

一、闲谈有意义

耐心的等待并没有给人们带来多少安全感，恰恰相反，保持沉默可能会失去表现才华的机会。想想，在我们的成长中，有多少次被人介绍的场合呢？再想想，我们也希望在一个正式的场合里，陌生人主动向我们做自我介绍，既然这样，为什么不主动地自我介绍呢？更进一步，自己介绍自己的内容是能够把握的。曾经在南方的一所大学发生过这样的事情，校长陪同一位领导考察大学超常规发展的情况，这位校长把来访者带到了毫无准备的两个校区的女生宿舍，一个是本科生宿舍，另一个是博士生宿舍。在本科生的宿舍里，同学用英文向来访者主动问候，并伸出手说："我认识您！"领导不解，问怎么会呢？女同学答到："电视里、网络上我关注着您的消息呢。"紧张的气氛顿时缓和下来。当一行人走进博士生宿舍，腼腆的学生搓着手站立着。她们在等待什么呢？校长会如何介绍她们呢？

二、闲谈的话题

请记住，许多机会都是独一无二的。如果一位朋友或是一位以前的上司见面就说："今晚好好喝两杯，好好聊聊。"或者说："我想我们安排一下再见面的时间，好好喝两杯，好好聊聊。"哪种情形让你更愉快些呢？

正式谈话前会有许多话题可以闲聊，但目的都是为了铺垫，以便防范正式谈话中可能出现的风险。闲谈话题可以涉及衣着打扮，或是开门见山地问、单刀直入地搜集信息等。

举几个例子：

- 我留心你穿着湖人队的球衣，你一定是他们的球迷吧！
- 墙上的照片中你身边的人是谁呀，好像有些眼熟。
- 镜框里的毕业证书是中山大学的，你为什么当时报考中山大学呢？
- 这个主意是怎么来的？
- 你是如何对职场中的代沟产生研究兴趣的？
- 你的公司为什么会对这件事反应如此大呢？
- 在你的圈子里有谁能帮上我们呢？

三、热身训练

心理学家卡尔·罗杰斯（Carl Rogers）曾经说过，谈话最大的障碍是人们不能智慧地、善解人意地、熟练地倾听。有实验研究表明，人们每分钟最多听 300 个字符，却只能说出 150 个字符，最老练的脱口秀演员也无法在一分钟里说出 300 个字符。这就是说，在"听""说"之间本身存在一个"两难的困境"。于是除了掌握基本的听说技术之外，还应该因人而异地训练自己，训练自己在闲聊中能够了解谈话的一方或一群人的听说特征。在听说两方面中，听是被动的，难度也就更大些；说是听的进一步反应，容易把握些。我们应更多地进行听的练习。

在听的研究测试中，我们发现，听的过程是看得见的。虽然我们不能观察到耳朵接受信息的过程，但是我们能观察到听众的表情、肢体语言。有研究提出，在非语言的研究中提出，在一对一的谈话中，语言最多传递了信息的 35%，而 65% 的信息依靠非语言传递。由此可见，看着听众说话是多么重要。同时，不恰当的肢体语言、辅助动作也在干扰和降低说的效果，如不妥的坐姿、眼光四处打量、发出奇怪的声音。相反，发出肯定的信号、实质性反应能大大提高听的效果，如"是的""我明白""是这样呵"等。

可以试试：

- 全心全意地听，用耳朵听，用眼睛听，用心听。
- 跟上说话人的节奏听，注意他或她的手势、表情和语言。
- 控制好来自自己和环境的互动和干扰。

第二节 劝说的技术

劝说比普通的说困难，因为面对的是观点、行为甚至态度都和你不一样的听众。如果仅仅让她或他在口头上服了你，还不能算是成功的劝说。多数人都没有天生说服人的能力，也正因为此，应该把劝说当作一门技术去学习和掌握。

1. 关联原则

各学科的研究都表明一个道理：正视资源的稀缺性是解决问题的出发点。对于经理人来说，有限的时间、有限的供应、有限的需求等都会体现在这些有限资源的信息上，早掌握这一信息，在解决问题的过程中就有了一定的主动性。如果没有掌握有关稀缺资源的信息，在劝说的过程中尽快将各种互相关联的事情联系在一起，进行目标分析，仍是掌握稀缺资源的信息。诚然，长期良好的人际关系有助于关联原则的执行。

例如，原本你是一位晋升候选人，但由于上司的离任，你的处境变得不明朗，新上司对你又有些戒备。这时你该怎么办呢？建议设法让现任上司明确了解你在前任上司眼中的优势和特点。当然，这个信息最好能够通过多种渠道转达给现任上司，这些渠道中必须部分与新任上司有长期密切的关系。

2. 互惠原则

互惠原则，简单地说，是双方给予彼此帮助和支持，达到互利共赢的目的。具体而言，当别人给予我们某种帮助和支持时，我们会想给予对方回馈和报答，潜意识中感到自己有责任要回报对方。例如，如果一位朋友邀请我们参加聚会，我们在未来举办聚会时更倾向于主动邀请这位朋友参加。如果一位同事帮了我们的忙，那么在他需要帮忙时我们也会相应地主动伸出援手，甚至在对方没有开口寻求帮助的情况下想方设法地回报给对方。因此，互惠原则运用于劝说的场景中，更容易实现良好的沟通效果，增加成功劝说对方的可能性，并且还可能在彼此之间建立牢固、相互信任的长久合作关系。

3. 目标和做法一致性原则

人们在意周围人对自己言谈举止的反应，包括如何想、怎样说和为什么这样做。同时人们不断地与自己的直觉做比较，如果现实的感受和直觉一致，这个感觉便得到加强和肯定；如果现实的感受和直觉不一致，人们会寻找更多的机会，从各方面了解，之后再做出新的判断。某项来自20世纪60~80年代大量调查哪些因素决定并影响捐赠人选择慈善基金会的研究表明：人们愿意把款捐给认真、细致、及时反馈捐赠效果的慈善基金会。在有记载的报告中，香港是全世界人均捐赠最多的地方，同时香港的慈善机构也是全世界最有效率的机构，这用事实说明了目标和做法一致性原则。

4. 参与互动原则

互动是沟通中的重要原则之一，互动最难和最有效的方式是停下所有的辅助技术，尤其是计算机的各种条件，直面听众，说服听众。参与互动不局限于单向发言，还包括积极地参与讨论、提出问题、回答问题。劝说的过程是双向沟通，而不是单向的，所以要避免一味地灌输，要学会尊重和倾听。劝说成功与否很大程度上取决于我们能否成功地倾听，能否为对方提供愿意参与和互动的条件。倾听传递出尊重对方的态度，激励对方充分地表达自己，在倾听的过程中，我们能够获取更多的信息，了解对方的想法，实现真正的交流。对方能够在参与互动的过程中拓展自己的信息和知识来源，获取不同的认知和思考的视角，集合不同的观点，提高理性思考和决策的水平。

例如，一家药品生产厂家面对市场巨大的吸引，是坚持做完长期的药检；还是不道德地改变药检复杂的程序，尽快让新药上市呢？这时，你需要用各种数据、图表说明不同选择的利弊得失，甚至还可以回顾一段历史，说明药品生产是服务生命的商业，而不是服务利润最大化的商业。

简言之，说服中的参与互动原则是说服者用智慧引导听众经历决策的过程。说服者坚持以下行为：

- 用自己的信息做决定。
- 用听众的肢体语言、语言建立核心信息。
- 坚持主题，坚持灵活生动的策略。
- 给予对方明确的价值反馈。

劝说的过程是围绕一个主导问题从信息到决策滚雪球般的过程。从信息的角度来看，信息越来越多，也越来越清晰地倒向一方；从决策的角度来看，决策越来越完整，越来越能为共同的利益服务。因此以上的四个原则可以分别在劝说中实现，有时又是一起实现的。

第三节 八个永远需要面对的难题

1. 面对说谎

有一项针对全球性商业界职业经理人的调查表明，人均每天说谎三次。研究说谎，是为了使人们能够正确面对自己和他人说谎的情形。

分析发现，说谎有四个目的，分别是安慰自己、安慰他人、逃避责任、为偷懒找借口。有的同学当知道考试成绩不理想的时候，会说："我已经尽力了，我其实也不是很在意成绩的。"有的同学在应聘无领袖小组讨论被淘汰后，会说："其实晋级的那些人我也不喜欢，和他们共事，也不能让我开心。"事实上，这些安慰自己的谎言正是我们学习和综合素质中的短板和瓶颈。从这里入手纠正自己，而不是安慰自己，才能把时间和精力花在刀刃上。

安慰他人最常用谎言，编造谎言的人也最没有负罪感。例如，回到家里对公司发生的困难只字不提，或是想尽办法大事化小，小事化了；不如实说出病情；报喜不报忧等。可是，纸包不住火，事实只有一个，谎言终究会被戳穿。编造谎言的人的心理承受力往往被忽略。

逃避责任的谎言是在透支说谎者的个人信用，谎言会如同滚雪球般越滚越大。新进入职场的年轻人往往会看轻这样的谎言带来的负面结果，因而在需要承担结果时常常惊慌失措。例如，有些人总是迟到，而撒谎的借口总是塞车啊、有朋友突然来访啊、上司来电话啊。可想而知，如果有可替代的候选人，这样的人一定会慢慢地被边缘化。这样的谎言伤害的是说谎者自己。

"工作太忙了"是经常听到的又一为偷懒而说的谎言。有研究表明，长时间的犹疑比失去工作还让人难受。你可以给自己的偷懒规定最高次数：一个月只准两次"心情不好"；每年必须有五天不忙，陪父母玩一次。这样你就可以堂而皇之地享受"心情不好"的福利而不必以此为借口了。最后要注意的是，所有对借口的围追堵截都是努力提升自己的必要手段，尤其是提高自己管理时间的能力。成功是辛苦的，但更辛苦的是明明有成功的欲望和能力，却因为种种借口而离成功越来越远，最终遗恨终生。

2. 面对不公平地对待

不公平的感觉可以分为两种，一是只有你自己或你的小圈子里的人觉得对你不公平；二是大多数人认为对你不公平。

这种感觉缘于人总会习惯性地对自己是一种标准，对他人是另一种标准。对自己受到的伤害特别容易记住，如果有相同群体也受到了伤害，即使与自己毫不相识，也会愤然跃起。而自己厌恶的人群受到伤害，则会习惯性无视。

在网络上，人们对这两种情况的回应最能说明问题。有人发"钱太容易赚，八小时内闲得慌"的帖子，不但得不到同情，反而会遭到嘲讽；而杭州一个年轻人被宝马车撞死，现场交警有包庇肇事者之嫌，网上顿时讨伐声一片，直到相关部门查实。

即使是经典教科书中的榜样公司，也没有完美的制度，因此不妨调侃自己，是在用自己的努力甚至是某些程度的牺牲促进制度走向完善。例如，因为英国的《每日电讯报》刊登的"报销门"丑闻，英国议员的"第二处住所补贴政策"将被改进。这一事件还使得英国各党在竞选纲领上纷纷重点强调清廉，受益的当然是纳税人。

也可以试试采用消极和积极的两种方法来面对不公平。消极的做法是躲起来，不做反应，这样做至少可以明哲保身；积极的做法是说出你的委屈，先向同情你的人说，再找决策圈子里的人说，最后再找直接给予你不公平感觉的人说。但是说出来的目的并不是获得补偿，而是希望通过努力能阻止下一次的不公平对待。当然，这两种做法都会窝气。尤其当发现自己是唯一受打击的人时，心中的不平就更会增加。事实上，转移自己的注意力才是长久之计。想想看，所谓的职业生涯不是人生的全部，而人生中能给我们带来收益、快乐的事情许多，要学会从被不公平对待的阴霾中走出来。

3. 面对事业、成就感的困扰

有些职场如同玻璃制作的金字塔，里里外外的人都看得清什么人在哪个层次的什么位置上；还有些职场是隧道，只有进去的人才知道一直走下去才有出路。可是不论自己身处哪类职场，都不能奢望能够控制或自由地选择上升空间。曾经有位刚出校门的年轻人进入了一家世界500强的公司做销售人员。从第一天开始，她就盯住了自己的上司，问："我怎么做就能升到你的位置上？"上司说："业绩达到就行。"于是她动脑筋完成业绩。当她的第一步成功后，她的上司也往上走了一个台阶。于是她在几年的时间里，坚持按上司的要求做，最终成为公司高层管理人员。之后她出国深造，回国后创业。至今二十多年过去了，她说，所谓成就感是用来夸别人的，自己最好不要用这个词,那只能带给自己没完没了的压力。

奥地利小说家弗兰兹·卡夫卡(Franz Kafka)生前的工作是半官方组织"劳工事故保险局"的一名文员,但他为世人所知的最重要身份却是风格惊世骇俗的小说家。尽管他在工作中人缘不错,也曾在12年的时间里从助理升到秘书长,但这份工作对他来说,仅仅是一份提供衣食住行的工作而已,因为他并不喜欢,他真正愿意不计代价投入时间与精力的是写作。虽然他在世的时候,写作并未为他带来任何名誉与利益,但这才是他终生的事业。

卡夫卡的事例可以提供区分工作与事业的三个标准:①是否真心喜欢;②是否不计回报;③是否可以延续终生,矢志不渝。

能有一份还算喜欢的工作,得到还算满意报酬就足以让人满意了,能有事业当然理想,对于职场新人来说,同时得到工作和事业如同天方夜谭。事业需要经历和知识的积累,事业需要有基本的财富作为持续的基础。美国《财富》杂志做过一个"新退休理念"的报道,不少企业高管都表示乐意在退休后依然从事咨询类工作,不是为报酬,而是希望继续实现自己的价值。西双版纳的苗族人,热情地向游客介绍他们的生活和摆设在家中的非常别致的银器,她们并不能直接获得报酬,也没有从销售银器的价格中提成,她们得到的是延续了民族的生活方式并获得了人们的赞誉,实现了她们的满足感。这在某种程度上和那些坚持每天上午九点前到办公室的亿万富豪是一样的。

不是每个人都活在这个层面上的。基本的生理、安全、社交的需求被满足,已经算是幸福人生了,如果尊重的需求再被满足,就算活得很成功了。只有极少数人愿意为自我实现再继续付出努力,这种努力的结果,用马斯洛的话就是能得到生命的"巅峰体验"。而这种快乐,应该比升职、加薪更持久。

4. 能和同事交朋友吗?

为什么不和同事交朋友呢?主要是同事间存在利益之争。就算不在同一个部门共事,单位内的信息传递,也可能成为压伤你或压倒你的最后那根稻草。

但事实情况是,人们需要交流,需要通过沟通满足最基本的和最高层次的需求。于是职场上奋斗的人们除去和同事相处的时间、和家人相处的时间、吃饭的时间、睡觉的时间,想再为朋友安排出一个专有时间,简直比每天坚持晨跑还困难。不妨想想,除了同事和家人,你和谁一起逛街、一起健身、一起K歌、一起旅行……偶尔遇到老同学或小时候的玩伴,以为可以痛快淋漓谈一场友情的时候,却发现无从谈起。双方只是忙着补叙别后这些年的空白:你换工作啦?女友也换了?怎么结婚的时候也不通知一声?以前你不是挺喜欢玩游戏的嘛,怎么现在不玩了?明明聊了一个晚上,事后回想起来，什么都没谈。有时老朋友一两年未见，见面就有点儿话不投机的感觉。因为彼此职业与生活习惯迥异，没了共同语言。异地恋之所以难维系，大概也是同一个道理吧。

同事则不同，由于作息时间大致相同，一起去健身、旅行成为最容易不过的事情，往往一呼百应；生活的圈子大致相同，大家的关注点也趋于一致，话题自然也多；此外每天相处八个小时，偶尔失意情场或情绪不佳，也能得到不少善意的安慰。对于同事而言，工作中时间和空间的重合带来了更多常规、规律的沟通和互动，同事之间也会因为工作任务和职责上的交集而互相帮助和支持。但是，同事之间的沟通和交往也需要更准确地掌握边界感和分寸感。可以倾听、支持和鼓励，但不可过多地打探和讨论对方的隐私。此外，同事之间还可能因为晋升和工作机会、资源的分配等而带来竞争和利益冲突。但多数情况下，日常沟通和互动总是超越短期竞争而成为同事之间关系维护的主导。

5. 你了解自己吗？

别人永远是了解自己的一面镜子。以下是不同的人对同一件事情不同的反应。对照一下，能找到你自己吗？

一个夜深人静的晚上，电话铃声响起，我从梦中惊醒。对方是我的一个中学同学，我最后一次见他还得追溯到几十年前他和历史老师当堂理论，很让人讨厌，老师也下不了台。当时我是他的同桌，提醒他适可而止，他却粗鲁地告诉我少管闲事。如今，这家伙邀请我共进午餐。在同学中，我最不想见的要数他了。不知你会怎样应付这个邀请呢？

主角：国际四大会计师事务所的合伙人，女性，40岁

各种局外人的建议：

- 不吃白不吃　银行家，57岁，男性

在眼下这种经济不景气的时候，有人请你去高档餐厅（估计应该是）用午餐，只有傻子才会拒绝！也许对方就是想忏悔一下，顺便好好感激一下你当初的好眼力。嘿嘿，说不定还会给你送上一份美差呢！

- 甭理他　职业经理人，30岁，女性

如果对方二十几年来一直不思悔改，那他在生意场上肯定也是个孤家寡人（很可能是因为他如今的合伙人和客户都清楚他的道德底线了）。

- 以牙还牙　小业主，50岁，男性

他和老师当堂理论（其实也没啥错），如今对付他也可以如法炮制：让他请你吃饭（找个你能让他答应的最好的地方），当对方征求你的高见时，编一套瞎话哄他，让他也

难受一下。

- 别浪费时间　商人，55岁，男性

不能因为对方请你吃饭就改变自己的看法，也没有理由浪费你最宝贵的资产——时间。对他说："谢谢你还想着我，但我去不了。祝你万事如意。"

- 记忆丧失　大学生，20岁，女性

处理这事简单——就说你记不起他了，如今住在马尔代夫和巴哈马之间的某地，因此无法赏光赴宴。随后彻底忘掉这件事。

- 大家都当过傻子　退休干部，65岁，男性

大家20多岁那阵儿都不太明事理，要是大家都抓住过去不放，只长年纪不长脑子，那我们都变成啥样子了？一笑泯恩仇吧——这是我的良言。人生苦短，何必那么计较呢？

如今职场上的失落感有时是信息技术造成的。一方面，信息技术的进步给每一个人的压力是任何时候、任何岗位的人都有可能被其他人取代。更进一步，信息技术给每个岗位带来了信息的窒息，人人有填不完的表格、写不完的报告，短信、邮件、电话包围着每一个人，让人感到工作永远也做不完。人们已经越来越难看清楚自己要什么，但能直接地感觉甚至表达出来：我不要现状！于是试图看清自己需要什么的人，首先要能够从信息技术的负面影响中走出来。

6. 面对职场压力

职场压力是全球性的，与学历无关，与工种无关，与国别无关，无时无刻不在。

《中国职场压力报告2021》显示，2021年职场人整体压力指数平均值达到7.26分（满分10分）。53.34%的受访者对遭遇职业瓶颈或进入舒适区感到压力山大，39.17%的受访者感到压力的主因是OKR（Objectives and Key Results，目标关键成果）或者KPI（Key Performance Indicator，关键绩效指标）完不成，35.35%是因为没时间给自己充电。21.50%的受访者表示压力源来自于技能与岗位职责不匹配。调查结果也显示，职场压力过大带来的不良影响包括记忆力衰退、注意力不集中、脱发严重和突然增重等。在应对职场压力、有效解压方面，66.88%的受访者会选择去KTV唱歌、运动或旅行来释放，53.40%的受访者会选择更加努力的工作，37.78%的受访者会选择安静的一个人待着，29.85%的受访者则找家人或朋友倾诉。

英国《每日邮报》报道称，一项针对4000人的调查发现：英国白领工作压力增大，他们平均6:40起床，7:41开始思考当天的工作会议与项目。1/3的白领不到8:00就坐在办公桌前，1/5的人在计算机前吃早饭，1/6的人吃午饭时还在忙工作，3/10的人将工作置于吃饭之前，1/4的人感觉由于工作强度大导致自己的健康受损。

面对来自职场的压力，人们的解决方法主要有以下四种。

（1）寻找述说的听众。有人寻找家人倾诉，但更多的人不愿因此给家人带来更多的烦恼。其实只要有人听完叙述，你的情绪就改善多了，可见问题没有解决也能让自己释怀。

（2）珍惜朋友的价值。当我们对着朋友倾诉自己的烦恼，或是倾听他们的烦恼，人际关系在互动，关系也在拉近。这样做至少能使人感受到生存空间的安全，感受到人间的温暖。于是在有能力帮助他人时，当自己需要帮助时，都应该伸手。

（3）发挥家庭的功能。家庭的最大功能是能满足人的全部基本需要。

（4）积极配合心理治疗。

7．天天创造崭新的你

当你不在场时，大家会怎么谈论你？在此之前，你可能从来没有这么问过自己。但那些成功的同事可能已经花了大量的时间思考他们的声誉、形象以及对他人的影响。或许你应该开始思考这个问题了。你的职业前途在很大程度上取决于你的上司如何评价你。

如今是"个人品牌"的时代。13年前，管理大师汤姆·彼得斯(Tom Peters)敦促商界人士致力于"你就是品牌"(the brand called You)的建设。他遭到了不少人的嘲笑，大家觉得它过于奇怪而不必太当真。不过，现在已经有越来越多的人认真对待个人品牌了。工作中团队合作日益增加，共事的人可能遍及各地，但和你共事的团队成员几年来你都没有机会记住他们的名字。这意味着给人留下印象可能比较困难，博客、微博等网络手段都被用来创建和提示个人品牌。我们为何不从与自己交流开始呢？与理想中的自己交流能获得最大的自信心。

在曾经的胡润中国富豪榜首富、新希望集团有限公司董事长刘永好先生与其学生的座谈会中，学生问他招人有什么条件，他回答要招有激情的人。学生进一步问："学识、经验不考虑吗？"他说："只有有激情，才能成为关键人物，这样的人才能有成就。关键人物意味着要给人留下能让你脱颖而出的、让人持久深刻的印象。

常常听到年轻人抱怨自己的机会太少，其实为什么不花时间为自己的品牌建设做些功课呢？通过将市场需求与你的供给之间的不匹配对比，可以发现哪种个人技能或者个性中的哪方面需要发展，甚至能得到个人形象方面的建议——肢体语言、系什么领带等。随着工作的年龄渐长，人们对风险的厌恶程度就越来越高，这时更需要设计一个强大的个人品牌。

8．工作、爱情和家庭

工作、爱情和家庭是各自有圆心、自转的球，想要将圆心重合在一起，用同样的速度旋转是天方夜谭。然而，这三件事都是生命的必需品。对于年轻人而言，谈工作、爱情和家庭的话题显得更不轻松。但这是职场人躲不开的问题，也是一生都要谈及的话题。

当我还是一名单身汉时，我相信，相对那些常常被父母职责压得喘不过气来的竞争对手而言，我拥有强大的竞争优势。由于担心尽不到养家的责任，他们在事业上很少会用资金来冒险。他们还会不断地因小孩的吵闹而分心，不得不履行父母应尽的职责。其实这个责任就是一个明确的承诺，承诺会不离不弃的守候每一寸光阴，并努力让自己和家人快乐地生活。

我意识到，养育孩子是一种极好的培训管理员工的方式，并且拥有家庭可以帮助人们成为一个更有人情味的老板。另外，每一位成功人士在创业过程中都不可避免地会遭遇事业滑坡，这时来自家人的鼓励与忠诚会给予极大的支持。

当然，人们必须学会权衡：一个人不可能既是工作狂，又是称职的父母。所以，常常被工作缠身的企业家，必须学习更好地授权，并且更加有效地分配自己的时间。而且，不要低估养育孩子的情感与资金成本——要么做出事业上的牺牲，要么打破平衡。而平衡的关键不再是竞争法则，而是用心、耐心交流的软技术，是读懂自己也读懂他人的软技术。

本章小结

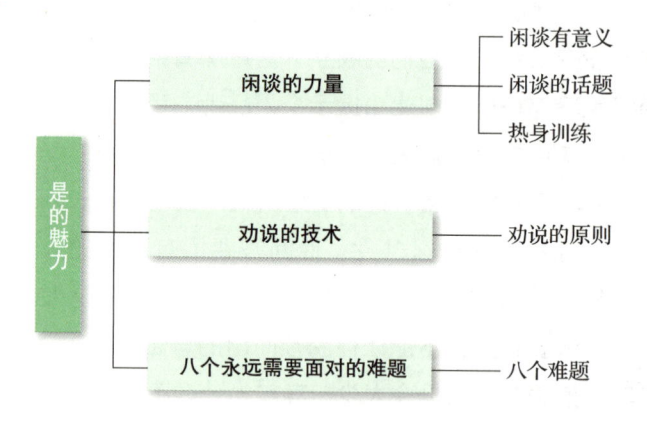

是的魅力	闲谈的力量	闲谈有意义
		闲谈的话题
		热身训练
	劝说的技术	劝说的原则
	八个永远需要面对的难题	八个难题

参考文献

[1] 霍夫曼. 做人的权利：马斯洛传[M]. 许金声，译. 北京：改革出版社，1998.

[2] 安德森. 椰壳碗外的人生：本尼迪克特·安德森回忆录[M]. 徐德林，译. 上海：上海人民出版社，2018.

[3] 蔡康永. 蔡康永的说话之道[M]. 长沙：湖南文艺出版社，2020.

[4] 陈春花. 管理沟通[M]. 3版. 广州：华南理工大学出版社，2020.

[5] 陈大海. 公关口才教程[M]. 2版. 广州：中山大学出版社，2000.

[6] 陈四益. 学术的水准[J]. 语文建设，2002(4)：2.

[7] 崔德霞，习怡衡，程延园，等. 自我控制资源视角下工作场所即时通讯过载影响员工越轨行为的作用机制研究[J]. 管理学报，2021，18(3)：362-370.

[8] 崔希亮. 正式语体和非正式语体的分野[J]. 汉语学报，2020(2)：16-27.

[9] 杜慕群，朱仁宏. 管理沟通[M]. 4版. 北京：清华大学出版社，2023.

[10] 高杉尚孝. 麦肯锡教我的写作武器：从逻辑思考到文案写作[M]. 郑舜珑，译. 北京：北京联合出版公司，2013.

[11] 高田贵久. 精准表达：让你的方案在最短的时间内打动人心[M]. 宋晓煜，译. 南昌：江西人民出版社，2018.

[12] 海因斯. 管理沟通：策略与应用：第6版[M]. 朱超威，熊珍琴，译. 北京：中国人民大学出版社，2020.

[13] 胡巍. 管理沟通：游戏66[M]. 济南：山东人民出版社，2007.

[14] 霍夫斯泰德 G，霍夫斯泰德 G J，明科夫. 文化与组织：心理软件的力量：第3版[M]. 张炜，王烁，译. 北京：电子工业出版社，2019.

[15] 吉泽准特. 职场书面沟通完全指南[M]. 巩露霞，译. 南昌：江西人民出版社，2017.

[16] 罗伯特. 罗伯特议事规则：第11版[M]. 袁天鹏，孙涤，译. 上海：格致出版社，2015.

[17] 康青. 管理沟通[M]. 6版. 北京：中国人民大学出版社，2022.

[18] 尼克松. 领袖们[M]. 施燕华，洪雪因，黄钟青，译. 海口：海南出版社，2012.

[19] 克莱兰. 有效商务写作[M]. 余莹，丛培成，译. 北京：清华大学出版社，2003.

[20] 青木仁志. 青木仁志的说服力[M]. 郭颺，译. 北京：中央编译出版社，2005.

[21] 李连江. 不发表，就出局[M]. 北京：中国政法大学出版社，2016.

[22] 刘军强. 写作是门手艺[M]. 桂林：广西师范大学出版社，2020.

[23] 刘墉. 把话说到心窝里[M]. 北京：作家出版社，2016.

[24] 阿德勒，埃尔姆斯特，卢卡斯. 工作中的沟通艺术：第11版[M]. 蒋媛，译. 北京：九州出版社，2022.

[25] 阿德勒，普罗科特. 沟通的艺术：看入人里，看出人外：第15版[M]. 黄素菲，李恩，王敏，译. 北京：北京联合出版公司，2017.

[26] 吕不韦. 吕氏春秋[M]. 臧宪柱，译. 北京：北京联合出版公司，2015.

[27] 蒙特，汉密尔顿. 管理沟通指南：有效商务写作与演讲：第10版[M]. 钱小军，张洁，译. 北京：清华大学出版社，2014.

[28] 奥尔森. 集体行动的逻辑：公共物品与集团理论[M]. 陈郁，郭宇峰，李崇新，译. 上海：格致出版社，2018.

[29] 哈特斯利，麦克詹妮特. 管理沟通：原理与实践：第3版[M]. 葛志宏，陆娇萍，刘彧彧，译. 北京：机械工业出版社，2008.

[30] 托马塞洛. 人类沟通的起源[M]. 蔡雅菁，译. 北京：商务印书馆，2018.

[31] 阿尔博姆. 相约星期二[M]. 吴洪，译. 上海：上海译文出版社，2021.

[32] 明茨伯格. 经理工作的性质[M]. 孙耀君，译. 北京：团结出版社，1999.

[33] 柯维. 高效能人士的七个习惯[M]. 高新勇，王亦兵，葛雪蕾，译. 北京：中国青年出版社，2020.

[34] 宋晓阳. 如何有逻辑地表达[M]. 北京：民主与建设出版社，2022.

[35] 唐灏. 周恩来万隆会议之行[M]. 北京：中国工人出版社，2003.

[36] 唐九久. 从留白看南宋山水诗与山水画的精神共性[J]. 美术，2022(10)：141-143.

[37] 王建华. 网络语言治理：功能、问题、框架与任务[J]. 浙江社会科学，2022(8)：129-137.

[38] 王玮，宋宝香. 干扰还是交互？工作场所即时通讯工具使用对感知工作负荷的影响——多重任务趋向的调节作用[J]. 暨南学报(哲学社会科学版)，2017(1)：84-95.

[39] 王雨磊. 学术论文写作与发表指引[M]. 2版. 北京：文化发展出版社，2022.

[40] 魏江. 管理沟通：成功管理的基石[M]. 4版. 北京：机械工业出版社，2019.

[41] 津瑟. 写作法宝：非虚构写作指南[M]. 朱源，译. 北京：中国人民大学出版社，2013.

[42] 吴军. 吴军阅读与写作讲义[M]. 北京：新星出版社，2022.

[43] 天野畅子. 书面沟通的艺术[M]. 何璐璇，译. 南昌：江西人民出版社，2018.

[44] 阿代尔. 人际沟通[M]. 燕清联合, 译. 海口: 海南出版社, 2008.

[45] 曾仕强. 人际的奥秘: 曾仕强告诉你如何搞好人际关系[M]. 北京: 北京联合出版公司, 2022.

[46] 张静. 社会学论文写作指南[M]. 上海: 上海人民出版社, 2008.

[47] 张莹瑞, 李涛. 拒绝敏感的认知与神经机制[J]. 心理科学进展, 2013, 21(11): 1939-1948.

[48] 奥罗克. 管理沟通: 以案例分析为视角: 第5版[M]. 康青, 译. 北京: 中国人民大学出版社, 2018.

[49] 朱自清. 朱自清散文集[M]. 南京: 南京出版社, 2018.

[50] STONE D, PATTON B, HEEN S. Difficult conversations: how to discuss what matters most[M]. 3rd ed. New York: Penguin Books, 2023.

[51] HARTLEY P. Interpersonal communication[M]. 2nd ed. London: Routledge, 1999.

[52] FISHER R, URY W, PATTON B. Getting to yes: negotiating agreement without giving in[M]. New York: Penguin Books, 1983.

[53] URY W. Getting past no: negotiating with difficult people[M]. New York: Bantam, 1991.